聚焦三农：农业与农村经济发展系列研究（典藏版）

农地整治项目效率测度及效率提升机制研究

汪文雄　著

科学出版社

北京

内 容 简 介

本书从农地整治项目过程和结果两个视角出发，研究农地整治项目效率测度方法、效率影响机理及提升效率的运行机制。本书运用价值增值理论系统识别农地整治项目各阶段的效率目标与效率指标，构建基于标杆管理的农地整治项目效率测度模型；然后建立了 PPP 模式下农地整治项目效率影响因素的结构方程模型，探索该模式下农地整治项目效率的影响机理，研究了 PPP 模式下农地整治项目的组织设计、投资分摊等运行机制；此外，探讨了农地整治项目的农户参与意愿、参与程度及农户参与对项目效率的影响机理。

本书可供各级政府国土管理部门及其工作人员、相关领域的科研院所研究人员及高等院校师生参考。

图书在版编目（CIP）数据

农地整治项目效率测度及效率提升机制研究 / 汪文雄著 . —北京：科学出版社，2014（2017.3 重印）

（聚焦三农：农业与农村经济发展系列研究：典藏版）

ISBN 978-7-03-041525-7

Ⅰ.①农… Ⅱ.①汪… Ⅲ.①农村–土地整理–研究–中国 Ⅳ.①F323.24

中国版本图书馆 CIP 数据核字（2014）第 176340 号

责任编辑：林 剑 / 责任校对：胡小洁
责任印制：徐晓晨 / 封面设计：耕者工作室

科学出版社 出版

北京东黄城根北街 16 号
邮政编码：100717
http://www.sciencep.com

北京京华虎彩印刷有限公司 印刷
科学出版社发行 各地新华书店经销

*

2014 年 7 月第 一 版 开本：B5（720×1000）
2014 年 7 月第一次印刷 印张：15
2017 年 3 月印 刷 字数：300 000

定价：88.00 元
（如有印装质量问题，我社负责调换）

总　　序

　　农业是国民经济中最重要的产业部门，其经济管理问题错综复杂。农业经济管理学科肩负着研究农业经济管理发展规律并寻求解决方略的责任和使命，在众多的学科中具有相对独立而特殊的作用和地位。

　　华中农业大学农业经济管理学科是国家重点学科，挂靠在华中农业大学经济管理学院和土地管理学院。长期以来，学科点坚持以学科建设为龙头，以人才培养为根本，以科学研究和服务于农业经济发展为己任，紧紧围绕农民、农业和农村发展中出现的重点、热点和难点问题开展理论与实践研究；21世纪以来，先后承担完成国家自然科学基金项目23项，国家哲学社会科学基金项目23项，产出了一大批优秀的研究成果，获得省部级以上优秀科研成果奖励35项，丰富了我国农业经济理论，并为农业和农村经济发展作出了贡献。

　　近年来，学科点加大了资源整合力度，进一步凝练了学科方向，集中围绕"农业经济理论与政策"、"农产品贸易与营销"、"土地资源与经济"和"农业产业与农村发展"等研究领域开展了系统和深入的研究，尤其是将农业经济理论与农民、农业和农村实际紧密联系，开展跨学科交叉研究。依托挂靠在经济管理学院和土地管理学院的国家现代农业柑橘产业技术体系产业经济功能研究室、国家现代农业油菜产业技术体系产业经济功能研究室、国家现代农业大宗蔬菜产业技术体系产业经济功能研究室和国家现代农业食用菌产业技术体系产业经济功能研究室等四个国家现代农业产业技术体系产业经济功能研究室，形成了较为稳定的产业经济研究团队和研究特色。

　　为了更好地总结和展示我们在农业经济管理领域的研究成果，出版了这套农业经济管理国家重点学科《农业与农村经济发展系列研究》丛书。丛书当中既包含宏观经济政策分析的研究，也包含产业、企业、市场和区域等微观层面的研究。其中，一部分是国家自然科学基金和国家哲学社会科学基金项目的结题成果，一部分是区域经济或产业经济发展的研究报告，还有一部分是青年学者的理论探索，每一本著作都倾注了作者的心血。

本丛书的出版，一是希望能为本学科的发展奉献一份绵薄之力；二是希望求教于农业经济管理学科同行，以使本学科的研究更加规范；三是对作者辛勤工作的肯定，同时也是对关心和支持本学科发展的各级领导和同行的感谢。

李崇光

2010 年 4 月

前　言

农地整治是实现耕地的数量管控、质量管理和生态管护目标，促进粮食安全、经济安全和生态安全的有效手段。近十多年来，全国通过农地整治共建成 2 亿多亩①高产稳产的基本农田，虽然取得了较好的成绩，但项目建设与管护效率偏低。按照全国土地整治规划，至 2020 年我国力争建成 8 亿亩高标准基本农田。大量文献和实践表明，农地整治低效率主要有两个方面的原因：从技术层面来看，未对农地整治项目各阶段的工作设定效率标杆并进行科学的效率测度；从制度层面看，农地整治项目被纳入政府公共产品投入范围，项目建设完全采取国家动员机制，这种单一的投入机制对项目实施和管理主体激励不足。本课题研究目的在于：建立科学的农地整治项目效率测度方法并对项目各阶段的效率进行动态测度，在此基础上分析效率的影响机理，探寻效率提升机制，改革项目建设与管护模式，以提升农地整治项目的效率。

首先，本书对农地整治项目效率的内涵进行界定，剖析其价值链，围绕着价值链增值这一核心分别建立项目前期阶段、实施阶段及后期管护阶段的效率指标体系，依据标杆管理原理和项目特征设置效率指标的基准标杆、实际最优标杆及理论拓展标杆，并构建基于标杆管理的农地整治项目前期阶段、实施阶段及后期管护阶段的效率测度模型，分别以鄂州市华容区蒲团高产农田建设示范项目、鄂州市鄂城区杜山高产农田建设示范项目和孝感市孝南区肖港镇基本农田土地整治项目进行案例研究，分析项目存在的问题，有针对性地提出对策建议；从投入和产出等方面建立基于结果的农地整治项目效率指标体系，运用标杆管理理论和数据包络分析法（data envelopment analysis，DEA）构建其效率测度模型，以湖北省岗前平原工程模式区的 22 个县（市、区）农地整治为对象进行实证研究，提出农地整治 DEA 无效地区的标杆选择方法，运用投影分析法找出 DEA 无效地区与标杆间的效率差距并分析原因，并提出向标杆学习的持续改进方法。

----

① 1 亩 ≈ 666.67m²。

其次，针对近年来湖南等地在农地整治项目中尝试性地引入了公私合作（public private partnership，PPP）模式并取得了较好的效果，本书在阐述农地整治项目 PPP 模式内涵的基础上，分析 PPP 模式下农地整治项目效率影响的体系结构，并进一步提出项目前期阶段和实施阶段政府国土部门、投资企业、村委会、农户各主体参与行为的影响因素和项目不同阶段的效率目标，从而分别构建了 PPP 模式下农地整治项目前期阶段和实施阶段效率影响机理的结构方程理论模型，并运用问卷调研数据来检验并修正该理论模型，针对实证研究结果分析效率的影响路径和影响大小，进一步剖析 PPP 模式下农地整治项目核心利益相关者的行为动因分析，并与传统模式下核心利益相关者进行比较，提出了 PPP 模式下农地整治项目前期阶段和实施阶段效率提升的对策建议。

再次，本书在分析 PPP 模式下农地整治项目的组织特征、组织界面的障碍及其原因的基础上，依据计算机组织理论，通过构建 PPP 模式下农地整治项目的任务–资源需求模型和资源–主体控制模型，并采用混合遗传算法，对项目进行组织结构设计。基于业务流程理论，对 PPP 模式下农地整治项目各阶段的工作进行工序分解，构建责任分配矩阵，将所分解的工作任务落实到各参与主体，并绘制项目管理流程图，明确关键子流程。以湖南长沙县春华镇宇田农业合作社蔬菜基地项目进行案例研究，设计了合理的组织结构与流程，并进行计算机仿真，为促进 PPP 模式在农地整治项目中的应用提供了理论指导和案例支持。

然后，本书研究 PPP 模式下农地整治项目的投资分摊机制。本书在分析 PPP 模式下农地整治项目投资运行机制及投资博弈关系的基础上，从经济学的角度建立各投资主体的成本收益函数，并分别以农业产业化企业与政府、农村合作（集体）组织间的博弈为例，就项目政府补贴、项目建设成本与企业承租经营期等指标构建了企业与政府、企业与农村合作（集体）组织之间的完全信息动态博弈模型，然后求解其子博弈精炼纳什均衡，最后分别用典型案例论证了理论研究的结果。

最后，本书研究了农地整治项目农户参与意愿及参与程度的影响因素。本书在拟定农地整治项目实施阶段农户参与程度的评价标准与分类方法的基础上，依据专家分析法和层次分析法确定权重后对湖北和湖南的农地整治项目农户参与程度进行了测度；分析了农地整治项目农户参与意愿及参与程度的因素，运用 Logistic 模型揭示了农地整治项目农户参与意愿及参与程度的影响机理，并提出了对策和建议。

　　本书是笔者主持的国家自然科学基金项目（71073065，71373097）的部分研究成果，感谢课题研究过程中博士后合作导师杨钢桥教授的大力支持与帮助，杨老师严谨的治学作风、深厚的学术造诣、踏实创新的工作精神以及对学术研究的敏锐都潜移默化地影响着我，若没有杨老师的指导和帮助，我将不可能在这一领域前行。笔者指导的研究生周春芳、钱圣、周厚智、王文玲、陈梦华、熊凯、朱欣等在课题研究过程中进行了踏实认真的研究工作，为本书的撰写做出了贡献。感谢华中农业大学公共管理学院、经济管理学院领导和老师的帮助与支持！由于作者水平有限，书中不妥之处在所难免，欢迎读者批评指正！

汪文雄

2014 年 3 月于武汉狮子山

目　　录

1 绪 论

1.1 研究背景

大力推进农地整治、大规模建设高标准基本农田是实现耕地数量管控、质量管理和生态管护目标，是促进粮食安全、经济安全和生态安全的有效手段。《国民经济和社会发展十二五规划纲要》及近年的中央一号文件都明确提出：大力开展农村土地整治，提高耕地质量，建设高标准基本农田。按照全国土地整治规划，2015 年我国将建成 4 亿亩高标准基本农田，2020 年力争建成 8 亿亩高标准基本农田。

2001～2011 年全国通过土地整治共建成 2 亿多亩高产稳产的基本农田，补充耕地五千多万亩，使得耕地质量提高、农业抗灾能力增强、农业生产成本降低、生态环境和居住环境得以改善。虽然我国农地整治取得了显著成绩，但项目建设与管护的效率偏低：①项目立项决策阶段调查不深入，评估工作相对滞后，未形成统一评价标准，项目决策不完善损害了农户利益，形象工程、农民"被上楼"的现象时有发生，甚至发生严重土地冲突事件；②规划设计脱离实际，项目施工过程中受到农户阻挠，导致设计变更频繁，甚至有些设施竣工后无法使用，例如，湖北浠水抗旱灌渠成摆设，村民一怒之下拆掉了百万元的形象工程；③施工阶段存在相当的随机性，国土部门等单位与施工企业的合谋导致工程质量低下，例如，土地耕作层破坏严重，硬化水渠开裂等；④后期管护阶段责权不明确，造成管护缺位，相互推卸责任，资金缺少保障等，项目陷入了"有人用、没人管"的境地，田块堆放杂物，道路塌陷、泥泞，沟渠淤堵，建筑物破损，变压器、电线和泵房设备被盗，林网损毁等现象屡见不鲜，造成工程闲置甚至农地抛荒，更无从说农地规模化与产业化经营。此外，土地整治资金的使用效率偏低，截留、挪用、贪污和浪费土地整治资金的现象时有发生。

大量文献和工程实践表明，上述低效率主要有两个方面的原因：①从技术层面来看，没有对农地整治项目全过程各阶段的工作设定效率标杆并进行科学的效率测度；②从制度层面来看，目前农地整治项目被纳入政府的公共产品投入范围，项目建设完全采取国家动员机制，这种单一的财政投入机制对项目实施和管理主体激励不足。因此，需要建立科学的农地整治项目效率测度方法并对项目全过程各阶段的效率进行动态测度，在此基础上分析效率的影响机理，探寻效率提升机制，改革项目建设与管护模式。

公私合作是从制度层面提升我国农地整治项目效率的理想模式。对于日益增长的公共服务需求，政府独立投资存在资金缺乏和效率低下的问题，而社会投资只追求利润忽视社会效益（Zhang，2005），通过公私合作可实现利益共享、风险的合理分担，从而提高投资效率。农地整治项目属于公益性较强的项目，采用政府和社会投资机构共同投资的公私合作（public private partnership，PPP）模式可从根本上改变目前效率低下的状况。同时，国土资源部 2008 年《关于进一步加强土地整理复垦开发工作的通知》中明确提出："积极探索市场化运作模式，引导公司、企业等社会资金参与土地整理复垦开发项目。"文件指明了我国土地整理的未来发展方向——在政府主导下，运用市场手段，充分利用社会资金和技术服务土地整理事业。土地整理复垦开发项目和农地整治项目都以新增耕地为目的，本质是相同的，因此该文件也为我国农地整治项目公私合作模式提供了政策前提。基于此，我们提出了"农地整治项目效率测度及效率提升的公私合作模式"这一研究构想，以期为提升农地整治项目的效率提供理论依据与具体案例支持。本研究不仅可以丰富和发展土地整治的理论，而且对规范与指导农地整治的实践活动、改善农业生产条件、保障国家粮食安全等都具有重要的现实意义。

1.2　研究的目的与意义

1）分别从过程和结果视角研究农地整治项目效率动态测度模型，从技术层面提升我国农地整治项目的效率。

2）弄清基于效率提升的农地整治项目公私合作模式的组织设计、投资分摊机制等，从制度层面提升我国农地整治项目的效率。

3）为各级政府在农地整治项目建设与管护中进行科学决策提供不可缺少的基础资料，同时也为农地整治项目的各级政府国土部门、社会投资机构、施工单位、农村合作组织、农户等提升项目的效率提供正确的理论指导和行动指南。

4）对规范与指导农地整治的实践活动、改善农业生产条件、保障国家粮食安全等都具有重要的现实意义。

1.3 国内外研究现状及发展动态分析

1.3.1 国内外研究现状及趋势

研究农地整治项目效率测度与效率提升问题，必须借鉴效率测度（efficiency measurement）的相关理论，特别是效率测度方法的相关研究成果。

传统上，国外学者关于效率测度的研究主要集中在以下三个方面。

1）关于效率评价参数法的研究。这方面的研究一直以来都是效率评价研究的主要关注点，集大成者：Aigner 等（1977）和 Meeusen 等（1977）最早提出了效率评价的随机前沿法（stochastic frontier approach）；通过对上述方法的改进，Berger 和 Humphrey（1992）提出了厚前沿法（thick frontier analysis），Berger 等（1993）提出了自由分布法（distribution free approach），Rien 和 Paul（1999，2006）提出了递归厚前沿法（recursive thick frontier approach）。

2）关于效率评价非参数法的研究。例如，Charnes 等（1978）源于数学考虑及经济背景提出了 CCR 模型；Banker 等（1984）从公理化模式提出了 BCC 模型；Färe 等（1985）使用非参数的费用方法研究规模效益时提出了 FG 模型；Seiford 和 Thrall（1990）提出了 ST 模型；Charnes 等（1985，1987）提出了 CCGSS 模型、CW 模型及 CCWH 模型；Yu 等（1996）提出了 GDEA 模型和逆 DEA 模型。

3）关于参数与非参数相结合法的研究。由于参数法和非参数法各有优缺点，许多学者提出了参数与非参数相结合的方法（Färe et al.，1994；Luis and Juan，2001；Huang and Wang，2002；Daniel，2008）。

效率测度方法最初被应用于卫生服务、银行及高新技术等领域，随着研究的不断深入，逐渐被应用于铁路、机场、教育等公共服务及资源利用管理等项目。上述领域的效率测度多应用效率评价的方法来考察项目建成后的产出与投入比等效应，多属于项目后效率评价。目前，在传统视角研究基础上，国外学界关于项目效率的研究逐渐出现多个新的视角。

1）多维度（过程+结果）视角的综合效率测度研究。学术界对效率的界定主要有三种观点：基于结果的效率观（Bernardin and Beatty，1984；Kane，1996）、基于过程的效率观（Frank and Wolfgang，2003；Michael，2004）、过程和结果的综合效率观（朱志刚，2003；Ćukušić et al.，2010）。一些研究从项目决策到后期运行维护的全过程的视角出发，在强调考察项目全过程各阶段效率动态测度的重要性（Neely et al.，2000；Tongzon，2001；Han and Qi，2003；Michael，2004）的同时，正逐渐向"过程+结果"的综合效率观发展（Das et al.，2011）。

2）基于标杆管理的效率测度。为了明确效率提升的目标，界定与典型项目（即标杆）的效率差距，从而寻求实现这一目标的手段和工具，最终达到提升项目效率的目的，一些专家提出了基于标杆管理的效率测度（Hanna et al.，2002；Josepson et al.，2002；Brunso and Siddiqi，2003；Zhou et al.，2003）。

3）关于效率的影响机理研究。以提升效率为目的，一些学者在传统的效率影响因素研究基础上开展了效率影响路径及影响效果的研究，以探寻效率不高的根源（Gilson and Kraakman，2002；Crawford and Bryce，2003；Mezzetti，2004；Vitner et al.，2006）。

国外学者上关于农地整治项目效率的研究主要集中在以下两方面。

1）关于农地整治项目效率评价的研究。相当一部分的研究集中在农地整治项目效率的前评估和后评价。关于农地整治项目后评价主要集中在项目建成后的社会效益评价（Coelho et al.，2001）、生态经济效益评价（Syrrakou et al.，2006；Hu and Jiao，2010）、生态景观效果评价（EC，1999a，2000；Michihiro et al.，2000；Miranda et al.，2006；Uematsu et al.，2010；Zeballos and Yamaguchi，2011）、社会经济环境综合效益评价（Crecente et al.，2002）、作物生产率评价（Wu et al.，2005）、土地整理完成后耕地质量评价（Philip，1990；Mihara，1996；Zhang et al.，2012；Yao et al.，2013）。关于前评估的研究：Huylenbroeck等（1996）提出了农地整治项目整体评估框架，并运用仿真模型预测了农地整治项目完成后可实现的经济及非经济效益；Coelho等（2001）提出了基于多学科视角的农地整治项目决策评估模型，该模型集成了农业系统绩效评估的多种方法，能够预测农地整治项目对农地灌溉、排涝及道路重建等各方面的效应及其经济影响。

2）关于农地整治项目效率的影响因素研究。该方面的研究一直都是农地整治项目效率研究的主要关注点：Yomralioglu 和 Parker（1993）首先提出了影响土地整理项目效率的成本分摊和收益分享因素；Larsson（1997）提出了公众参与因素；Archer（1989）提出了高素质的技术与管理人才因素；Niroula 和 Thapa（2005）分析南亚地区土地整理中出现的土地分块化问题对耕地退化和农业发展制约的影响，提出要采取广泛的政策和法律措施以促进土地整理的可持续发展；Thapa 和 Niroula（2008）从项目利益相关者（农户、地方精英、国会议员、高层官僚和研究员）的不同需求出发，研究了不同利益相关者行为对土地整理项目效率的影响；Sikor 等（2009）批判了中东地区国家主导的土地整理政策，提出中东国家应该支持地方农村社区对土地整理政策进行适当改变和调整的建议，以提高土地整理项目的效率；Cay 等（2010）从社会和经济的视角，分析了不同的农村土地再分配模式对土地整理项目成功率的影响。

　　从国内学者发表的文献来看，我国学者相关研究主要集中在农地整治项目的前期决策评价、项目后效益评价、农地整治后耕地质量评价、土地整理的可持续性评价及提升效率的模式等方面。①关于农地整治项目前期决策评价的研究主要集中在农地整治的潜力评价、项目整理的优先度及立项决策综合评判等方面。主要代表包括张正峰等（2002）；李宪文等（2004）；罗罡辉等（2004）。②关于农地整治项目后的社会、经济及生态环境等综合效益评价的研究主要集中在农地整治后的效益表现及指标体系构建、效率的评价方法等方面。主要代表包括王军等（2003）；吴林等（2005）；董霁红等（2006）；杨庆媛等（2006）；谷晓坤和陈百明（2008）；刘勇等（2008）；孙雁等（2008）；赵俊锐和朱道林（2010）；王军等（2011）；高秀明等（2011）；罗文斌和吴次芳（2012）。③关于农地整治后土地质量评价的研究主要集中在新增耕地质量评价、土地质量的时空配置与变异两个方面。主要代表包括周佳松等（2004）；金晓斌等（2006）；王瑷玲等（2006）；张雯雯等（2007，2008）；谭梦等（2011）。④关于农地整治项目可持续性评价的研究，主要代表有鞠正山等（2003）、吴怀静和杨山（2004）、董利民等（2006）及张敏等（2007）。⑤关于土地整理项目效率提升的方法研究比较鲜见，白雪华等（2003）提出了土地整理的 PPP 模式，徐雪林等（2004）提出了土地整理的公众参与模式。

　　由此可见，国内学界对国际上效率测度方法研究现出的新趋势和发展方向没有足够重视，直接针对多维度视角下农地整治项目的效率测度、农地整治项目效率的影响机理及提升效率的公私合作模式的组织设计、投资分摊比例、社会投资回收、后期管护设施产权配置、政府激励等运行机制等的研究更少。

　　从国家自然科学基金近年资助的相关项目来看，学者们分别从土地整理生态环境效应及其安全调控机制（张正峰和赵伟，2006）、土地整理水土保持效益（杨子生，2006）、土地整理环境效应评价指标与方法（鞠正山，2008，鞠正山和张凤荣，2004）等方面，对土地整理项目效率展开了广泛深入的探讨。总体而言，从农地整治项目建设与管护的全过程进行效率动态测度及效率提升机制的深入研究还非常有限。

1.3.2　现有研究的不足

　　由上可知，国内外学者在农地整治项目的前期决策、社会效益、经济效益、生态环境和景观效益、土地质量及可持续性评价、土地整理项目效率的影响因素等方面的研究较为深入，这对研究我国农地整治项目建设与管护效率问题具有极大的启发，这些研究侧重于项目后评价，对未来的农地整治项目建设有一定的借鉴和指导意义。但目前关于农地整治项目效率测度及效率提升机制的研究主要有以下三个方面的不足：①对多维度视角下农地整治项目效率测度研究不够重视；②对农地整治项目效率的影响路径、影响效果等影响机理方面的研究非常有限；③虽然提出了土地整理效率提升机制的 PPP 模式或社会参与机制，但对政府与社会营利和非营利机构合作的具体运作机制未涉及。因此，立足中国现实，全面、系统地研究"农地整治项目效率测度及效率提升机制"势在必行。

1.4　研究内容

根据研究问题和研究目的，本书具体章节的内容安排如下。

第 1 章主要从现阶段我国农地整治面临的艰巨任务及存在的突出问题出发，提出了建立科学的农地整治项目效率测度方法并对项目全过程各阶段的效率进行动态测度，并分析效率的影响机理、探寻效率提升机制、改革项目建设模式的重要意义。对效率测度的理论与方法、农地整治项目效率问题的研究等进行了文献回顾，提出了当前研究的不足。在提出问题及梳理国内外研究现状的基础上设计了本书的研究框架和技术路线，总结了主要的研究方法。

第 2 章分析了公共产品理论、利益相关者理论、价值链理论、项目组织理论、业务流程理论、计算机组织理论，为农地整治项目效率测度及效率提升机制的研究提供了理论基础。

第 3 章分别从过程和结果两个维度研究农地整治项目效率测度。对农地整治项目效率的内涵进行了界定，剖析了其价值链，并围绕着价值链增值这一核心分别建立了项目前期阶段、实施阶段及后期管护阶段的效率指标体系，依据标杆管理原理和项目特征设置效率指标的基准标杆、实际最优标杆及理论拓展标杆，分别构建了基于距离函数法的农地整治项目前期阶段、实施阶段及后期管护阶段的效率测度模型，并以鄂州市华容区蒲团高产农田建设示范项目、鄂州市鄂城区杜山高产农田建设示范项目和孝感市孝南区肖港镇基本农田土地整治项目为例，对项目的过程效率进行了测度，针对测度结果分析了项目存在的问题，并有针对性地提出了建议；从投入和产出等方面构建了基于结果的农地整治项目效率指标体系，运用标杆管理理论和 DEA 构建了其效率测度模型，本书以湖北省岗前平原工程模式区的 22 个县（市、区）农地整治为对象进行了实证研究，提出农地整治 DEA 无效地区的标杆选择方法，确立出 DEA 有效地区为农地整治的备选标杆，运用投影分析法找出 DEA 无效地区与标杆间的效率差距并分析原因，进一步提出向标杆学习的持续改进方法。

第 4 章研究 PPP 模式下农地整治项目效率的提升机理。在界定农地整治项目 PPP 模式的基础上，分析其效率影响的体系结构，并进一步提出了项目各阶段政府国土部门、投资企业、农户、村委会等各主体参与行为的影响因素和项目的效率目标，从而分别构建了 PPP 模式下农地整治项目前期阶段、实施阶段效率影响机理的结构方程理论模型，然后运用问卷调研数据检验并修正该理论模型，据此分析 PPP 模式下项目核心利益相关者的行为动因，并与政府主导模式下的核心利益相关者的行为动因进行了比较，从而揭示了 PPP 模式提升农地整治项目效率的机理。

第 5 章研究 PPP 模式下农地整治项目的组织设计。分析了 PPP 模式下农地整治项目的组织特征、组织界面的障碍及其原因；依据计算机组织理论，通过构建 PPP 模式下农地整治项目的任务–资源需求模型和资源–主体控制模型，并采用混合遗传算法，对项目进行组织结构设计；基于业务流程理论，对 PPP 模式下农地整治项目各阶段的工作进行工序分解，通过构建责任分配矩阵，将所分解的工作任务落实到具体的参与主体，并通过绘制项目管理流程图，明确关键子流程，清楚表述出各个关键流程与战略目标的关系；以长沙市长沙县春华镇宇田农业合作社蔬菜基地项目为例进行实证研究，为其设计合理的组织结构和流程，并通过计算机仿真求得各项工作完成时间的具体值，为促进 PPP 模式在农地整治中的应用，提高 PPP 模式农地整治项目的效率，提供了理论指导和案例支持。

第 6 章研究 PPP 模式下农地整治项目的投资博弈。在分析 PPP 模式下农地整治项目投资运行机制及投资博弈关系的基础上，从经济学的角度建立各投资主体的成本收益函数，并分别以农业产业化企业与政府、农村合作（集体）组织间的博弈为例，就项目政府补贴、项目建设成本与企业承租经营期等指标构建了企业与政府、企业与农村合作（集体）组织之间的完全信息动态博弈模型，然后求解其子博弈精炼纳什均衡，最后分别用典型案例论证了理论分析的结果。

第 7 章研究了农地整治项目农户参与意愿及参与程度的影响因素。在拟定农地整治项目实施阶段农户参与程度的评价标准与分类方法的基础上，依据专家分析法和层次分析法确定权重后对湖北和湖南的农地整治项目农户参与程度进行了测度；分析了农地整治项目农户参与意愿及参与程度的因素，运用 Logistic 模型揭示了农地整治项目农户参与意愿及参与程度的影响机理。

1.5　主要的研究方法

本书将采用理论研究、经验研究与案例分析相结合，定性分析与定量分析相结合的方法进行系统化研究。具体如下所述。

1）工作结构分解。对农地整治项目按其工作流程和工作内容进行结构分解，把项目按阶段划分，弄清各阶段的工作范围、里程碑事件、包含的工作及工作间的界面，为研究农地整治项目各阶段的效率目标及效率指标奠定基础。

2）标杆管理。运用标杆管理的方法，依据国土资源部颁布的《高标准基本农田建设标准》《土地开发整理标准》《土地开发整理规划设计规范》，湖北省质量技术监督局发布的《土地整治项目规划设计规范》，原国家冶金工业部颁布的《工程测量成果检查验收和质量评定标准》《土地整理项目可行性研究规定》等规定的标准设置效率指标的基准标杆，依据最优示范项目的效率指标值设置实际最优标杆，考虑农地整治项目效率指标标杆的动态性及提高管理水平的潜力，在实际最优标杆的基础上继续向好的方向拓展（理论上可达到的最优值）以设置理论拓展标杆；运用距离函数法构建农地整治项目效率测度模型，应用典型案例进行实证分析，并对农地整治项目效率不高的原因进行诊断分析。

3）专家访谈。专家访谈是本项目很重要的一种研究方法，本研究中需要通过大量的访谈来对农地整治项目各阶段效率目标进行层层分解，找出与效率目标对应的效率指标。同时，也希望通过大量的专家访谈，从农地整治项目特征、利益相关者的特征及价值行为等视角发现各阶段效率的影响因素。专家访谈大约50人，访谈对象是从事农地整治项目建设与管护的各级政府职能部门的官员、高校及科研机构的研究人员、设计施工与工程咨询企业的管理者及农村合作组织的管理人员等。

4）问卷调查。本书以农地整治效率测度和效率提升机理等问题为研究对象，以农户、从事农地整治管理的各级政府部门的官员、高校及科研机构的研究人员、设计施工与工程咨询企业的管理者为调查对象，以了解对农地整治项目的满意度、参与意愿、参与程度等情况，同时也期望了解对项目效率提升机理的认同程度。

5）博弈论。借助博弈论的原理与方法，研究 PPP 模式下农地整治项目中企业与政府、企业与农村合作（集体）组织之间的经济利益关系，并建立了不同的动态博弈模型，从而确定农地整治项目合理的投资分摊比例。

2 理论基础

2.1 公共产品理论

2.1.1 公共产品内涵

"公共产品"的思想最早起源于英国资产阶级思想家托马斯·霍布斯（Thomas Hobbes）对国家本质的论述。他认为，国家和政府是为个人提供诸如公共防卫类、公共保护类公共产品的机构，而政府本身也属于公共产品中的一种（叶兴庆，1997）。真正公共产品理论发源于十九世纪七八十年代，它的成立主要是为了适应国家政府部门干预经济、指导经济的需要。该理论的主要代表人物有潘塔莱奥尼、萨缪尔森和科斯等。公共产品理论着重阐明政府的经济活动与市场的关系。按照公共经济学理论来讲，社会产品可以分为公共产品和私人产品。

萨缪尔森（Samuelson）认为纯粹的公共产品或劳务是指单个个人消费这种物品或劳务并不会影响其他人对这种物品或劳务的消费，公共产品和劳务的总量保持不变，并不会因个人的消费而减少。即每个人对公共产品或劳务的消耗量就是整个社会公共产品或劳务的总供给量。

私人产品则与之相反，其消费是个别消费者独享和拥有，因为个人对这个产品拥有绝对的所有权，只有本人才拥有对这个产品的消耗和处理权限，其他任何人未经允许不得随意侵犯。所有私人产品的数量也受整个社会产品总供给量的限制。

2.1.2 公共产品的特征

公共物品消费的不可分割性正是公共物品不同于私人物品的本质特征，其表现在以下两个方面。

（1）非排他性（non-excludability）

排他性与物品的所有权相关，在私人物品概念下，因个人对物品拥有所有权，所以只有其本人才拥有对物品的消费权利，不允许他人侵犯，即个人消费的私人物品数量受其社会总供给量的限制。而公共物品则不存在这种排他性，只具有消费的非排他性，即当公共物品被提供出来后，就不能拒绝其他人的消费，或者由于排除其他人消费的成本过高而不可能排除。

图 2-1 进一步解释了公共物品的非排他性和私人物品排他性的区别。假设社会总共有两个社会成员 X_1 和 X_2，其消费的物品总量是 X 。如果该消费物品是私人物品，则 X_1 和 X_2 对这种私人物品的消费只能局限于等腰直角三角形 OXX 内，且两人的消费组合由三角形 OXX 斜边上的点表示，一个人对物品消费的增加意味着另外一个人消费的减少。若该消费物品是公共物品，则 X_1 和 X_2 对这种私人物品的消费可以在正方形 $OXMX$ 内的任何一点，其消费的数量都为 OX 。

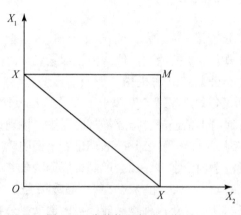

图 2-1　公共物品与私人物品

（2）非竞争性（non-rivalness）

公共物品的非竞争性产生于公共物品供给的联合性，是指一个人对公共物品的消费不排斥和妨碍其他人同时享有，也不会因此减少他人消费这种公共物品的数量和质量，即在既定的公共物品产出水平下，因消费者人数的增加所引起的边际分配成本为零。虽然公共物品的分配成本为零，但公共物品的边际生产成本是正的，社会多提供一个单位的公共物品，就需要消耗相应的资源。

正是由于公共物品消费的非排他性和非竞争性，所以没有一个有效的价格体系来控制公共物品的消费，当公共物品市场缺失资源配置的价格体系时，就需要依靠政府作为市场的主导配置者。

2.1.3 公共物品的分类

（1）按非竞争性、非排他性程度分

按照公共物品的作用范围和非排他性、非竞争性的程度，可将公共物品分为纯公共物品和准公共物品两大类。纯公共物品（pure public goods）是指同时具有非竞争性和非排他性的物品，如国防、法律等。准公共物品（quasi- public goods）是指只满足非竞争性或非排他性的物品，如电影院、图书馆和福利房等。

（2）按公共物品使用者范围分

按公共物品的使用范围，可将公共物品分为全国性公共物品和地方性公共物品两大类。全国性公共物品（national public goods）是指供全体公民共同消费使用的公共物品，如国家级道路、电力、通信管网等。地方性公共物品（local public goods）是指为某一个地区公民所使用的物品，地方性公共物品按主要使用者可进一步划分为城市公共物品和农村公共物品。城市公共物品包括城市交通道路、供水供电等各种城市经济类基础设施以及体育文化、医疗保健等社会基础设施。农村公共物品包括农村道路、农田水利设施、农机推广、农村义务教育和农村基层政府行政服务等。

结合上述两种分类方法，公共物品的划分如图 2-2 所示。

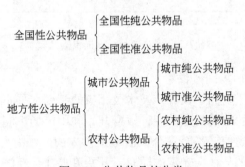

图 2-2　公共物品的分类

2.1.4　公共物品的供给主体

（1）政府供给

传统观念认为，由于公共物品的非排他性和非竞争性的特征，公共物品只能靠政府来供给（范少冉，2005）。

在图 2-3 中，纵横坐标轴分别表示为公共物品和私人物品的数量，MN 为生产可能性边界，U_1、U_2 和 U_3 是社会无差异曲线，C 点表示公共物品和私人物品的组合为（A，B）时所达到的社会福利最大值。若由私人部门提供，两类产品的组合为（H，I），所达到的社会福利为 E 点，远远低于 C 点的福利值。由于私人部门提供公共物品造成低效率，就只能由政府部门来提供。但由于获取信息不充分、对公共物品的总需求难以把握以及缺乏有效的激励和约束机制，政府部门提供公共物品也未必能使社会福利达到最大化，不一定使两种产品的组合落在 C 点，而可能落在 D 点，但一般不会低于 E 点的社会福利值。

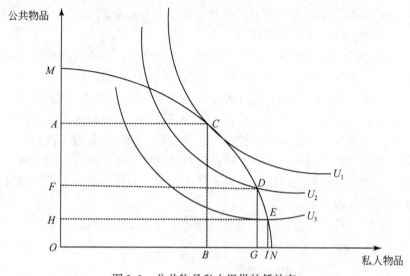

图 2-3　公共物品私人提供的低效率

（2）政府利用市场间接供给

随着经济发展，物品产权界定技术及相应的制度水平不断提高，政府作为全部公共物品提供者的格局发生改变，政府开始利用市场机制提供公共物品，从矿业到交通、电力和通信，甚至在公共服务提供方面，私有化的影响在不断扩大。政府在追求社会公平与社会安定的同时，开始追求社会经济效率，引进市场机制来供给公共物品。

在图 2-4 所示的一个理论假想中，纵轴从上到下代表经济发展水平的不断提高，横轴表示物品序列，总量为 100%。图 2-4 说明随着经济的不断发展，私人部门在整个物品序列中提供的份额逐渐增大，并包含了私人部门对一些准公共物品的供给。私人部门对准公共物品供给的增加，意味着政府部门对准公共物品的投资在公共物品总的投资比例逐渐减少，如图 2-5 所示。

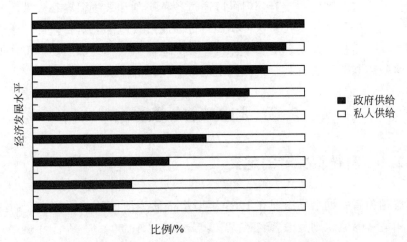

图 2-4 政府与私人部门在物品序列提供图中的比例

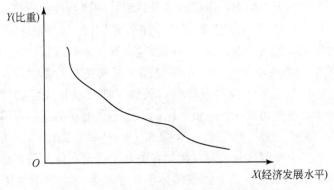

图 2-5 政府提供准公共物品的比重

2.1.5 公共物品理论在本研究中的应用

农地整治提供的产品主要是平整的田块、通畅的田间道路、方便的灌排设施和整齐的防护林等。除了平整的田块外，田间道路、灌排设施和防护林等具有一定的非竞争性和非排他性。因此，农地整治产品是一种公共物品。徐玉婷（2011）认为：从农地整治的建设内容来看，农地整治提供的产品属于公共物品中的地方性准公共物品。

由于农地整治属于准公共物品，为了提高其社会生产效率，农地整治的供给主体也必然会发生变迁，由原来单一的政府供给转变为政府和私人部门一起供给的混合供给模式。因此，政府部门可以通过各种机制和方法引导私人部门参与农地整治，形成公私合作模式。这种模式一方面通过政府部门对私人部门予以恰当的管制，在一定程度上实现了公平；另一方面通过引入私人部门发挥市场的效率优势，将效率与公平有机结合，促进农地整治项目的发展。

2.2 利益相关者理论

2.2.1 利益相关者的定义

利益相关者一词最早出现在 1963 年斯坦福研究所的相关研究中，而明确提出利益相关者的概念则是由著名经济学家安索夫（Ansoff）在 1965 年提出，他在研究企业制度时指出公司的发展方向和定位不是简单地由公司管理人员决定，而是需要综合考虑与企业相关的单个个体或群体的意见，这些单个个体或群体包括各级管理者、工厂工人、顾客、供货商以及各级代理商或经销商等。之后在 1984 年，弗里曼（Freeman）继承和发展了利益相关者学说，对利益相关者的定义赋予了更广泛的含义，把与企业目标实现的影响者和被影响者统称为企业的利益相关者。克拉克森（Clarkson）（1995）则继续丰富利益相关者学说，进一步加强利益相关者与公司的联系，强调投资的目的性，把利益相关者的界定更加细致化，认为凡是参与了公司的项目投资并因此承担不同程度的项目风险的个体和群体都是企业的利益相关者。再之后，米切尔（Mitchell）则继续扩展了利益相关者的内涵，他从三个维度区分了利益相关者关系，指出利益相关者必须具有以下三种属性之一：①影响力，某个体或群体影响企业目标实现的能力、方法和手段；②合法性，某个体或群体对于企业特定的索取权是否合法有效；③紧迫性，某个体或群体的行为或要求能最快地被企业高层注意并考虑。利益相关者理论的形成得意于安索夫的初始研究和推广，经弗里曼、克拉克森、米切尔等学者的共同努力，最终形成了一整套完整的理论体系框架，并在实践中取得了一定成果，至此越来越多的学者开始关注、研究和运用利益相关者理论。

随着利益相关者理论在国外的盛行，国内学者在 20 世纪 90 年代也开始对其进行研究，主要运用在企业管理和公司治理上。国内学者综合国内外学者的观点，认为利益相关者是在企业的生产经营活动中参与了项目的投资，承担各自经营或管理责任与风险的单独个体或群体组织，这些个体或群体组织参与企业行为的目标能最终影响企业的整体目标，当然本身也必然受到企业整体目标的影响，相互之间存在不同的影响深度。最具代表性的是杨瑞龙和周业安（1997，1998）、杨瑞龙和魏梦（2000）、杨瑞龙和杨其静（2001）及李维安（1998，2001）等的研究。杨瑞龙结合我国国情提出了要摒弃"股东至上"的陈旧观念，建立企业治理的"共同治理"模式，在注重股东利益的同时，更要关注其他利益相关者的权益和诉求，通过企业各利益相关者共同的平等有效参与，来达到企业治理的效率。李维安则认为在公司治理理论研究中不应只考虑维系正常的企业经营，还应该注重影响企业经营的其他相关参与者和企业经营之外的各种外部环境和内部动因，结合所有利益相关者的参与行为，了解其参与目标和参与动机，如此才能合理有效地进行企业管理，提升核心竞争力。

2.2.2　利益相关者的分类

随着利益相关者理论的逐渐完善和丰富，各学者针对管理学中的企业提出了不同的利益相关者的概念，因此需要对利益相关者进行合理的分类，如此才能对影响企业生产经营活动中的各利益相关者进行科学管理，目前比较普遍的利益相关者分类主要有以下几种方法。

1）Charkham（1992）按照与企业生产经营有关的利益个人和群体是否和企业签订类似于交易经营性或服务性的合同关系为基础，把利益相关者分为契约型利益相关者和公众型利益相关者。前者包括企业投资者、雇工、各级经销商、供货商等；后者包括消费人员、政府监管人员、新闻媒体、社区和高等院校科研人员等。

2）Clarkson（1995）按照各利益个人和群体之间在企业长期发展中风险承担程度和方式的不同把利益相关者划分为两种形式，一是主动利益相关者；二是被动利益相关者。之后，他进一步对利益相关者进行分类，以具体与企业经营活动的紧密程度来区分，把与企业联系非常紧密的、对企业的生产经营活动影响程度很高的个体和群体划分为主要利益相关者，把那些对企业生产经营影响不大的划分为次要利益相关者。前者主要是决定企业生产经营方向或经营业绩等方面，如公司股东、产品购买者、货物供应商等，后者主要对企业起间接影响，无法对企业生存和经营起决定性作用，如新闻媒介等。

3）Mitchell 和 Mood（1997）则根据对影响力、合法性和紧迫性三者属性的拥有情况打分把利益相关者划分为确定型、预期型和潜在型利益相关者三类。确定型利益相关者对企业生产经营活动起决定作用，能最大程度地影响企业的发展，对三者属性的拥有程度最高。例如，公司的大股东、高层管理者等。预期型利益相关者对企业作用相对较小，仅拥有三属性中的任意两种。潜在利益相关者对企业的影响程度最小，仅拥有三者属性中的一项。

2.2.3 利益相关者理论在本书中的应用

PPP 模式下农地整治项目涉及的参与主体（即利益相关者）众多，各参与主体参与项目建设都有着明确的目标和各自的利益诉求，各利益诉求在一定程度上存在分歧，各方利益协调难度较大，需要这些利益相关者进行有效的协调沟通与合作，通过化解各利益相关者的冲突与分歧，才能实现项目价值。因此，本书利用利益相关者理论对 PPP 模式下农地整治项目的各利益相关者进行合理的分类，了解不同利益相关者之间的价值需求，从而对其参与项目的动机进行分析。

2.3 价值链理论

2.3.1 价值链的含义

价值链的概念最早是由哈佛大学商学院教授迈克尔·波特在 1985 年提出。他指出企业价值的创造是通过一系列活动构成，这些活动的相互融合和相互促进，共同组建了企业价值创造的一个动态过程，即价值链。价值链中的一系列活动根据迈克尔·波特教授的划分可以分为基本活动和辅助活动，基本活动是指企业运行管理中的内部行为，是企业生存和发展的必须行为和活动，主要有企业内部管理、生产管理、外部物流、市场销售管理和服务管理等。辅助活动是指围绕基本活动进行的与之互不相同但却存在相互关联的生产经营活动，主要有采购活动、技术应用开发、人力资源管理和企业基础设施服务等。基本活动和辅助活动相互独立却又相辅相成，这些价值活动融合交汇在一起就形成了企业独特的价值链，价值活动的进行过程就是企业价值创造逐步实现价值的过程。具体价值链的基本过程如图 2-6 所示。

2.3.2 价值链的特点

价值链最大的作用就是联系各个价值活动，通过各个价值活动之间的相互协同、促进作用，降低单个价值活动（包括基本活动和辅助活动）的成本，从而减少企业总成本费用，另外，在其他活动中能更好地帮助实现企业的生产经营目标，进而实现企业的价值目标，因此价值链在整个企业生产经营过程中能保证企

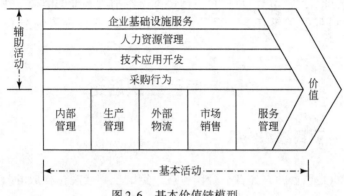

图 2-6 基本价值链模型

业价值的创造和增值，也是企业价值创造过程中的一种内在和外在含义的完美体现。价值链主要有以下特点。

1）价值是价值链分析的基础和关键，多种价值活动组成企业的价值链。这里所说的价值并不是我们通常说的成本涵义，而是指购买者愿意购买企业的商品或劳务之后有能力支付的价格。一般而言，是用总收入来衡量企业价值的大小。价值活动是企业从建造初期、经营生产到最后产品或劳务销售给用户过程中所经历的一系列环节，是为企业创造最终的买方有价值产品的保障。

2）价值链是一系列相互融合活动构成的一个系统，而非简单单独价值活动的融合。企业的价值活动之间存在特定的联系关系，这种联系关系众多，它是探究各种价值活动价值创造过程与其他价值活动相互联系和影响的一个过程。这些过程形成了某一价值活动进行的方式与特征同另一价值活动之间的特定联系。它们之间相辅相成，在其共同的作用下促成了项目价值的创造与实现。

3）价值链不仅包含企业内部的核心价值链，而且还包含企业的外部价值链。企业内部价值链是指企业内部生产经营活动之间产生的各种价值活动及其内在联系，包括了生产、运输和销售等。企业的外部价值链则前后延伸到与企业有经营往来的供货商和客户，通过与企业材料供应、销售和服务的购买过程之间的联系而形成的。外部价值链和内部价值链是企业价值链的两个重要组成部分。

2.3.3 价值链理论在本书中的应用

本书运用价值理论分析 PPP 模式下农地整治项目全寿命周期内的管理活动，通过对农地整治项目进行工作结构分解，分别构建基于利益相关者的项目价值链和基于工作结构分解的项目价值链，从中找出各利益相关者在整个项目运行中的价值目标和价值行为，以及从项目价值链的基本活动和辅助活动中找出 PPP 模式下农地整治项目的关键任务，再分析项目价值链及其价值创造和价值增值的过程。

2.4　项目组织理论

2.4.1　项目组织特征

项目组织是项目的参加者、合作者按一定的规则或规律构成的整体，具有以下特征。

1）临时性。每一个具体项目都是一次性的、暂时的，所以项目组织也是一次性的、暂时的，具有临时组合性特点，项目组织随着项目的结束而解散。

2）柔性与灵活性。项目组织成员随着任务的承接或完成，可以进入或退出项目组织，或承担不同的角色。而且随着项目组织策略以及项目实施计划的不同，会有不同的项目组织形式，因此，项目组织具有更大的柔性与灵活性。

3）组织成员目标各异。由于项目各参与者是来自不同企业或部门，各自有独立的经济利益和权力，且各参与主体的需求各异，易形成目标冲突。因此，为使项目成功，在项目目标设计、实施和运行过程中，必须要顾及不同主体的利益；在项目组织建立时，要充分考虑各参与者之间的合作，各主体的任务和职责的分配，以及项目工作流、决策流和信息流。

2.4.2　项目组织设计的一般原则

项目组织设计应遵循的一般原则，如图 2-7 所示。

2.4.3　项目组织设计的内容

在项目系统中，最为重要的是，所有的项目参与主体以及各主体为实现项目目标所开展的活动。因此，进行项目组织设计主要是对项目系统内的组织结构和工作流程两方面的设计（李佰胜，2006）。

（1）项目组织结构设计

项目组织结构是组织内部各组成部门相互关系状态的反应，是界定组织成员分工与协作关系的架构。通过组织结构的构建，能够明确组织内各组成部分的相

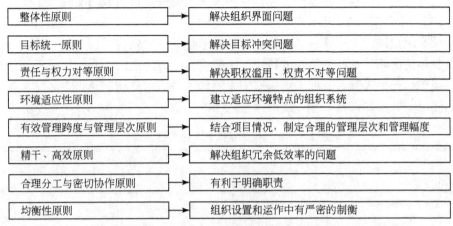

图 2-7 项目组织设计中遵循的一般原则

互关系，引导组织内的各类业务流程，从而使组织有效运作并实现组织的战略目标。

（2）项目组织流程设计

项目组织流程设计，就是通过对项目系统内的工作进行详细分析，确定项目工作逻辑关系和项目管理流程，在明确项目的各项任务工序后，确定详细的各种职能管理工作任务，并将任务落实到人员或部门。

2.4.4 项目组织结构的形式

（1）职能式项目组织结构

采用职能式项目组织结构进行项目管理时，项目管理班子没有明确的项目主管或项目经理，项目中各种职能的协调是由处于职能部门顶部的部门主管或经理来协调。

（2）项目式项目组织结构

项目式项目组织结构是按照项目来划分资源的，每个项目拥有完成项目任务所需要的资源，且每个项目的实施由各自的项目经理负责，每个项目之间相互独立。

（3）矩阵式项目组织结构

矩阵式项目组织结构是将按照职能划分的纵向部门与按照项目划分的横向部门结合起来，以构成类似矩阵的管理系统。

（4）网络式项目组织结构

网络式项目组织结构是通过在项目之间构成联盟，使得项目参与主体的工作更加灵活方便，更容易实现知识和信息的共享，促进项目的成功实施。

（5）项目组织结构形式的选择

项目组织结构的选择是基于权变管理，结合项目所处的环境、项目的目标等项目具体情况和各种组织结构的特点、优缺点，进行适当的选择。因此，在选择项目组织结构形式时，需要了解哪些因素制约项目组织结构的选择。表 2-1 列出了上述组织结构形式与一些可能的因素之间的关系。

表 2-1 影响组织结构选择的关键因素

影响因素	组织结构			
	职能式	项目式	矩阵式	网络式
项目不确定性	低	高	高	高
项目所用技术	标准	新	复杂	复杂
项目复杂程度	低	高	适中	高
项目持续时间	短	长	适中	长
项目规模	小	大	中等	大
项目重要性	低	高	中等	高
客户的类型	各种各样	单一	中等	中等
对项目内部依赖性	弱	强	适中	适中
对项目外部依赖性	强	弱	适中	强
时间局限性	弱	强	中等	中等

2.4.5 项目组织理论在本研究中的应用

对 PPP 模式下农地整治项目进行组织设计，首先要对项目的组织进行分析，在分析组织所面临的内外部环境的基础上，明确组织可能存在的界面问题。项目组织设计内容包括项目组织结构设计和项目流程设计，因此对 PPP 模式下农地整治项目的组织设计，就是要设计合理的组织结构和项目流程，以加强对农地整治项目的管理，以保障项目的成功实施。由于 PPP 模式下的农地整治项目参与单位众多，项目管理复杂，项目组织的信息与物质流动对项目的成功与否有重大影响。因此，PPP 模式下的农地整治项目的组织结构适宜采用网络式项目组织结构。

2.5 业务流程理论

2.5.1 业务流程的概念和特征

业务流程是指为完成某一目标或任务而进行的一系列逻辑相关的作业所形成的有序集合（刘飚，2003；王新年，2008）。其特征主要有以下几方面。

1）目标性。业务流程有明确的输出，即有明确的目标或任务。

2）内在性。业务流程包含于任何事物或行为中，所有的事物与行为都可以用业务流程来表示。

3）整体性。业务流程是一个系统整体，至少由两个活动组成。

4）动态性。业务流程是按照一定的时序关系展开的，是由一个活动到另外一个活动，不是一个静态的概念。

5）层次性。组成业务流程的活动本身也可以是一个流程，其活动可以看做"子流程"，能继续分解成更细小的活动。

6）结构性。活动之间相互作用有不同的表现形式，这些不同的表现形式对业务流程的输出有较大影响。

2.5.2 业务流程要素

业务流程就是一个投入到产出的转换过程。业务流程的构成要素有投入产出、流程单元、由工序和缓冲组成的网络系统、资源和信息结构，如图 2-8 所示。

（1）投入和产出

投入是指从外界环境进入业务流程的任何有形或无形项目。产出是指从业务流程流出到外部环境的物质，包括信息、材料、资金或满意的客户。随着投入的不断变化，他们通过业务流程的流动并以产出形式结束流动。

（2）流程单元

流程单元是指业务流程中的流动单元，既可以是一个投入单位、一个产出单位、一个中间产品单位，也可以是一个多产品流程中的一系列投入或产出。

（3）由工序和缓冲组成的网络系统

工序是构造业务流程的基础，由于工序间存在顺序关系，因此通过工序网络来描述工序间的关系。网络结构中的优先关系，在很大程度上影响了流转时间。同

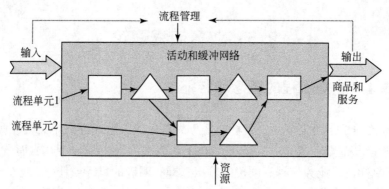

图 2-8　业务流程的构成要素

时，业务流程通常会给处于连续工序的流程单元予以缓冲的存储空间，存储空间可以看作用来推迟时间、改变流程单元时间跨度的特殊工序。在图 2-8 中，长方形表示的是工序、三角形代表的是存储缓冲，而箭头表示的是路径或优先关系。

（4）资源

资源是完成工序的必要因素，一般是指有形资产，包括人力资源、土地、建筑物、设备机器等固定资产以及信息系统等。如何在各工序合理地分配各种资源是业务流程的重要工作。

（5）信息结构

信息结构是指用来管理各道工序或做出管理决定所需的各种信息。信息流往往是通过点、线在流程图中表示的。

2.5.3　业务流程描述

明确、清晰的流程描述能够帮忙解决很多管理运作过程中遇到的问题（葛星和黄鹏，2008）。对业务流程进行描述的方法主要有文本法、表格法和图形法等。目前，常见的流程描述方法有流程图法、角色行为图法、IDEF 描述方法、事件过程链和 Petri 网。各流程描述方法的优缺点见表 2-2。

表 2-2　各流程描述方法的优缺点

项目	流程图法	角色行为图法	IDEF 描述方法	事件过程链	Petri 网
流程特点	职能型，可拓展为跨职能	职能型	职能型	跨职能	跨职能
可理解性	较好	尚可	一般	一般	一般

续表

项目	流程图法	角色行为图法	IDEF 描述方法	事件过程链	Petri 网
对流程改造的支持能力	弱	弱	弱	一般	一般
是否引入组织因素	一般情况下无, 但可扩展	是	否	是	否
是否动态	是	否	否	是	是

2.5.4　业务流程理论在本研究中的应用

项目组织设计中的流程设计在项目管理中有着重要作用, 对保障 PPP 模式下农地整治项目的顺利实施有重大贡献。业务流程设计的核心工作就是对项目的工序进行分解, 并分析各工序的优先顺序, 确定资源在各工序的分配。因此, 在进行 PPP 模式下农地整治项目的组织流程设计时, 要明确项目各项任务工序的先后顺序, 合理安排各项资源, 保证各项工序能够顺利完成, 优化项目完成的时间。

流程描述是流程管理的核心工作之一, PPP 模式下农地整治项目的参与主体众多, 其中有些参与主体文化水平较低, 因此, 组织流程描述必须易于理解; 同时, 由于 PPP 模式下农地整治项目所处环境复杂多变, 要求组织流程描述具有一定灵活性和动态性。流程图法相对于其他业务流程描述方法, 更符合 PPP 模式下农地整治项目的特定需求, 所以本书采用流程图法对项目的组织流程进行描述。

2.6　计算机组织理论

2.6.1　计算机组织理论的概述

随着计算机理论的发展, 尤其是基于 agent 的计算机模拟在社会科学的运用, 组织理论发展出一个新的子领域——计算机组织理论。计算机组织理论是将组织以及组织内部的成员看做计算的主体, 使用数学及计算机方法研究组织内部的行为。计算机组织理论作为一种新的研究方法, 具有便于控制、成本低、时效快, 外部有效性强的特点, 弥补了实验方法以及实地调研方法的不足, 在组织理论中起到了有力作用 (夏千舒, 2007), 如图 2-9 所示。

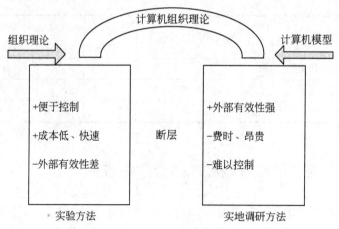

图 2-9　计算机组织理论的优势

2.6.2　计算机组织理论的研究内容

计算机组织理论借鉴传统组织理论和组织设计方法研究多主体系统，并考虑高新技术对传统组织理论的影响，通过建立人机共栖的新型社会组织及组织设计方法，以期快速、高效地建立大型复杂的协作问题求解系统（阳东升等，2005）。计算机组织理论研究的内容有组织设计、组织学习、组织信息技术，以及组织演化和革新，其中组织设计问题在计算机组织理论中最受关注。

（1）组织设计

组织设计问题一直是组织领域的重要问题，计算机组织方法在组织设计上的运用，主要体现在评估设计上，对于无法进行试验研究的情况下，通过计算机仿真模拟，创造出依赖于高度精确的情景系统，得出可用于实践的结论。

（2）组织学习

组织学习是影响组织绩效的重要因素，学习对小组活动以及个人之间的协作等都有一定影响。组织学习有两类，一类是单参与者模型，是指 agent 学习一个组织任务或作为 agent 的组织学习对环境做出反应；另外一类是多参与者模型，是组织被模拟成适应环境的 agent 的一个整体。

（3）组织信息技术

信息技术是组织变革的支配力量，计算机组织理论通过分析相关信息技术、通信与组织设计之间的相互影响，转化成组织内信息系统和技术模型，这些模型可以探索技术改变以及新技术引进给组织带来的结果，可以实现干预前的分析，指导组织政策。

(4) 组织演化和革新

组织演化和革新在组织理论中备受重视和强调，计算机组织通过构建适应性主体模型，如遗传算法和神经网络等动态模型，为组织演化和革新开辟了新的研究领域。

2.6.3　计算机组织理论在本研究中的应用

由于每个项目都是一次性的，不能通过试验方法对项目的组织绩效进行评定。因此，通过计算机仿真，可得到设计的组织在实践中运用的效果。组织需要信息的流动以保障其功能的执行，高效运行的信息流是组织绩效产生的保证。由于 PPP 模式下农地整治项目环境的不确定性，参与主体众多，信息流动错综复杂，因此需要构建动态的计算机模型，来实现组织信息的流通。

3 多维度视角下农地整治
项目效率测度研究

3.1 农地整治项目前期阶段效率测度研究

农地整治项目包含了前期阶段、施工阶段及后期管护阶段，其中前期阶段（主要由项目选址、可行性研究、项目勘测、权属调整方案的制定、规划设计5个环节组成）是其他各阶段的基础，其工作效率的高低是整个项目能否成功的关键。为此，本书从农地整治项目效率的内涵出发，基于价值链增值视角构建了农地整治项目前期阶段工作效率指标体系，在设置效率指标的基准标杆、实际最优标杆和理论拓展标杆的基础上，建立了欧氏距离的效率测度模型，并以鄂州市华容区蒲团高产农田建设示范项目进行了案例研究。

3.1.1 农地整治项目前期阶段效率内涵的界定

"效率"已广泛用于社会经济生活中的各领域，长期以来也是理论研究中关注的焦点。经济学意义上的效率，又称帕累托最优（Pareto optimality），即资源配置和社会分工结构所达到的最优状态（付光辉和刘友兆，2007）。西方经济学辞典中的效率是指在资源和技术条件限制下尽可能满足人类需要的运行状况。Samuelson 和 Nordhaus 认为效率是最有效地使用社会资源以满足人类的愿望和需要。经济学上的效率有宏观效率和微观效率：宏观效率是指生产要素在不同生产部门之间得到有效配置，使其能够最大限度地满足社会的各种需求；微观效率是指生产主体在投入生产资源不变的情况下使产出最大，或产出不变条件下使投入的市场资源最小化。

综上所述，结合农地整治项目的特征，本书将农地整治项目前期阶段效率定义为："农地整治项目的投资者和最终受益者在投入资源不变的条件下，在项目选址、可行性论证、勘测、权属调整及规划设计等前期阶段的工作环节中其核心利益主体——项目的投资者（政府部门）、项目最终受益者（农户）及主要参与者的价值需求能获得最大限度的满足程度，即核心利益主体在上述各工作环节中获得的相对于价值需求目标的有效性。"

3.1.2 基于价值链增值的农地整治项目前期阶段效率指标的选取

农地整治项目前期阶段工作是否有效，在于其核心利益相关者的价值需求目标是否得以实现，即是否达到其预期的价值需求目标。因此，要构建农地整治项目前期阶段工作效率指标体系，需要对其核心利益相关者的价值需求目标进行分析。农地整治项目前期阶段价值的形成是其核心利益主体为实现自身价值需求目标，开展各种价值增值活动的结果。从价值形成过程来看，农地整治项目前期阶段经历了选址、可行性论证、勘测、权属调整、规划设计等一系列彼此相互关联的环节，每个环节既有投入，同时也在前一环节的基础上逐步实现价值的累加，使得这些相互关联的活动从而形成了价值链。因此，农地整治项目前期阶段的价值实现程度与其工作效率高低有很大关系，即本阶段价值活动所实现的价值越高，表明越接近期望的价值目标，则该阶段工作效率越高。

农地整治项目前期阶段的价值链（图 3-1）是整个项目的核心价值链，由辅助活动和基本活动构成。其中，辅助活动包括选址环节中下达计划并宣传农地整治、可行性论证环节中数据收集与组织准备工作、勘测环节中数据仪器及人员的前期准备、权属调整方案制定环节中成立权属调整的工作小组、规划设计环节中收集项目区自然社会经济等资料。按对价值创造的贡献程度不同，基本活动可分为直接活动和间接活动（高明秀等，2011）。其中，间接活动包括项目选址中申报的组织与管理、项目论证的评审与管理、项目勘测的协调与管理、权属调整的监督与管理、规划设计的审批管理。

农地整治项目前期阶段所涉及的五个环节由各自包含的直接活动分别形成了项目选址链、项目论证链、项目勘测链、权属调整链、规划设计链。上述的直接活动相互交融、相互影响，既表现相互独立，又并非完全孤立，使得项目选址、可行性论证、勘测、权属调整、规划设计等所有活动处于一组逐步深入的价值链内。农地整治项目前期阶段价值链的每个环节，其核心利益相关者的价值需求虽然有所差异，但为保证各环节中工作的有效开展，其价值目标应该是基本一致的。综合分析可知，农地整治项目前期阶段的选址链、论证链、勘测链、权属调整链、规划设计链等价值链的价值目标分别是：选取的项目能最大限度发挥有限农地整治资金的作用、测绘的成果应能满足规划设计和施工的要求、确保论证结论的准确性与可靠性、高效制定权属调整方案并能被农户广泛接受、规划设计应符合当地自然条件及农业产业规划。依据农地整治项目前期阶段 5 个环节的价值目标，采用频度统计法和专家咨询法等对指标进行了筛选，并遵循科学性、系统性、层次性、可操作性和易量化等原则，确定了涉及 13 个要素层的 34 项效率指标，建立的前期阶段效率指标体系见表 3-1。

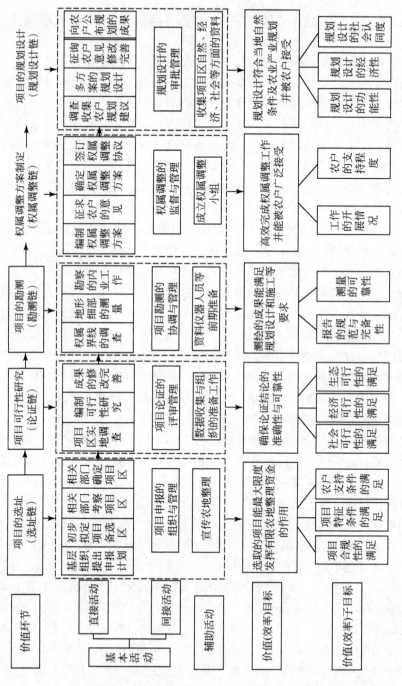

图3-1 农地整治项目前期阶段价值链分析

表 3-1 基于过程的农地整治项目前期阶段工作效率指标体系

准则层	要素层	指标层	指标含义
项目的选址（A_1）	项目合规性的满足[①]（B_1）	法规的符合情况 x_1	是否符合土地法或土地开发整理管理办法等法规
		规划的符合情况 x_2	是否符合农地整治总体规划及当地农业发展规划
	项目特征条件的满足（B_2）	田块集中连片程度 x_3	$X_5 = (\ln S_i - \ln S_{max}) / (\ln S_{max} - \ln S_{min})$；$S_i$ 为连片后各区片面积，S_{max} 为区片内最大图斑面积，S_{min} 为区片内最小图斑面积
		预计新增耕地率 x_4	新增耕地率=新增耕地面积/选址项目区面积
		水资源保障程度 x_5	农业生产季节作物的需水量与项目区供水量之比
	各方支持条件的满足（B_3）	农户支持整理的比例 x_6	农户支持整理的比例=支持农地整治的农户数/项目区农户数量
		职能部门支持的比例 x_7	政府职能部门赞同的比例=赞同的职能部门数/与农地整治相关的职能部门数
项目的可行性论证（A_2）	社会可行性的满足（B_4）	项目区粮食增产率 x_8	项目区粮食增产率=（项目实施后预期亩均产量-原亩均产量）/原亩均产量
		人均耕地紧张程度变化 x_9	人均耕地紧张程度的变化=区域新增耕地的面积/区域人口数量
	经济可行性的满足（B_5）	农民收入增加率 x_{10}	农民收入增加率=（项目实施后预期农民收入-原农民收入）/原农民收入
		农业生产成本降低率 x_{11}	农业生产成本降低额占原农业生产成本的比例
	生态可行性的满足（B_6）	水土流失治理率 x_{12}	水土流失治理面积与项目区水土流失面积之比
		防风沙治理率 x_{13}	防风沙治理面积与项目区受风沙影响的面积之比
项目的勘测（A_3）	报告的规范与完备性（B_7）	技术设计书的质量 x_{14}	按《工程测量成果验收和质量评定标准》中技术设计书的评分标准计算
		技术报告的质量 x_{15}	按《工程测量成果验收和质量评定标准》中地形地籍测量的评分标准计算
	测量的可靠性（B_8）	等级控制测量 x_{16}	按《工程测量成果验收和质量评定标准》中等级控制测量的评分标准计算
		图根控制测量 x_{17}	按《工程测量成果验收和质量评定标准》中图根控制测量的评分标准计算
		地形地籍测量 x_{18}	按《工程测量成果验收和质量评定标准》中地形地籍测量的评分标准计算

准则层	要素层	指标层	指标含义
权属调整方案制定（A_4）	工作的开展情况（B_9）	相关内容的透明程度 x_{19}	相关内容透明程度=向农户公开权属调整内容的项数/涉及调整内容的项数
		权属调整所花费的时间 x_{20}	指从权属调整开始到与农户签订权属调整协议终止所经历的时间
	农户的支持程度（B_{10}）	调整方案的农户支持率 x_{21}	调整方案的农户支持率=支持调整方案的农户数/涉及权属调整的农户数
		工作中的和谐程度 x_{22}	用权属调整工作中与农户发生冲突的次数表示
项目的规划设计（A_5）	规划设计的功能性（B_{11}）	水工建筑布置合理率 x_{23}	平面布置合理的水工建筑物的造价与所有的水工建筑物造价之比
	规划设计的经济性（B_{12}）	整理后灌溉保证率 x_{24}	整理后的有效灌溉面积与项目区农地面积之比
		整理后排水保证率 x_{25}	整理后的有效排水面积与项目区农地面积之比
		整理后道路通达度 x_{26}	整理后农业机械可直接到达的田块面积与项目区农地面积之比
		整理后田块集中连片度 x_{27}	整理后田块集中连片度的计算方法同 x_3
		原有沟渠路的利用率 x_{28}	原有沟渠路的利用率=利用的原有沟渠路长度/原有沟渠路的长度
		原有泵站的利用率 x_{29}	原有泵站的利用率=利用原有泵站的功率/原有泵站的功率
		每公顷耕地的沟渠面积 x_{30}	规划新建的沟渠总面积（m^2）与项目区耕地总面积（hm^2）之比
		每公顷耕地的道路面积 x_{31}	规划新建的道路总面积（m^2）与项目区耕地总面积（hm^2）之比
		每公顷耕地的泵站功率 x_{32}	规划新建的泵站总功率（kW）与项目区耕地总面积（hm^2）之比
	方案的社会认同度（B_{13}）	方案的农户赞同率 x_{33}	方案的农户赞同率=赞同方案的农户数/农户代表总数
		方案的专家赞同率 x_{34}	方案的专家赞同率=赞同方案的专家数/专家代表总数

①：项目合规性的满足是实现其他目标的前提，即刚性目标（其余为弹性目标）。将 x_1、x_2 设置虚拟变量，即符合为1，否则为0

3.1.3 农地整治项目前期阶段效率测度模型的构建

（1）基于偏好比率法的权重确定

偏好比率法（preference ratio method）是从专家心理偏好的角度出发对指标的重要程度进行评判的一种方法。偏好比率法的基本思想是：从实际出发，若某效率指标对测度结果的实际贡献率比另一指标大，则该效率指标的重要程度比另一指标高，且呈几何倍数关系。偏好比率法较好反映了专家对效率指标重要性的心理偏好，且与实际情况相符。基于偏好比率法的农地整治项目前期阶段效率指标的权重确定方法为：农地整治项目前期阶段效率指标 $X = \{x_1, x_2, \cdots, x_n\}$，为计算方便假设效率指标重要程度的排序为 $x_1 \geq x_2 \geq \cdots \geq x_n$，$b_{ij}(i, j = 1, 2, \cdots, n)$ 是专家认为效率指标 x_i 相对 x_j 重要性的比率标度值；假设效率指标 x_i 与 x_j 比较的重要性分"重要很多""重要""较重要""稍重要""同等重要"多个等级，其对应的比率标度值分别为9、7、5、3、1，若两效率指标的相对重要性介于上述两等级间，则其比率标度值分别为8、6、4、2，故可建立如下方程组：

$$\begin{cases} b_{11}w_1 + b_{12}w_2 + \cdots + b_{1n}w_n = nb_1 \\ b_{22}w_2 + b_{23}w_3 + \cdots + b_{2n}w_n = (n-1)b_2 \\ \cdots \\ b_{n-1, \, n-1}w_{n-1} + b_{n-1, \, n}w_n = 2b_{n-1} \\ w_1 + w_2 + \cdots + w_n = 1 \end{cases} \tag{3-1}$$

式中，$0 \leq w_j \leq 1$；$j = 1, 2, \cdots, n$；w_j 为所求的农地整治项目前期阶段效率指标的权重。

（2）项目前期阶段效率测度模型的构建

本书引入距离函数模型以测度农地整治项目前期阶段效率。其基本的思路是：对农地整治项目前期阶段效率进行测度时，设待测项目的效率指标现状值对应着 k 维空间向量中的现状坐标点，而效率指标的规范基准值、本区域项目的实际最优值及理论拓展值分别对应着空间向量中的基准目标坐标点、实际最优目标坐标点及理论拓展目标坐标点，效率测度模型的关键是分别计算现状坐标点与基准目标坐标点、实际最优目标坐标点及理论拓展目标坐标点的综合距离值，以此判断农地整治项目前期阶段工作效率的水平。若综合距离值越小，表明农地整治项目前期阶段工作效率指标的现状值越接近于相应的目标值，其效率也就越高。距离函数模型具体计算步骤如下。

对于农地整治项目前期阶段效率指标体系要素层的第 i 个指标，设其现状值为 $x_i(x_{i1}, x_{i2}, \cdots, x_{ik_i})$，$i = 1, 2, \cdots, k$；$k$ 表示农地整治项目前期阶段效率指标体系要素层的指标数；k_i 表示要素层第 i 个指标所包含的效率指标数。

1）把待测度的农地整治项目前期阶段效率指标体系要素层中第 i 个指标 x_i 的现状值对应到 k_i 维空间中，其现状点的空间坐标为 $x_i(x_{i1}, x_{i2}, \cdots, x_{ik_i})$，设该指标对应的基准目标、实际最优目标及理论拓展目标的坐标点分别为 $y_i(y_{i1}, y_{i2}, \cdots, y_{ik_i})$、$y_i'(y_{i1}', y_{i2}', \cdots, y_{ik_i}')$ 和 $y_i''(y_{i1}'', y_{i2}'', \cdots, y_{ik_i}'')$。

2）计算效率指标空间"现状点"与"目标点"间的距离 $Z_i(x_i, y_i)$、$Z_i'(x_i, y_i')$、$Z_i''(x_i, y_i'')$。对农地整治项目前期阶段工作效率指标 $x_i(x_{i1}, x_{i2}, \cdots, x_{ik_i})$ 进行标准化处理，使得 x_i 的现状坐标变换为（$|x_{i1} - y_{i1}|/y_{i1}$，$|x_{i2} - y_{i2}|/y_{i2}$，$\cdots$，$|x_{ik_i} - y_{ik_i}|/y_{ik_i}$），则基准目标坐标点 y_i 就变换成 $(1, 1, \cdots, 1)$。同时，考虑不同效率指标对效率目标贡献程度的差异，引入权重系数 $w_i(w_{i1}, w_{i2}, \cdots, w_{ik_i})$，则农地整治项目前期阶段工作效率指标 x_i 的现状点坐标变成 $\left(w_{i1} \dfrac{|x_{i1} - y_{i1}|}{y_{i1}}, w_{i2} \dfrac{|x_{i2} - y_{i2}|}{y_{i2}}, \cdots, w_{ik_i} \dfrac{x_{ik_i}}{y_{ik_i}} \right)$，与之对应的基准目标坐标点 y_i 就变换为 $(w_{i1}, w_{i2}, \cdots, w_{ik_i})$。根据欧氏距离定义可知"现状点"与"基准目标坐标点"之间的距离为

$$Z_i(x_i, y_i) = \sqrt{\sum_{j=1}^{k} \left(w_{ij} \frac{|x_{ij} - y_{ij}|}{y_{ij}} - w_{ij} \right)^2}$$

同理可求得"现状点"与"实际最优目标坐标点"及"理论拓展目标坐标点"间的距离分别为

$$Z_i'(x_i, y_i') = \sqrt{\sum_{j=1}^{k} \left(w_{ij} \frac{|x_{ij}' - y_{ij}'|}{y_{ij}'} - w_{ij} \right)^2},$$

$$Z_i''(x_i, y_i'') = \sqrt{\sum_{j=1}^{k} \left(w_{ij} \frac{|x_{ij}'' - y_{ij}''|}{y_{ij}''} - w_{ij} \right)^2}$$

由于要素层目标 B_1"项目合规性的满足"是刚性目标。因此，对农地整治项目前期阶段进行效率测度时，需先判断是否满足合规性目标，若不满足，则前期阶段效率低下；若满足合规性条件，则进一步对前期阶段的工作效率测度，以判断工作效率的高低。

3.1.4 项目前期阶段效率指标的标杆设置

标杆管理（benchmarking）起源于 20 世纪 80 年代美国学习日本的运动，其倡导者罗伯特·开普认为，标杆管理是一个将产品、服务和实践与最强大的竞争对手或是行业先进者进行比较的持续改进。标杆管理最终目的是行为主体通过借鉴标杆，更好地利用事物的规律实现其发展。依据上述标杆管理理论，对农地整

治项目前期阶段效率进行测度，其核心问题在于标杆设置，标杆设置过高或过低都是不合适的。农地整治项目前期阶段效率指标的标杆设置过高，将脱离实际而难以实现；若其标杆设置过低，将导致目标容易实现而管理水平得不到提升。迄今为止，虽然我国农地整治项目开展了近15年，但并未形成一套完善的农地整治项目效率指标的标杆库，即使示范项目前期阶段效率也并未达到预期的理想效果。

本着从我国农地整治项目前期阶段工作实际出发，同时考虑项目管理水平提升的潜力及国家实施农地整治项目的目标，本书设立以下三类标杆：①基准标杆。农地整治项目每个效率指标都应达到相关规范规定的标准。本书依据国土资源部颁布的《高标准基本农田建设标准》（GB1033—2012）、《土地开发整理标准》（TD/T1011‐1013—2000）、《土地开发整理规划设计规范》（TD/T1012—2000），湖北省质量技术监督局发布的《土地整治项目规划设计规范》（DB42/T682—2011）、原冶金工业部颁布的《工程测量成果检查验收和质量评定标准》（YB9008—98）、《土地整理项目可行性研究规定》等规定的标准设置效率指标的基准标杆。②实际最优标杆。考虑到我国农地整治项目的实施水平，现有实际标杆项目中并非每个效率指标都能达到理论最优结果，依据最优示范项目的效率指标值设置实际最优标杆。湖北省鄂东示范区（主要涉及鄂城区、华容区、嘉鱼县等区县）实施的农地整治项目数量较多，且效果较好，并具有一定的示范性。由于鄂州地区实施的农地整治项目的地貌形态基本一致，同一地貌形态的农地整治项目的指标值具有可比性，本书从上述区域的42个项目中选取效率指标的最优值，以构建实际最优标杆。③理论拓展标杆。考虑农地整治项目前期阶段工作效率指标标杆的动态性及提高管理水平的潜力，在实际最优标杆的基础上继续向好的方向拓展（理论上可达到的最优值）以设置理论拓展标杆。设置的效率指标的三类标杆见表3-2。

表3-2　蒲团农地整治项目前期阶段工作效率测度结果

准则层	要素层	指标层	现状值	基准标杆	实际最优标杆	理论拓展标杆	权重	欧氏距离函数值			
								基于实际最优标杆		基于理论拓展标杆	
A_1	B_2	x_3	0.302	0.4	0.6	1	0.032	0.0159	0.0462	0.0223	0.0542
		x_4	3.09%	3%	10.49%	12%	0.043	0.0303		0.0319	
		x_5	200%	100%	>100%	>100%	0.041	0.0000		0.0000	
	B_3	x_6	73%	66.7%	96%	100%	0.042	0.0101	0.0101	0.0113	0.0113
		x_7	100%	87.5%	100%	100%	0.031	0.0000		0.0000	

准则层	要素层	指标层	现状值	基准标杆	实际最优标杆	理论拓展标杆	权重	欧氏距离函数值			
								基于实际最优标杆		基于理论拓展标杆	
A_2	B_4	x_8	24.78%	20%	29.24%	35%	0.039	0.0059	0.0299	0.0114	0.0366
		x_9	3.09%	3%	10.49%	12%	0.034	0.0240		0.0252	
	B_5	x_{10}	28.38%	10%	39.53%	45%	0.030	0.0085	0.0178	0.0111	0.0246
		x_{11}	16.5%	15%	23.91%	30%	0.030	0.0093		0.0135	
	B_6	x_{12}	72%	70%	89%	100%	0.033	0.0067	0.0122	0.0043	0.0073
		x_{13}	74%	70%	93%	100%	0.027	0.0055		0.0030	
A_3	B_7	x_{14}	85	88	95	100	0.018	0.0019	0.0031	0.0027	0.0047
		x_{15}	83	88	92	100	0.012	0.0012		0.0020	
	B_8	x_{16}	86	90	92	100	0.021	0.0014		0.0029	
		x_{17}	85	90	92	100	0.016	0.0012	0.0082	0.0024	0.0118
		x_{18}	87	90	98	100	0.050	0.0056		0.0065	
A_4	B_9	x_{19}	85%	100%	100%	100%	0.031	0.0047	0.0162	0.0047	0.0310
		x_{20}	15	30	10	7	0.023	0.0115		0.0263	
	B_{10}	x_{21}	82%	85%	93%	100%	0.033	0.0039	0.0039	0.0059	0.0059
		x_{22}	1	1	1	1	0.025	0.0000		0.0000	
A_5	B_{11}	x_{23}	94%	95%	97%	100%	0.053	0.0016		0.0032	
		x_{24}	93%	95%	98%	100%	0.035	0.0018		0.0025	
		x_{25}	92%	95%	98%	100%	0.032	0.0020	0.0154	0.0026	0.0261
		x_{26}	94%	95%	98%	100%	0.035	0.0014		0.0021	
		x_{27}	0.409	0.4	0.6	1	0.027	0.0086		0.0157	
	B_{12}	x_{28}	86%	90%	92%	95%	0.029	0.0019		0.0027	
		x_{29}	78%	80%	87%	95%	0.029	0.0030		0.0052	
		x_{30}	159	150	126	120	0.027	0.0043	0.0199	0.0059	0.0282
		x_{31}	163	155	138	135	0.025	0.0018		0.0024	
		x_{32}	0.376	0.35	0.30	0.280	0.035	0.0089		0.0120	
	B_{13}	x_{33}	70%	66.7%	100%	100%	0.037	0.0111	0.0111	0.0111	0.0111
		x_{34}	100%	66.7%	100%	100%	0.025	0.0000		0.0000	

注：项目合规性的满足（B_1）包含的 x_1、x_2 为刚性指标，符合相关的法律和规划等要求。只有在满足刚性条件基础上，本表再进一步测度农地整治项目前期阶段的工作效率

3.1.5　应用研究：以鄂州市蒲团乡高产农田示范项目为例

（1）项目概况及数据来源

鄂州市华容区蒲团高产农田建设示范项目（以下简称"蒲团农地整治项目"），该项目于 2008 年立项，投资额为 5269.63 万元，建设规模为2431.28hm²。蒲团农地整治项目实际施工时间为 2008 年 12 月，竣工时间为 2010 年 5 月，工期 505 天。因最初规划设计考虑不周、施工环境发生变化等因素，导致项目发生较大设计变更，变更资金达 1573.35 万元。该项目增加耕地面积75.10hm²，新增耕地率为 3.09%。课题组于 2011 年 12 月先后到鄂城区国土资源局等单位收集项目的立项请示及立项呈报表、项目的可行性研究报告、项目区土地利用现状图及土地利用现状分类面积统计表、项目选址意见书、项目土地权属证明、县国土局和水利局等多部门及相关专家关于项目建设的评价意见（项目立项阶段）、村民代表大会纪要及群众参与意见（项目立项阶段）、项目实施前的影像资料、项目区原有的交通、水利及电力等基础设施情况的说明、项目立项审批意见表、县国土局和县水利局等多部门及专家规划设计与预算编制评审意见、项目所在地乡镇村干部及村民代表对规划方案的意见及说明（设计阶段）、规划设计文本规划图现状图及工程量表、项目规划设计评审报告等相关资料。同时，鉴于该农地整治项目符合土地法、土地开发整理管理办法、土地利用规划及当地农业发展规划等要求，即满足项目合规性的要求，因此进一步测度项目前期阶段的效率。

（2）效率测度结果

利用欧氏距离函数模型计算得到的距离值与农地整治项目前期阶段工作效率水平直接相关，可清晰地反映蒲团项目前期阶段工作效率与各类标杆的差距，因此本书运用欧氏距离描述农地整治项目前期阶段工作效率水平的高低。邀请了 9位专家（其中政府国土资源管理部门专家 3 名，高校研究者 3 名，规划设计单位的专家 2 名、从事农地整治项目管理工作的乡镇基层干部 1 名）对效率指标的重要程度进行评价，依据偏好比例法计算得到的权重见表 3-2。同时，结合农地整治项目的特征和专家意见，设计了 4 个等级标准以反映农地整治项目前期阶段工作效率：当距离函数值 $Z \leqslant 0.1$ 时为 I 级，表明效率水平很高，非常接近标杆；当 $0.1 < Z \leqslant 0.2$ 时为 II 级，表明效率水平较高，与标杆有一定差距；当 $0.2 < Z \leqslant 0.3$ 时为 III 级，表明效率水平偏低，与标杆差距偏大；当 $Z > 0.3$ 时为 IV 级，表明效率水平很低，与标杆有很大差距。依据欧氏距离函数模型计算得到的距离值见表 3-2，具体结果如下。

1）蒲团农地整治项目前期阶段工作效率基本达到规定基准值。该项目在合规性的满足、项目特征条件的满足所涉及的预计新增耕地率和水资源保障程度、各方支持条件的满足、社会可行性的满足、经济可行性的满足、生态可行性的满足、方案的社会认同度等方面达到了效率基准标杆。项目规划设计的经济性指标与效率基准标杆的距离值较大，表明项目规划设计的经济性相对较差，其余指标与基准标杆的距离基本接近零。

2）基于实际最优标杆的蒲团农地整治项目前期阶段工作效率的综合距离值是 0.1940，表明该项目前期阶段工作效率相对于实际最优标杆水平较高，与实际最优标杆有一定距离。相对于实际最优标杆，蒲团农地整治项目前期阶段的五个环节按距离值由大到小排序，分别为项目可行性论证、选址、规划设计、权属调整、勘测。从要素层 13 个指标的距离值来看，与实际最优标杆距离最大的是项目特征条件的满足，其次是社会可行性的满足、规划设计的经济性、经济可行性的满足。从 34 个具体指标来看，与实际最优标杆距离最大的 8 项效率指标分别是预计新增耕地率、人均耕地紧张程度的变化、田块集中连片程度、权属调整所花费的时间、方案的农户赞同率、农业生产成本的降低、每公顷耕地的泵站功率、整理后田块集中连片程度。

3）基于理论拓展标杆的蒲团农地整治项目前期阶段工作效率的综合距离值是 0.2528，表明该项目前期阶段工作效率相对于理论拓展标杆水平偏低，与理论拓展标杆有一定距离。相对于理论拓展标杆而言，蒲团农地整治项目前期阶段各层次效率指标的排序情况与实际最优标杆相比较的排序保持一致。

（3）结果分析与建议

1）蒲团农地整治项目前期阶段选址环节工作执行的有效性并不高，这主要是由于新增耕地率和项目集中连片程度较低造成的。首先，新增耕地率虽然达到并略超过基准标杆，但与实际最优标杆和理论拓展标杆的距离值较大，说明新增耕地率的水平还不高，农地整治项目的重要作用之一就是要实现耕地总量动态平衡，确保国家的粮食安全。从农地整治对实现耕地总量动态平衡重要性的角度出发，将新增耕地率作为项目选址环节的重要考核指标。与此同时，新增耕地率越高，人均耕地紧张程度也将得到改善、项目区的人地矛盾也将得到缓解。此外，通过农地整治可实现农业规模化和现代化的生产，从而提高农地利用率。若选址项目的田块集中连片程度较高，则在有限的资金条件下投入较少资金就可取得较好的规模化生产效果。因此，项目前期阶段选址环节中应注重项目新增耕地潜力及田块的集中连片程度，以提高项目前期阶段选址环节工作执行的有效性。

2）影响农地整治项目前期阶段效率高低的另一个重要因素是项目规划设

计中工作程序的完备性。蒲团农地整治项目规划设计环节的一些效率指标，如整理后田块的集中连片程度、每公顷耕地的泵站功率、方案的农户赞同率等与实际最优标杆和理论拓展标杆的距离值较大，说明这些指标的水平相对不高，影响到项目规划设计整个环节的工作效率水平。这主要是由于项目农户参与程度不高、与农业产业结合不够紧密所致。一方面，项目区农户居住并非十分集中且农户参与有限，使得通过拆除项目区零星的农户住房以较大幅度提高项目区田块的集中连片程度有较大困难。同时，由于规划设计时与项目区农户沟通不够，农户对规划设计的意图并非十分理解，规划设计方案的农户赞同率并不理想。另一方面，项目规划设计环节并未充分考虑农业产业对整理项目的要求、不同的农业生产组之间协调等问题，而使得项目规划设计中每公顷耕地的泵站功率较高，影响了规划设计的经济性。因此，建议农地整治项目中在激励农户参与的同时也要加强与农业产业的紧密结合，以提高规划设计中工作程序的完备性。

3）农地整治项目可行性论证是提出实施方案，并据此从项目的经济性、社会性和生态性等满足情况进行论证的重要环节，该环节中实施方案的合理性直接影响着项目前期阶段的工作效率。蒲团农地整治项目前期阶段可行性论证环节中人均耕地紧张程度的改善、农民收入增加率、农业生产成本降低率等指标与实际最优标杆和理论拓展标杆距离值较大，反映了这些效率指标的水平不高。首先，项目新增耕地的潜力直接影响到项目区人均耕地紧张的改善程度；其次，农地整治项目与现代农业产业结合程度低将导致农民收入增加率低；最后，农户参与程度较低使得整理后田块集中连片程度仍然不高，规模化生产也受到限制，因而农业生产成本的降低也受到影响。因此，农地整治项目可行性论证环节中制订实施方案时需要充分考虑农户参与、与现代农业产业紧密结合，以提高实施方案的合理性。

4）土地权属调整方案的制定也影响到农地整治项目前期阶段的工作效率。蒲团农地整治项目权属调整环节土地权属调整所花费的时间相对于实际最优标杆和理论最优标杆的距离值较大，因此其效率较低。主要是因未能充分发挥村集体组织在农地整治项目前期阶段的积极主动性，因此建议农地整治项目前期阶段权属调整环节中，应充分发挥村集体组织或合作组织的主动性及其组织作用，避免工作程序中出现上述不足之处，以提高工作程序的完备性。

综上所述，本书将基于距离函数法的效率测度模型应用到鄂州蒲团农地整治项目中，分析了项目前期阶段在工作程序的完备性、工作执行的有效性及合理性等方面存在的问题，并有针对性地提出了建议，对提高未来的农地整治前期阶段工作效率能起到一定的促进作用。本书所构建的农地整治项目前期阶段工作效率指标体系具有一定通用性，可用以识别农地整治前期阶段工作过程中存在的问题，对其他农地整治项目具有借鉴作用。

3.2 农地整治项目实施阶段效率测度研究

农地整治项目实施阶段主要由招投标与合同签订、施工准备、项目施工、权益分配与确认、竣工验收5个环节组成。本书从农地整治项目效率内涵出发，基于价值链增值理论建立了项目实施阶段效率指标体系，运用标杆管理原理（benchmarking management）和 Minkowski 距离公式构建了效率测度模型，并以鄂州市鄂城区杜山高产农田建设示范项目进行了案例研究，为未来的农地整治项目实施提出相应措施和建议。

3.2.1 农地整治项目实施阶段效率内涵的界定

"效率"是经济学理论研究中长期关注的焦点问题。西方最权威经济学辞典中的效率是指资源配置效率，即在资源和技术条件限制下尽可能满足人类需要的运行状况。20世纪初，帕累托提出了效率是资源配置的结果——帕累托最优（Pareto optimality）的观念（李建强和诸培新，2005）。1995年，中国经济学者樊纲认为效率是指社会利用现有资源进行生产所提供的效用满足程度，也称为资源利用效率。由于研究对象和目标不同，效率的分类和涵义也不尽相同，经济学的效率有宏观效率和微观效率：前者是指生产要素在不同生产部门间得到有效配置，使其能够最大限度地满足社会的各种需求；后者指生产主体在投入生产资源不变的情况下使产出最大，或产出不变条件下投入的市场资源最小化。依据效率内涵，结合农地整治项目特点，将农地整治项目实施阶段效率界定为在农地整治项目实施阶段各环节中，其核心利益相关者——项目投资方（即政府部门）、最终受益者（农户）及施工任务承包方（施工单位）等在投入资源既定的条件下，其合理价值需求能获得最大限度的满足程度，即核心利益相关者在实施阶段各环节中获得的相对于价值需求目标的有效性。

3.2.2 价值链增值视角下项目实施阶段效率指标的选取

农地整治项目实施阶段效率高低取决于其核心利益主体价值需求目标的实现程度，因此要构建农地整治项目实施阶段效率指标体系，必须首先分析其核心利益主体的价值需求目标。农地整治项目实施阶段核心利益主体主要包括政府国土部门、施工企业、农户及农村合作组织等，这些主体通过各自的角色定位和联系，开展各种价值增值活动，以实现自身价值需求目标。政府国土部门是农地整治项目的发起者和组织者，也是项目业主，在实施阶段主要通过投入建设资金开展施工企业的招标、委托监理单位对施工进行监督、组织竣工验收等活动参与价值链，同时还要通过各种制度设计和政策激励以提高项目实施阶段价值链增值效果。施工企业是农地整治项目施工任务的执行者和组织者，通过施工投标、施工准备及施工管理等活动参与价值链，其价值增值体现在按期提供优质的工程质量。农户和农村合作组织是农地整治项目最终使用者和受益者，通过施工监督、权益分配与确认、竣工验收等活动参与价值链，其价值增值主要体现在促进项目质量的提高及高效完成权益分配。从价值形成过程看，农地整治项目实施阶段经历了招投标与合同签订、施工准备、施工管理、权益分配与确认、竣工验收等5个彼此相互关联的环节，每个环节既有投入，同时在前一环节的基础上逐步实现价值的累加，使得这些相互关联的活动形成价值链（图3-2）。农地整治项目实施阶段价值实现程度、价值增值程度与其工作效率高低密不可分，即本阶段价值活动所实现的价值增值程度越高，表明越接近期望的价值目标，则该工作效率也越高。

　　农地整治项目实施阶段的价值链是整个项目价值链的重要组成部分，也是其项目价值实现的重要环节，由辅助活动和基本活动构成。其中，辅助活动包括招标与合同签订环节中成立招标工作领导小组、施工准备环节中建立施工企业质量自控体系、施工管理环节中成立农户质量监督小组、权益分配与确认环节中成立权益分配的监督组织、竣工验收环节中组织验收人员。按照价值创造的贡献程度不同，基本活动可分为直接活动和间接活动。其中，间接活动包括发布施工招标公告、施工技术交底、施工活动的记录与监控、权益分配和确认的监督、资料审查与验收表格的准备。农地整治项目实施阶段所涉及的五大环节由各自包含的直接活动分别形成了项目招标链、施工准备链、施工管理链、权益分配链、竣工验收链。上述的直接活动相互交融、相互影响，既相互独立，又并非完全孤立，使得项目招投标与合同签订、施工准备、施工管理、权益分配与确认、竣工验收等所有活动处于逐步深入的价值链内。农地整治项目实施阶段价值链的每个环节，其核心利益相关者的价值需求虽有所差异，但其价值目标应该基本一致。综合分析可知，农地整治项目实施阶段招标链、施工准备链、施工管理链、权益分配链、竣工验收链的价值目标分别是：确保招标工作的合法性和科学性、有利于项目施工任务的顺利开展、实现施工管理的预期目标、高效完成权益分配与确认工作并被农户接受、工程与耕地质量满足规范要求并确保农户满意。依据5个环节的

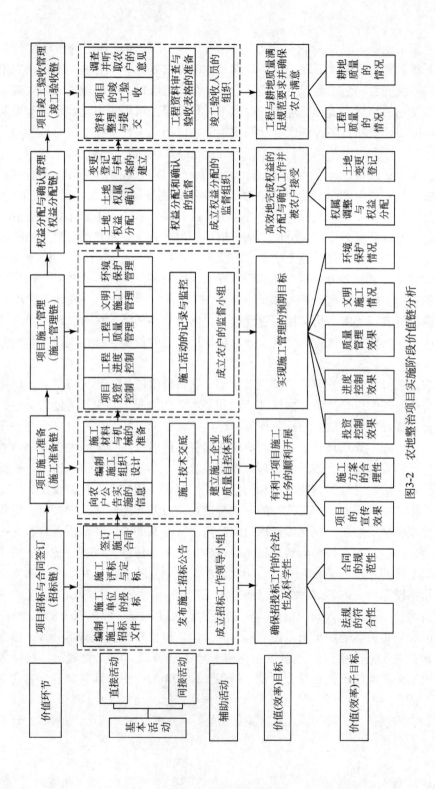

图3-2 农地整治项目实施阶段价值链分析

价值目标，采用频度统计法和专家咨询法等对指标进行筛选，并遵循科学性、系统性、层次性、可操作性和易量化等原则，确定了 13 个要素层的 32 项效率指标，建立的农地整治项目实施阶段效率指标体系见表 3-3。

表 3-3　基于过程管理的农地整治项目实施阶段效率指标体系

准则层	要素层	指标层	指标层的含义	权重
项目招标与合同签订（A_1）	法规的符合性（B_1）	法定程序的符合情况 p_1	指是否符合招投标法、建筑法及土地整治管理办法规定的工作程序	—
		主体资格的符合情况 p_2	指投标人是否符合招标文件对投标主体资格的要求	—
	合同的规范性（B_2）	合同工期的合理性 p_3	合同工期的合理性=1−|合同工期−定额工期|/定额工期	0.035
		合同内容的完备性 p_4	指签订合同内容的项数与标准合同规定内容的项数之比	0.038
项目施工准备（A_2）	项目的宣传效果（B_3）	实施信息的公开程度 p_5	指向农户公开有关项目实施的信息数量与应该公开的信息数量之比	0.024
		农户对信息的了解程度 p_6	农户对实施信息的了解程度分非常清楚、清楚、基本清楚、知道一点、完全不知情五个等级，对应的取值分别为 0.9、0.8、0.6、0.3、0.1	0.029
	施工方案的合理性（B_4）	技术措施的完备性 p_7	指针对分部分项工程编制的技术措施项数与应编制的措施项数之比	0.021
		质量保证措施的完备性 p_8	指已编制的质量保证措施项数与应编制的质量保证措施项数之比	0.018
		与农业生产交叉的时间 p_9	指项目施工时间与农业生产交叉的时间	0.036

准则层	要素层	指标层	指标层的含义	权重
项目施工管理（A_3）	投资控制效果（B_5）	分部工程超支率 p_{10}	分部工程超支率＝超支的分部工程数量/总分部工程的数量	0.028
		项目资金超额率 p_{11}	项目资金超额率＝施工管理原因导致超出部分的资金/合同规定资金	0.039
	进度控制效果（B_6）	施工工期变化率 p_{12}	施工工期变化率＝（实际施工工期－合同规定工期）/合同规定工期	0.035
		项目按期完工率 p_{13}	项目按期完工率＝按期完工的单体工程数量/单体工程的总量	0.027
	质量控制效果（B_7）	返工损失率 p_{14}	返工损失率＝因返工而增加的费用/项目工程造价之比	0.032
		农户对质量的投诉次数 p_{15}	施工中农户对工程施工质量的投诉次数	0.040
		农户合理意见采纳程度 p_{16}	施工中农户合理意见被采纳的数量与农户提出的合理意见数量之比	0.031
	文明施工情况（B_8）	建材的堆放与管理状况 p_{17}	建材的堆放与管理状况分很好、好、一般、乱、很乱五个等级，对应的取值分别为 0.95、0.8、0.6、0.5、0.3	0.031
		施工中损毁的作物面积 p_{18}	项目区每 100 公顷因施工而导致可避免的农作物被损毁的面积（m²）	0.045
	施工中环境保护的效果（B_9）	施工导致水土流失面积 p_{19}	项目区每 100 公顷因施工等原因导致水土流失的面积（m²）	0.039
		施工环保中农户满意度 p_{20}	以被调查农户对施工中环境保护满意度打分的平均值计算	0.036
项目权益分配与确认（A_4）	土地权益分配（B_{10}）	分配工作的和谐程度 p_{21}	用土地权益分配工作中发生冲突的次数表示	0.033
		权益分配花费的时间 p_{22}	从按照既定的方案开始权益分配到圆满结束所经历的时间	0.028
	土地变更登记（B_{11}）	地籍变更档案完备程度 p_{23}	指地籍变更档案资料的数量与完整的地籍档案资料数量之比	0.019
		土地变更登记花费时间 p_{24}	指从土地变更等级开始到全部登记结束所经历的时间	0.017

续表

准则层	要素层	指标层	指标层的含义	权重
项目竣工验收（A_5）	工程质量的情况（B_{12}）	子分部工程的合格率 p_{25}	用质量合格的子分部工程数量与子分部工程的总量之比计算	0.038
		子分部工程的优良率 p_{26}	用质量达到优良标准的子分部工程数量与其总量之比计算	0.039
		观感质量的评价等级 p_{27}	观感质量的等级分优、良、合格、差、很差，其对应的取值分别为0.95、0.8、0.6、0.5、0.3	0.037
		质量控制资料完备程度 p_{28}	用已提交的质量控制资料数量与应该提交的资料数量之比计算	0.033
		农户对工程质量满意度 p_{29}	以项目验收阶段被调查农户对工程质量满意度打分的平均值计算	0.041
	耕地质量的情况（B_{13}）	耕作层厚度 p_{30}	以整理后耕作层厚度计算	0.044
		耕地的土壤质地 p_{31}	若整理后耕地土壤质地为壤土、沙壤土、轻沙土、中沙土、重沙土、砾质土、砾石土，则对应取值分别为1.0、0.8、0.6、0.4、0.2、0	0.045
		耕地有机质含量 p_{32}	整理后耕地有机质含量	0.042

3.2.3 研究方法的选取

由于要素层 B_1 是刚性目标，因此对农地整治项目实施阶段进行效率测度时，需先判断法规的符合性，若不符合，则实施阶段效率低下；若满足法规的符合性条件，则进一步测度，以判断其效率高低。因此，效率测度主要针对弹性效率指标。为确定30个弹性效率指标的权重，邀请了9位专家（国土部门专家3名，高校研究员3名，设计单位专家2名，从事农地整治的乡镇干部1名）对效率指标的重要程度进行排序，依据偏好比例法算得的权重见表3-3。

设农地整治项目实施阶段效率指标体系中要素层第 k 个指标 p_k 的现状值对应的 k_i 维空间坐标为 $(p_{i1}, p_{i2}, \cdots, p_{ik_i})$，$i = 1, 2, \cdots, k$，其中 k 表示效率指标体系中要素层的指标数, k_i 表示要素层第 i 个指标所包含的效率指标数;又设指标 p_k 对应的基准标杆、实际最优标杆及理论拓展标杆的空间坐标点分别为 $q_i(q_{i1}, q_{i2}, \cdots, q_{ik_i})$、$q_i'(q_{i1}', q_{i2}', \cdots, q_{ik_i}')$ 和 $q_i''(q_{i1}'', q_{i2}'', \cdots, q_{ik_i}'')$;再设效率指标 k_i 维空间现状点与标杆间的距离 $d_i(p_i, q_i)$、$d_i'(p_i, q_i')$、$d_i''(p_i, q_i'')$,运用 3.1.3 小节中的距离函数模型计算出上述距离值。

3.2.4　项目实施阶段效率指标的标杆设置

运用标杆管理原理对农地整治项目实施阶段效率进行测度,其关键问题在于标杆设置。具体而言,标杆分为"标杆项目"和"标杆值"。"标杆项目"是指农地整治项目中具有代表性的项目,将其作为标杆库成员,以确定项目的"标杆值"。"标杆值"则是根据"标杆项目"的相应指标综合确定的最优值。迄今为止,中国农地整治目开展了近 15 年,但仍未形成一套完善的农地整治项目效率指标的标杆库。农地整治项目实施阶段标杆设置过高或过低都不合适,若标杆设置过高将使得项目脱离实际而导致目标难以实现,若其标杆设置过低将导致目标容易实现而达不到预期目的。从国家开展农地整治项目的目标及基本标准出发,同时考虑实施阶段项目管理的实际水平及提升的潜力,本书设立以下三类标杆:①基准标杆。农地整治项目各效率指标都应达到相关规范规定的标准。本书依据国土资源部颁布的高标准基本农田建设标准(TD/T1033—2012)、土地整治工程建设规范(DB42/T 682—2011)、土地整治项目施工监理规范、土地整治项目验收规程、土地整治工程质量评定规程等规范和标准等,对其进行整理分析以设置实施阶段效率指标的基准标杆。②实际最优标杆。考虑到中国农地整治项目的实施水平,依据示范项目中实施阶段效率指标最优值设置实际最优标杆。③理论拓展标杆。考虑农地整治项目实施阶段效率标杆的动态性、项目的质量和管理水平提高的潜力,把理论上可达到的最优值设置为理论拓展标杆。效率指标的三类标杆见表 3-4。

表 3-4　杜山农地整治项目实施阶段效率测度结果

准则层	要素层	指标层	标杆			现状值	Minkowski 距离函数值				
			基准	实际最优	理论拓展		基于实际最优标杆		基于理论拓展标杆		理论拓展标杆与实际最优标杆之差
A_1	B_2	p_3	95%	98%	100%	96%	0.0007	0.0026	0.0014	0.0033	0.0007
		p_4	90%	100%	100%	95%	0.0019		0.0019		0.0000

续表

准则层	要素层	指标层	标杆			现状值	Minkowski 距离函数值					
			基准	实际最优	理论拓展		基于实际最优标杆		基于理论拓展标杆		理论拓展标杆与实际最优标杆之差	
A_2	B_3	p_5	80%	87.5%	100%	75%	0.0034	0.0112	0.0060	0.0176	0.0026	0.0064
		p_6	80%	82%	100%	60%	0.0078		0.0116		0.0038	
	B_4	p_7	90%	92.5%	100%	89%	0.0008	0.0012	0.0023	0.0399	0.0015	0.0387
		p_8	90%	93%	100%	91%	0.0004		0.0016		0.0012	
		p_9	4	2	1	2	0.0000		0.0360		0.0360	
A_3	B_5	p_{10}	5%	4.12%	3%	4.21%	0.0006	0.0092	0.0113	0.0406	0.0107	0.0316
		p_{11}	5%	4.32%	3%	5.25%	0.0084		0.0293		0.0209	
	B_6	p_{12}	25%	24.1%	10%	41.4%	0.0251	0.0276	0.1099	0.1155	0.0848	0.0879
		p_{13}	80%	87.3%	100%	79.3%	0.0025		0.0056		0.0031	
	B_7	p_{14}	5%	0%	0%	0%	0.0000	0.0072	0.0000	0.0484	0.0000	0.0412
		p_{15}	3	2	1	2	0.0000		0.0400		0.0400	
		p_{16}	90%	95%	100%	73%	0.0072		0.0084		0.0012	
	B_8	p_{17}	0.8	0.9	0.95	0.85	0.0017	0.0073	0.0033	0.0258	0.0016	0.0185
		p_{18}	100	80	60	90	0.0056		0.0225		0.0169	
	B_9	p_{19}	100	80	60	85	0.0024	0.0072	0.0163	0.0242	0.0139	0.0170
		p_{20}	80%	90%	100%	78%	0.0048		0.0079		0.0031	
A_4	B_{10}	p_{21}	1	1	1	1	0.0000	0.0047	0.0000	0.0210	0.0000	0.0163
		p_{22}	40	30	20	35	0.0047		0.0210		0.0163	
	B_{11}	p_{23}	95%	100%	100%	96%	0.0008	0.0019	0.0008	0.0110	0.0000	0.0091
		p_{24}	40	30	20	32	0.0011		0.0102		0.0091	
A_5	B_{12}	p_{25}	95%	100%	100%	100%	0.0000	0.0143	0.0000	0.0279	0.0000	0.0136
		p_{26}	60%	83%	100%	75%	0.0038		0.0098		0.0060	
		p_{27}	0.7	0.9	0.95	0.75	0.0062		0.0078		0.0016	
		p_{28}	95%	97.5%	100%	96%	0.0005		0.0013		0.0008	
		p_{29}	80%	86%	100%	78%	0.0038		0.0090		0.0052	
	B_{13}	p_{30}	30	45	50	42	0.0029	0.0121	0.0070	0.0265	0.0041	0.0144
		p_{31}	0.7	0.9	1.0	0.8	0.0050		0.0090		0.0040	
		p_{32}	0.8	1.0	1.2	0.9	0.0042		0.0105		0.0063	

　注：法规的符合性（B_1）包含的 p_1、p_2 为刚性指标，符合相关的法律和法规等要求。只有在满足刚性条件基础上，本表再进一步测度农地整治项目实施阶段的效率

3.2.5　应用研究：以鄂州市鄂城区杜山高产农田示范项目为例

（1）项目概况及数据来源

鄂州市鄂城区杜山高产农田建设示范项目（以下简称杜山农地整治项目），该项目于 2008 年立项，投资额为 2252.66 万元，建设规模为 949.10 hm²，其主要地貌类型为平原和微丘陵。项目区位于湖北省鄂州市鄂城区西南部，包括路口村、旭东村、先台村、下王村、柯营村等行政村。杜山农地整治项目计划开工时间为 2008 年 10 月，计划工期为 365 天，因各种原因导致实际施工时间为 2008 年 12 月，竣工时间为 2010 年 5 月，实际工期为 515 天。因规划设计考虑不周及施工环境发生变化等因素，导致项目发生较大设计变更，变更资金达 746.05 万元，其中因施工管理原因导致变更资金达 118.26 万元。课题组于 2011 年 12 月先后到鄂城区国土资源局等单位收集项目的招标评标和合同文件、项目施工组织设计报告、项目施工日记和月报、项目监理规划和监理细则、规划设计变更及批准资料、竣工图纸及竣工决算资料、工程验收施工质量检测资料核查表、单元工程质量评定资料、分项工程质量评定资料、项目经费收支情况表（资金拨付文件）、项目审计工作报告（包括工程量、财务审计）、项目竣工验收报告等相关资料。项目资金全部来源于省级投资，主要包含土地平整工程、田间道路工程、农田水利工程、农田防护工程及村庄整治工程等五大工程。作为全国农地整治示范省的湖北省有仙洪新农村建设实验区（主要涉及仙桃市、洪湖市、监利县）和鄂东城乡统筹示范区（主要涉及鄂城区、华容区、嘉鱼县等），这两区域实施的农地整治项目数量较多，效果较好，并具有一定的示范性。课题组于 2011 年 12 月，先后到湖北省鄂州市、监利县、孝南区调研，选取了 42 个有代表性的标杆项目，以此确定项目实施阶段的实际最优标杆。

（2）效率测度结果

利用 Minkowski 距离模型计算得到的距离值可清晰反映杜山农地整治项目实施阶段效率与标杆值的差距，因此本书运用 Minkowski 距离描述农地整治项目实施阶段效率水平的高低。依据 Minkowski 距离函数计算得到的距离值见表 3-4。同时，结合农地整治项目的特征和专家意见，设计了 4 个等级标准以反映项目实施阶段的效率，效率等级划分、对应的距离值区间及相对效率水平见表 3-5。具体结果如下。

表 3-5 农地整治项目实施阶段效率等级分类表

效率的等级	距离值区间	相对效率水平	与标杆比较
Ⅰ	[0 , 0.1]	很高	接近
Ⅱ	(0.1 , 0.2]	较高	有一定距离
Ⅲ	(0.2 , 0.3]	偏低	差距偏大
Ⅳ	(0.3 , +∞)	很低	差距很大

1）杜山农地整治项目实施阶段大部分效率指标达到或接近基准标杆。该农地整治项目在合同的规范性、施工方案的合理性、投资控制效果、文明施工情况、施工中环境保护情况、土地权益分配情况、土地变更登记情况、竣工工程质量情况、竣工耕地质量情况等方面达到或基本接近效率基准标杆。而项目的宣传效果、进度控制效果及施工质量控制效果等方面与效率基准标杆的距离值相对较大，表明项目宣传效果、进度控制效果与施工质量控制效果均较差。

2）杜山农地整治项目实施阶段效率指标与实际最优标杆的综合距离值是0.1065，表明该项目实施阶段效率水平相对较高，与实际最优标杆有一定距离。该项目实施阶段的 5 个环节相对于实际最优标杆的距离值由小到大排序是项目招标与合同签订、权属调整、施工准备、竣工验收、项目施工管理，其距离值分别是 0.0026、0.0066、0.0124、0.0264、0.0585。从要素层各效率目标来看：与实际最优标杆距离最大的是进度控制效果，其距离值是 0.0276；其次是项目竣工的工程质量情况、项目竣工的耕地质量情况、项目宣传效果、投资控制效果、文明施工情况，其距离值分别是 0.0143、0.0121、0.0112、0.0090、0.0073。从指标层的效率指标来看，与实际最优标杆距离最大的 6 项效率指标分别是项目施工工期变化、项目资金超额率、农户对项目实施信息的了解程度、对农户合理意见的采纳程度、观感质量的评价等级、施工中损毁的作物面积。

3）杜山农地整治项目实施阶段效率指标与理论拓展标杆的综合距离值是0.4017，表明该项目实施阶段效率水平相对于理论拓展标杆严重偏低，与理论拓展标杆有很大差距。具体而言，该项目实施阶段 5 个环节中对综合距离值贡献最大是施工管理环节，其距离值是 0.2545；其次是施工准备和竣工验收两个环节，其距离值分别是 0.0575、0.0544；对综合距离值贡献最小的是项目招标与合同签订，其距离值是 0.0033。通过对要素层各效率目标与理论拓展标杆的距离分析可知：距离最大的是进度控制效果，其值是 0.1155；其次是质量控制效果、投资控制效果、施工方案的合理性、项目竣工的工程质量情况、项目竣工的耕地质量情况、文明施工的情况，其距离值分别是 0.0484、

0.0406、0.0279、0.0265、0.0258。从 32 个效率指标分析可知，与理论拓展标杆距离最大的 6 项指标分别是项目施工工期变化、农户对质量的投诉次数、与农业生产交叉的时间、项目资金超额率、施工中损毁的农田面积、权益分配花费的时间。

4）实际最优标杆与理论拓展标杆的综合距离值是 0.2954。这表明本地区农地整治项目实施阶段实际最优标杆相对于理论拓展标杆的效率水平偏低，即本地区农地整治项目实施阶段效率水平普遍不高，与理论拓展标杆的差距偏大。从准则层分析可知：项目实施阶段 5 各环节中实际最优标杆与理论拓展标杆的距离最大的是施工管理环节，其值是 0.1962；其次是施工准备和竣工验收两环节，其距离值分别是 0.0451、0.0280；准则层数据表明本地区农地整治项目实施阶段在施工管理、施工准备及竣工验收等环节与理论最优标杆有较大差距，在未来项目中需重点加强对这些环节的管理。从要素层分析可知：与理论最优标杆距离最大的是进度控制效果，其值是 0.0879；其次是质量控制效果、施工方案的合理性、投资控制效果、文明施工的情况、施工中环境保护的效果，其距离值分别是 0.0412、0.0387、0.0316、0.0185、0.0170；这表明本地区农地整治项目在实施阶段的进度控制、质量控制、施工方案的编制、投资控制、文明施工、施工中环境保护等方面与理论最优标杆有很大差距，在未来的农地整治项目中需重点加强对这些方面的精益管理。

（3）原因分析与建议

1）杜山项目实施阶段施工准备环节的效率并不高，主要是因实施信息的公开程度和农户对实施信息的了解程度较低、项目施工与农业生产交叉的时间较长等原因造成的。首先，农地整治的目的是服务农业生产，农户是农地整治项目最终的使用者和受益者，农地整治项目的管理部门和实施单位有向农户公开实施信息的义务，农户有知情权；从农户知情权角度出发，将项目宣传效果作为项目施工准备环节的重要考核指标，其宣传效果越好，越有利于上述利益主体间的沟通和协调，也越便于后续施工的顺利进行。此外，施工方案安排合理（如施工与农业生产交叉的时间较短等）是施工任务顺利开展及保证工程质量的前提条件。因此，项目实施阶段施工准备环节中应注重项目宣传效果及施工方案的合理性，以提高施工准备环节的有效性。

2）对农地整治项目实施阶段效率影响最重要的是施工管理环节，主要是因施工单位施工精益管理意识薄弱、监理单位监督不严、农户参与极其有限等多方面原因综合所致。首先，本地区农地整治项目施工单位资质等级普遍不高，这些企业精益施工管理意识及责任心不强，施工管理水平偏低。其次，本地区农地整治项目监理费率偏低，过低的监理服务费导致监理单位投入的技术人力资源有限，这与本地区动辄上万亩的大规模农地整治项目需要较强的监理技术人力资源对项目的工程质量、投资控制、文明施工、环境保护等全方位的管理存在矛盾。此外，由于农地整治项目因施工质量问题导致安全事故的概率较低，使得施工企业与监理机构合谋的概率加大，而农户参与工程监督的机制是解决合谋问题的较好措施。因此，建议农地整治项目招投标环节中应把施工单位的资质等级作为重要指标考核，适当提高监理单位的监理服务费率，建立施工阶段农户参与工程监督的机制，以提高施工管理的效果。

3）农地整治项目竣工验收包括项目完工后的工程质量验收和耕地质量验收两方面，这两方面验收的结果直接影响到项目实施阶段的效率水平。首先，项目竣工后工程质量的优劣直接影响到工程项目寿命期及使用阶段农户农业生产投入的节约程度，同时工程质量越高，种植农作物种类的适应性也越广泛；其次，项目竣工后的耕地质量直接影响着农业生产的单位产量，整理后的耕地质量越高，单位产量也越高。因此，农地整治项目实施阶段需确保工程质量和耕地质量，以满足工程寿命期的要求、降低农业生产成本及提高农作物产量。

4）权属调整环节也影响到农地整治项目实施阶段的效率。权属调整方案是项目前期阶段在充分尊求农户意见的基础上制定的，而实施阶段应该严格按照权属调整方案进行权益分配和调整，只有这样才能加快工作进程，确保在规定的时间内圆满地完成该工作，因此，建议农地整治项目实施阶段权属调整环节要充分发挥农户监督作用，提高权属调整环节的效率。

本书将基于标杆管理的效率测度模型应用到杜山农地整治项目中，得到了项目实施阶段 5 个环节的效率值：效率指标达到或接近基准标杆；与实际最优标杆的综合距离值为 0.1065；与理论拓展标杆的综合距离值是 0.4017；实际最优标杆与理论拓展标杆的综合距离值是 0.2954。依据效率测度的结果分析了存在的问题，并有针对性地提出了对策和建议，这将对提高本地区未来的农地整治项目实施阶段效率有很好的促进作用。本书从价值链增值视角构建的农地整治项目实施阶段效率指标体系具有较好的通用性，可识别农地整治项目实施阶段的 5 个环节中存在的问题，对中国农地整治项目的建设与管理具有一定的借鉴意义。

3.3 农地整治项目后期管护阶段效率测度研究

我国农地整治虽然取得了较好成绩，但存在着"重前期建设、忽视后期管护"的普遍现象，如工程缺乏有效的管理和维修，陷入了"有人用、没人管"的境地，田块堆放杂物，道路塌陷、泥泞，沟渠淤堵，建筑物破损，变压器、电线和泵房设备被盗，林网损毁等现象屡见不鲜，造成工程闲置甚至农地抛荒，更无从说农地规模化与产业化经营。上述现象大多是因整治后缺乏管护所致，不仅限制了农地整治效益的发挥，而且也制约了土地资源的可持续利用，这对我国农地整治后期管护工作提出了更高要求，因此关于后期管护的研究就显得尤为重要。大量的工程实践表明，上述低效率主要是由于未对农地整治项目后期管护的效率指标设定标杆并进行科学的效率测度和管理。为提高农地整治项目后期管护的效率，充分发挥农地资源的可持续利用，应通过设定效率提升的目标，界定与典型项目（标杆）的效率差距，以科学评价后期管护阶段的效率，并寻求实现这一目标的手段与方法，即建立基于标杆管理的农地整治项目后期管护效率测度应成为一项技术性的基础工作。为此，本书从项目后期管护效率的内涵出发，从价值链增值的视角构建农地整治项目后期管护效率指标体系，运用标杆管理原理和 Minkowski 距离函数建立效率测度模型，并以孝感市孝南区肖港镇基本农田土地整治项目后期管护进行了案例研究，为未来的农地整治项目后期管护工作提出相应的措施和建议。

3.3.1 农地整治项目后期管护效率内涵的界定

"效率"是理论研究中长期关注的焦点问题。20 世纪初，帕累托提出了效率是资源配置的结果——帕累托最优的观念。由于研究对象和目标不同，效率的分类和涵义也不尽相同，经济学的效率有宏观效率和微观效率：前者是指生产要素在不同生产部门间得到有效配置，使其能够最大限度地满足社会的各种需求；后者指生产主体在投入生产资源不变的情况下使产出最大，或产出不变条件下投入的市场资源最小化。

综上所述，结合农地整治项目后期管护的特点，将其效率界定为：在农地整治项目后期管护的各环节中，其核心利益相关者——后期管护工作的监管者［即县（市、区）政府国土部门］、管护的直接责任人［乡（镇）政府］、管护工作的直接组织者（村集体）及管护的终极主体（普通农户及收益型管护任务的承包户）等在投入资源既定的条件下，其合理价值需求能获得最大限度的满足程度，即核心利益相关者在后期管护阶段各环节中获得的相对于价值需求目标的有效性。

3.3.2 价值链增值视角下项目后期管护效率指标的选取

县（市、区）政府国土部门是农地整治项目的业主，为了确保项目建成后能够持久发挥效益，政府国土部门理应成为后期管护工作的监管者，其主要通过后期管护的宣传、向乡（镇）政府移交项目并签署后期管护责任书、对管护工作进行巡回检查、根据检查结果进行奖惩等活动参与价值链，同时还要通过设计各种奖惩制度激励和督促乡（镇）政府等基层组织履行其管护职责，以提高项目后期管护阶段价值链增值的效果。乡（镇）政府是农地整治项目后期管护的直接责任人，需对项目后期管护及评价结果负责，主要通过向村集体移交项目并签署后期管护责任书、建立乡（镇）政府后期管护工作组、建立各种管护制度引导村组织开展管护工作、定期监督检查、督促管护工作的整改与落实等活动参与价值链，其价值增值体现在促进后期管护实施效果。村集体是农地整治项目后期管护工作的直接组织者，通过各项管护任务的分解、召开村民代表大会讨论管护方案、确定各项任务的管护主体、组织各项任务的具体实施等活动参与价值链，其价值链增值主要体现在促进后期管护实施效果。普通农户及收益型管护任务的承包户是农地整治项目后期管护的终极主体，也是项目的最终的使用者和受益者，通过管护任务的实施等活动参与价值链，其价值链的增值体现在确保项目后期管护的质量。从价值链形成过程来看，农地整治项目后期管护阶段经历了项目的移交、管护机构与制度建立、任务分解及主体确定、管护任务的实施、管护工作的考核等 5 个彼此相互关联的环节，每个环节既有投入，同时在前一个环节的基础上逐步实现了价值累加，使得这些相互关联的活动形成价值链（图 3-3）。农地整治项目后期管护阶段价值实现程度、价值增值程度与其工作效率高低密不可分，即项目后期管护阶段价值活动实现的价值增值程度越高，表明越接近期望的价值目标，则该工作效率也越高。

　　综合分析可知，农地整治项目后期管护阶段移交链、组织链、任务链、实施链、考核链的价值目标分别是：明确管护目标、任务与责任，调动管护的积极性；健全管护机构、确保管护制度的完备性；确定各项任务的最佳管护主体；确保项目工程和设施的完好及正常运行；通过考核进一步促进后期管护工作。依据 5 个环节的价值目标，参考相关文献，采用频度统计法和专家咨询法等对指标进行筛选，并遵循科学性、系统性、层次性、可操作性和易量化性等原则，确定了 14 个要素层的 34 项效率指标指标，建立的农地整治项目后期管护效率指标体系见表 3-6。

图3-3 农地整治项目后期管护阶段价值链分析

表 3-6 基于过程管理的农地整治项目后期管护效率指标体系

准则层	要素层	指标层	指标层含义	权重
项目的移交（A_1）	后期管护宣传的效果（B_1）	宣传途径多样化程度（C_1）	宣传途径有 1 种方式取值 0.2，若有 2 种方式取值 0.4，依此类推，5 种及以上方式取值 1	0.019
		宣传内容的全面性（C_2）	指后期管护宣传内容的项数与应该宣传内容的总项数之比	0.024
		农户对信息掌握程度（C_3）	农户对后期管护信息的掌握程度分很差、差、一般、好、很好，对应的取值分别是 0.2、0.4、0.6、0.8、0.9	0.023
	资料移交的及时与完备性（B_2）	移交资料的完备性（C_4）	已移交的项目资料的数量与应该移交的项目基础资料的数量之比	0.011
		移交资料的及时性（C_5）	从办理移交签字手续开始到资料移交完成的时间	0.009
	目标与职责的清晰程度（B_3）	乡政府职责清晰程度（C_6）	乡政府的管护任务与职责的清晰程度分未界定、模糊、较模糊、一般、明确、很明确，取值分别是 0、0.2、0.4、0.6、0.8、0.9	0.031
		村委会职责清晰程度（C_7）	村委会的管护任务与职责的清晰程度分未界定、模糊、较模糊、一般、明确、很明确，取值分别是 0、0.2、0.4、0.6、0.8、0.9	0.033
机构与制度的建立（A_2）	管护机构的健全程度（B_4）	管护工作组健全程度（C_8）	从乡政府管护小组是否有挂牌、专用办公场所、分管领导、配备人员及其职责方面考察其健全程度，满足 1 项取值 0.2，全部满足取值 1	0.039
	管护制度的完备性（B_5）	主体责任制的完备性（C_9）	指终极管护主体责任制的完备性，可分为很不全、不全、一般、较完备、很完备，对应的取值分别是 0.2、0.4、0.6、0.8、0.9	0.036
		资金筹集制度完备性（C_{10}）	管护资金筹集制度的完备性，可分为很不全、不全、一般、较完备、很完备，对应的取值分别是 0.2、0.4、0.6、0.8、0.9	0.031
		奖惩制度的完备性（C_{11}）	管护奖惩制度的完备性，可分为很不全、不全、一般、较完备、很完备，对应的取值分别是 0.2、0.4、0.6、0.8、0.9	0.028
		工程管护制度完备性（C_{12}）	各单项工程管护制度的完备性，可分为很不全、不全、一般、较完备、很完备，对应的取值分别是 0.2、0.4、0.6、0.8、0.9	0.027
		设备管护制度完备性（C_{13}）	设备的管护制度的完备性，可分为很不全、不全、一般、较完备、很完备，对应的取值分别是 0.2、0.4、0.6、0.8、0.9	0.029

准则层	要素层	指标层	指标层含义	权重
任务分解与主体确定（A_3）	任务的落实（B_6）	管护任务的落实程度（C_{14}）	已落实的管护任务项数与后期管护的任务总项数之比	0.057
	管护主体确定的公信度（B_7）	竞标程序的符合情况（C_{15}）	指收益型管护任务的主体选定是否符合土地整治管理办法等相关制度规定，若符合取值为1，否则取值为0	0.022
		农户对收益型管护任务主体的认同度（C_{16}）	农户对收益型管护任务主体的认同程度分很低、低、一般、高、很高，对应的取值分别是 0.2、0.4、0.6、0.8、0.9	0.031
管护任务的实施（A_4）	水土保持工程完好及运行情况（B_8）	防护工程完好程度（C_{17}）	防护工程的完好程度分严重破坏、破坏、一般、基本完好、完好，对应的取值分别是 0.2、0.4、0.6、0.8、0.9	0.023
		防护工程栏渣保土的效果（C_{18}）	防护工程栏渣保土的效果分差、较差、一般、较好、良好，对应的取值分别是 0.2、0.4、0.6、0.8、0.9	0.036
		水土流失变化率（C_{19}）	现有水土流失率与项目移交时水土流失率之比	0.029
	灌排工程完好及运行情况（B_9）	沟渠的完好程度（C_{20}）	沟渠的完好程度分严重破坏、破坏、一般、基本完好、完好，对应的取值分别是 0.2、0.4、0.6、0.8、0.9	0.045
		沟渠的通畅程度（C_{21}）	指因杂物和淤积等影响沟渠灌排，其通畅程度分严重滞阻、滞阻、一般、较好、很好，对应的取值分别是 0.2、0.4、0.6、0.8、0.9	0.043
		水泵等设施完好程度（C_{22}）	水泵等设施的完好程度分严重破坏、破坏、一般、基本完好、完好，对应的取值分别是 0.2、0.4、0.6、0.8、0.9，若被盗取0	0.042
		灌排工程维护及时性（C_{23}）	指灌排工程从损坏到维修完成所花费的时间	0.024
		设备的运行情况（C_{24}）	设备的运行情况分差、较差、一般、较好、良好，对应的取值分别是 0.2、0.4、0.6、0.8、0.9	0.039
	田间道路工程完好及运行情况（B_{10}）	田间道路的完好程度（C_{25}）	田间道路的完好程度分严重破坏、破坏、一般、基本完好、完好，对应的取值分别是 0.2、0.4、0.6、0.8、0.9	0.032
		田间道路被侵占程度（C_{26}）	指路面被侵占的面积与道路总面积之比	0.028
		田间道路维护及时性（C_{27}）	指田间道路从损坏到维修完成所花费的时间	0.026

续表

准则层	要素层	指标层	指标层含义	权重
管护任务的实施（A_4）	防护林网工程完好情况（B_{11}）	防护林的成活率（C_{28}）	指防护林中林木成活的数量占林木总数量之比	0.035
		林木的补植率（C_{29}）	指林木补植数量占死亡林木数量之比	0.028
管护工作的考核（A_5）	检查及结果记录情况（B_{12}）	检查的执行情况（C_{30}）	各管护主体针对管护工作检查的项数与按规定应该检查的项数之比	0.028
		检查记录的完整程度（C_{31}）	检查记录的完整程度分为非常不全、不全、一般、基本完整、完整，对应的取值分别是0.2、0.4、0.6、0.8、0.9	0.019
	奖惩落实情况（B_{13}）	奖惩兑现的情况（C_{32}）	实际兑现奖惩的项数与按照奖惩制度规定应该奖惩的项数之比	0.023
	整改工作的落实情况（B_{14}）	管护工作的整改率（C_{33}）	完成的整改工作项数与应该整改的工作项数之比	0.029
		工作整改的及时性（C_{34}）	从接到整改通知开始到完成整改任务终止花费的时间	0.021

3.3.3 研究方法的选取

（1）基于网络层次分析法的权重确定

网络层次分析法（analytic network process，ANP）是美国匹兹堡大学T. L. Satty教授于20世纪90年代末在层次分析法基础上提出的，它是一种考虑了递阶层次结构存在内部循环及层次结构之间存在依赖性和反馈性特点的多准则决策模型。农地整治项目后期管护阶段效率指标具有明显的层次结构、依赖性和反馈性等特点，因此本书运用ANP模型确定效率指标的权重。其具体步骤如下。

1）构造网络结构。依据农地整治项目后期管护效率指标体系，判断指标间相互影响关系，即是否独立、是否存在依存和反馈关系，建立效率指标体系的网络结构（图3-4），具体包括了控制层和网络层。

2）确定层次指标的单排序权重。根据农地整治项目后期管护效率指标体系的网络结构，选择7位专家（政府国土部门3名、高校研究人员2名、乡镇干部2名），采用Saaty 1~9级量表对后期管护的效率指标进行两两对比，得到归一化排序权重。

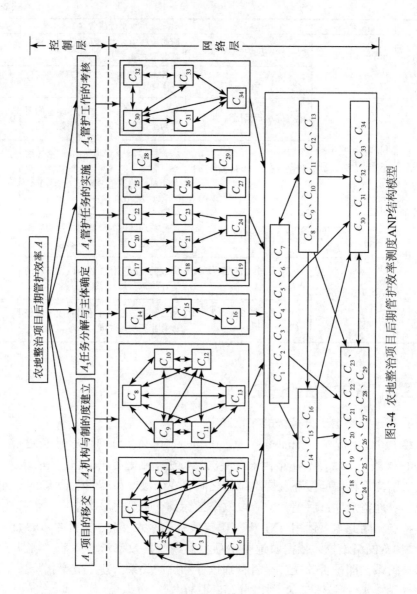

图3-4 农地整治项目后期管护效率测度ANP结构模型

3）构建 ANP 超矩阵。首先在农地整治项目后期管护效率指标体系网络结构的控制层下，进行指标之间的优势度比较，构建判断矩阵，形成特征向量，通过一致性检验后得出各局部权重向量矩阵。同理，可得出网络层中各指标相互影响的排序向量所构成的无权重超矩阵 R。

$$R = \begin{bmatrix} R_{11} & R_{12} & \cdots & R_{1t} \\ R_{21} & R_{22} & \cdots & R_{2t} \\ \vdots & \vdots & & \vdots \\ R_{t1} & R_{t2} & \cdots & R_{tt} \end{bmatrix}$$

4）计算极限超矩阵及各指标的权重。对超矩阵 R 进行稳定性处理，即计算超矩阵的极限相对排序向量

$$R^{\infty} = \lim_{i \to \infty}(1/m) \sum_{i=1}^{m} \overline{R^i}$$

当 i 趋于无穷大且极限收敛唯一时，该矩阵列向量即为农地整治项目后期管护效率指标的权重。

由于 ANP 模型计算复杂且难度大，本书采用 Super Decision 软件进行处理，得到农地整治项目后期管护效率指标的权重见表3-6。

（2）测度模型的构建

设 N_i 表示农地整治项目后期管护效率指标体系中要素层第 i 个指标所包含的效率指标数，则要素层效率指标 C_i 的现状值对应的 N_i 维空间坐标为（C_{i1}, C_{i2}, $\cdots$, C_{iN_i}）。

设指标 C_i 对应的基准标杆、实际最优标杆及理论拓展标杆的目标坐标点分别是 $M_i(M_{i1}, M_{i2}, \cdots, M_{iN_i})$、$M'_i(M'_{i1}, M'_{i2}, \cdots, M'_{iN_i})$ 和 $M''_i(M''_{i1}, M''_{i2}, \cdots, M''_{iN_i})$。

运用 3.1.3 小节中 Minkowski 距离函数公式计算现状点与基准目标点、实际最优目标点、理论拓展目标点间的距离的距离值为

$$D_i(C_i, M_i) = \sqrt{\sum_{j=1}^{k} \left(r_{ij} \frac{|C_{ij} - M_{ij}|}{M'_{ij}} - r_{ij} \right)^2}$$

$$D'_i(C_i, M'_i) = \sqrt{\sum_{j=1}^{k} \left(r_{ij} \frac{|C_{ij} - M'_{ij}|}{M'_{ij}} - r_{ij} \right)^2}$$

$$D''_i(C_i, M''_i) = \sqrt{\sum_{j=1}^{k} \left(r_{ij} \frac{|C_{ij} - M''_{ij}|}{M''_{ij}} - r_{ij} \right)^2}$$

3.3.4　后期管护效率指标的标杆设置

标杆管理的目的是行为主体通过借鉴标杆，更好地利用事物的规律实现其发展（李佰胜，2006）。对农地整治项目后期管护阶段效率进行测度，其核心是标杆设置，标杆设置过高或过低都是不合适的，若标杆设置过高将使后期管护工作脱离实际而难以实现，若标杆设置过低将导致目标易实现而管护水平得不到提升。尽管我国农地整治开展了15年，但因长期"重建设轻管理"，我国并未形成一套完善的农地整治项目后期管护效率指标的标杆库。本着从我国农地整治项目后期管护的实际情况出发，同时考虑后期管护水平提升的潜力，设立以下3类标杆。

1）基准标杆。项目后期管护的每个效率指标都应达到的标准。本书依据湖北省土地整治项目工程交付使用后期管护办法、国土资源部颁布的高标准基本农田建设标准（TD/T1033—2012）、土地整治工程质量评定规程等规范和标准等，通过分析设置了后期管护阶段效率指标的基准标杆。

2）实际最优标杆。考虑当前中国农地整治项目后期管护的实施水平，选取了后期管护工作的典范邓州白牛（张楼）农地整治项目作为实际最优标杆。邓州白牛（张楼）项目是南水北调渠首及沿线农地整治重大项目（第一期）一片区第一年度工程，是国家投资农地整治重大项目。建设规模2336.80hm²，投资总额4292.51万元，新增耕地77.52hm²，项目区位于白牛乡西北部和张楼乡的东南部，整个项目区共涉及白牛、张楼两个乡的15个行政村。该项目于2009年9月3日开工建设，至2009年12月底全部完工，并顺利通过验收。通过工程实施，项目区内耕地后备资源得到利用，土地垦殖率由89.7%提高到94.8%，提高了5.1个百分点，项目区新增耕地面积1163亩。通过整治形成了"田块平整、林网覆盖、旱能浇、涝能排"的农田生态系统，提高了土地产出率及农业劳动生产率，实现了农业增产、农民增收的目标。邓州市政府按照"谁受益、谁出资、谁管护"的原则，将项目的产权划归乡村所有，由受益方即乡村进行管护，市政府组织相关部门定期对项目后期管护进行检查和验收，取得了很好成果。

3）理论拓展标杆。考虑到后期管护工作效率指标标杆的动态性及提高管护水平的潜力，在实际最优标杆的基础上继续向好的方向拓展（理论上可达到的最优值）以设置理论拓展标杆。设置的效率指标的3类标杆见表3-7。

表 3-7　肖港农地整治项目后期管护效率测度结果

准则层	要素层	指标层	现状值	标杆			Minkowski 距离函数值					
				基准	实际最优	理论拓展	基于基准标杆		基于实际最优标杆		基于理论拓展标杆	
A_1	B_1	C_1	0.20	0.60	0.80	1.00	0.0127		0.0143		0.0152	
		C_2	60%	70%	90%	100%	0.0034	0.0314	0.0080	0.0396	0.0096	0.0427
		C_3	0.20	0.60	0.80	0.90	0.0153		0.0173		0.0179	
	B_2	C_4	30%	95%	90%	100%	0.0075		0.0073		0.0077	
		C_5	2	1	1.5	1	0.0090	0.0165	0.0030	0.0103	0.0090	0.0167
	B_3	C_6	0.40	0.80	0.80	0.90	0.0155		0.0155		0.0172	
		C_7	0.20	0.80	0.80	0.90	0.0248	0.0403	0.0248	0.0403	0.0257	0.0429
A_2	B_4	C_8	0.40	0.80	0.80	1.00	0.0195	0.0195	0.0195	0.0195	0.0234	0.0234
	B_5	C_9	0.40	0.80	0.80	0.90	0.0180		0.0180		0.0200	
		C_{10}	0.20	0.80	0.80	0.90	0.0233		0.0233		0.0241	
		C_{11}	0.40	0.80	0.80	0.90	0.0140	0.0901	0.0140	0.0901	0.0156	0.0968
		C_{12}	0.20	0.80	0.80	0.90	0.0203		0.0203		0.0210	
		C_{13}	0.40	0.80	0.80	0.90	0.0145		0.0145		0.0161	
A_3	B_7	C_{14}	1	1	1	1	0.0000		0.0000		0.0000	
		C_{15}	0.40	0.80	0.80	0.90	0.0155	0.0155	0.0155	0.0155	0.0172	0.0172
	B_6	C_{16}	30%	90%	95%	100%	0.0380	0.0380	0.0390	0.0390	0.0399	0.0399
		C_{17}	0.80	0.80	1.00	1.00	0.0000		0.0046		0.0046	
		C_{18}	0.80	0.80	0.90	1.00	0.0000	0.0000	0.0040	0.0086	0.0072	0.0118
		C_{19}	1	1	1	1	0.0000		0.0000		0.0000	
	B_9	C_{20}	0.80	0.80	1.00	1.00	0.0000		0.0090		0.0090	
		C_{21}	0.20	0.80	0.8	1.00	0.0323		0.0323		0.0344	
		C_{22}	0.40	0.80	0.80	1.00	0.0210	0.0826	0.0210	0.0996	0.0252	0.1078
		C_{23}	4	4	3	3	0.0000		0.0080		0.0080	
		C_{24}	0.20	0.80	0.80	1.00	0.0293		0.0293		0.0312	
	B_{10}	C_{25}	0.80	0.80	1.00	1.00	0.0000		0.0064		0.0064	
		C_{26}	60%	80%	90%	100%	0.0070	0.0070	0.0093	0.0287	0.0112	0.0306
		C_{27}	3	3	2	2	0.0000		0.0130		0.0130	
	B_{11}	C_{28}	75%	90%	93%	95%	0.0058		0.0068		0.0074	
		C_{29}	50%	95%	100%	100%	0.0133	0.0192	0.0140	0.0208	0.0140	0.0214

续表

准则层	要素层	指标层	现状值	标杆			Minkowski 距离函数值					
				基准	实际最优	理论拓展	基于基准标杆		基于实际最优标杆		基于理论拓展标杆	
A_5	B_{12}	C_{30}	35%	80%	100%	100%	0.0158	0.0301	0.0182	0.0309	0.0182	0.0334
		C_{31}	0.2	80%	0.60	1.00	0.0143		0.0127		0.0152	
	B_{13}	C_{32}	30%	80%	90%	100%	0.0144	0.0144	0.0153	0.0153	0.0161	0.0161
	B_{14}	C_{33}	20%	80%	90%	100%	0.0218	0.0218	0.0226	0.0331	0.0232	0.0337
		C_{34}	3	3	2	2	0.0000		0.0105		0.0105	

3.3.5 应用研究：以孝感市孝南区肖港镇基本农田土地整治项目为例

（1）项目概况及数据来源

孝感市孝南区肖港镇基本农田土地整治项目（以下简称肖港农地整治项目）于 2009 年立项，总投资 3236.88 万元，建设规模 1499.35 hm²，其地貌形态是冲积平原。项目区位于湖北省孝感市孝南区北部，包括永久村、长虹村、永安村、叶万村、仁和村、官湖村、堰边村、夏河村、杨河村、马鞍村、黄祠村、富山村 12 个行政村，人均耕地面积 0.04 hm²。肖港农地整治项目于 2009 年 12 月开工建设，2011 年 12 月竣工，建设工期 2 年，该项目净增耕地面积 45.60 hm²，新增耕地率为 3.04%。竣工后孝感市孝南区国土局将项目移交给肖港镇政府，并由各村履行其管护职责。课题组于 2013 年 11 月和 12 月先后到项目区调研后期管护工作的情况，通过走访农户及村干部了解该项目后期管护宣传的情况（宣传途径、宣传内容、农户对信息的掌握程度）、管护机构与管护制度的建设情况（是否成立管护机构、挂牌运行、有无办公场所、是否明确分管领导及专人负责、各类管护制度的建设情况）、管护工作的考核情况（有无检查记录、检查记录的完整程度、管护工作的整改情况、奖惩的兑现情况等），在项目区实地考察了田、水、路、林四大工程管护任务的实施情况。虽然孝感农地整治项目实施效果较好，但是后期管护工作相对滞后，存在重建设轻管护的现象。邓州市白牛乡农地整治项目后期管护工作扎实、效果理想，具有很好的示范性，本书选取该项目作为标杆项目。课题组于 2013 年 12 月到邓州市白牛乡进行了实地调研，以此确定为后期管护的实际最优标杆。

（2）效率测度结果

利用 Minkowski 距离模型计算得到的距离值可清晰反映孝南农地整治项目后

期管护阶段效率与标杆值的差距，因此本书运用 Minkowski 距离描述农地整治项目后期管护阶段效率水平的高低。依据 Minkowski 距离函数计算得到的距离值见表 3-7 和表 3-8。同时，结合农地整治项目的特征和专家意见，设计了 5 个等级标准以反映农地整治项目后期管护阶段的效率：当距离函数值 $Z \leqslant 0.1$ 时为 Ⅰ级，表明效率水平很高，接近标杆；当 $0.1 < Z \leqslant 0.2$ 时为 Ⅱ级，表明效率水平较高，与标杆有一定距离；当 $0.2 < Z \leqslant 0.3$ 时为 Ⅲ级，表明效率水平一般，与标杆差距偏大；当 $0.3 < Z \leqslant 0.4$ 时为 Ⅳ级，表明效率水平较低，与标杆有较大差距；当 $Z > 0.4$ 时为 Ⅴ级，表明效率水平很低，与标杆差距很大。具体结果如下。

表 3-8　理论拓展标杆与实际最优标杆之差

指标	C_1	C_2	C_3	C_4	C_5	C_6	C_7	C_8	C_9	C_{10}	C_{11}	C_{12}
距离值	0.0009	0.0016	0.0006	0.0004	0.0060	0.0017	0.0009	0.0039	0.0020	0.0008	0.0016	0.0007
指标	C_{13}	C_{14}	C_{15}	C_{16}	C_{17}	C_{18}	C_{19}	C_{20}	C_{21}	C_{22}	C_{23}	C_{24}
距离值	0.0016	0.0000	0.0017	0.0009	0.0000	0.0032	0.0000	0.0000	0.0021	0.0042	0.0000	0.0019
指标	C_{25}	C_{26}	C_{27}	C_{28}	C_{29}	C_{30}	C_{31}	C_{32}	C_{33}	C_{34}	B_1	B_2
距离值	0.0000	0.0019	0.0000	0.0006	0.0000	0.0000	0.0025	0.0008	0.0006	0.0000	0.0031	0.0064
指标	B_3	B_4	B_5	B_6	B_7	B_8	B_9	B_{10}	B_{11}	B_{12}	B_{13}	B_{14}
距离值	0.0026	0.0039	0.0067	0.0009	0.0017	0.0032	0.0082	0.0019	0.0006	0.0025	0.0008	0.0006
指标	A_1	A_2	A_3	A_4	A_5							
距离值	0.0121	0.0106	0.0026	0.0139	0.0039							

1）邓州白牛农地整治项目作为实际最优标杆，其后期管护阶段的 34 个效率指标中除移交资料的完备性、检查记录的完备程度 2 个指标略低于基准标杆外，其他 32 个效率指标均达到或超过基准标杆的规定，表明其后期管护阶段的效率水平高于基准标杆。与理论拓展标杆相比较，邓州白牛农地整治项目后期管护效率水平的综合距离值是 0.0431，非常接近理论拓展标杆。从准则层数据分析可知，该项目后期管护阶段各环节的实际最优标杆与理论拓展标杆的距离值均较小，其中最大的是管护任务的实施，其值为 0.0139；其次是项目的移交、管护机构与制度的建立，其值分别是 0.0121、0.0106。进一步从要素层的效率目标数据分析可知，该项目与理论拓展标杆距离最大的是灌排工程完好及运行情况，其值是 0.0082；其次是管护制度的完备性、资料移交的及时与完备性、管护机构的健全程度、水土保持工程完好及运行情况、后期管护宣传的效果、目标与职责的清晰程度，其距离值分别是 0.0067、0.0064、0.0039、0.0032、0.0031、0.0026。

总之，邓州白牛农地整治项目后期管护超过了基准标杆，而与理论拓展标杆的效率水平仍有一定差距，选取该项目作为实际最优标杆较合适。

2）孝南肖港农地整治项目后期管护阶段效率指标与基准标杆的综合距离值是0.4264，两者间的差距很大，充分表明其效率水平很低。由要素层数据分析可知：该项目后期管护阶段除了在水土保持工程完好及运行情况、田间道路工程完好及运行情况两个方面达到或接近基准标杆外，其他各方面均未达到基准标杆；其中在管护制度的完备性方面与基准标杆的距离值最大，其值是0.0901；其次是灌排工程完好及运行情况、目标与职责的清晰程度、管护任务的落实、后期管护的宣传效果、检查及结果记录情况，与基准标杆的距离值分别是0.0826、0.0403、0.0380、0.0314、0.0301，反映出孝南肖港农地整治项目后期管护在上述环节的效率很低，应积极加强管理。从34个效率指标的数据来看：除在水土流失变化率、防护工程完好程度、防护工程栏渣保土效果、沟渠完好程度、田间道路完好程度等9个效率指标基本达到基准标杆外，其他25个效率指标均未达到基准标杆，与基准标杆距离最大的是管护任务的落实程度，其值是0.0380；其次是沟渠的畅通程度、设备运行情况、村委会职责的清晰程度、资金筹集制度的完备性、管护工作的整改率、工程管护制度的完备性等，其值分别是0.0323、0.0293、0.0248、0.0233、0.0218、0.0203。这反映了孝南肖港农地整治项目后期管护工作需要在上述方面大力加强管理。

3）孝南肖港农地整治项目后期管护阶段效率指标与实际最优标杆的综合距离值是0.4913，两者间差距更大。从准则层数据分析可知，该项目后期管护阶段的5个环节相对于实际最优标杆的距离由大到小排序是管护任务的实施、机构与制度的建立、项目的移交、管护工作的考核、任务的分解与主体确定，其距离值分别是0.1577、0.1096、0.0902、0.0793、0.0545。从要素层的数据来看，与实际最优标杆距离最大的是灌排工程完好及运行情况，其距离值是0.0996；其次是管护制度的完备性、目标与职责的清晰程度、后期管护宣传的效果、管护任务的落实、整改工作的落实情况、检查及结果记录情况，其距离值分别是0.0901、0.0403、0.0396、0.0390、0.0331、0.0309。而从指标层的数据分析可知，与实际最优标杆距离最大的6项效率指标分别是管护任务的落实程度、沟渠的畅通程度、设备的运行情况、村委会职责的清晰程度、资金筹集制度的完备性、管护工作的整改率，其值分别是0.0390、0.0323、0.0293、0.0248、0.0233、0.0226。进一步与理论拓展标杆比较，孝南肖港农地整治项目后期管护效率的综合距离值是0.5344，表明其相对效率水平严重偏低；分别对准则层、要素层及指标层的数据进行分析，发现与理论拓展标杆的距离值进一步扩大。由此可知，孝南肖港农地整治项目后期管护工作中需从效率指标各方面来加强管理，特别是加强上述方面的管理。

（3）原因分析与建议

1）孝南肖港农地整治后期管护阶段项目移交环节的效率较低，主要是因村委会职责清晰程度、乡政府职责清晰程度、宣传途径多样化程度、农户信息掌握程度较低等所致。项目竣工后县国土部门将项目移交给乡政府，乡政府成为项目后期管护的直接责任人，职责的清晰程度与否影响着其引导和监督职能的发挥。村委会是最基层的农村集体组织，是后期管护工作的直接组织者，其职责的清晰程度与否影响到项目管护工作的顺利实施。农户是项目的使用者和最直接的受益者，也是项目后期管护的具体执行者和终极主体，只有充分认识到后期管护工作的重要性，才有动力投入后期管护工作中。因此，建议县国土部门在移交项目时与乡政府签订管护协议以明确其管护职责，乡政府与村集体签订管护协议明确村委会的管护职责；同时，国土部门还应在项目涉及的乡、村利用宣传牌、广播等多种形式对农户广泛宣传，增强其管护的责任感和利益感，提高广大农户参与管护的积极性，从而提高项目移交环节的有效性。

2）管护机构与制度的建立是影响农地整治项目后期管护阶段效率的重要因素。首先，组织是目标能否实现的前提，乡政府组建管护工作组才能引导村委会等集体组织积极制定各种管护制度，如终极主体责任制、工程管护制度、奖惩制度等，终极管护主体才可能按照制度开展工作，工作任务才能得以落实。其次，制度的建立与完善中最重要的是资金筹集制度，有效的资金筹集制度是工作顺利开展的保障。因此，建议乡政府成立后期管护工作领导小组，并由主管农业的副乡长主持日常工作，以引导和监督基层后期管护工作；同时，村委会等集体组织应运用市场机制多渠道筹措管护资金，如将农地整治新增加的耕地、防护林网、新建塘坝水库等由村集体进行竞标发包，所得承包费用于工程的后期管护，为项目管护提供充足的资金保障。

3）对农地整治项目后期管护阶段效率影响最重要的是管护任务实施环节，主要是因杂物和淤积导致沟渠畅通程度较低、水泵等设施损坏严重、设备运行情况差、田间道路被侵占影响正常运输、田间道路维护不及时、林木补植率低等多方面原因造成的。田、水、路、林作为农地整治项目的四大工程，其中的水土保持工程、灌排工程、田间道路工程、防护林网工程等是发挥农地整治项目效益的关键。首先，沟渠的畅通程度、水泵等设施的完好、设备的运行情况直接影响到作物的灌排，是保证粮食丰产的重要因素，也是管护任务实施的核心工作之一；田间道路的被侵占及维护不及时都会影响到农业生产的正常运输活动；对于未成活的林木，其补植率过低则很难达到防护林网工程的预期效果。因此，管护任务的实施环节应重点确保沟渠的畅通、水泵等设施完好、设备的正常运行、田间道路的及时维修与保持畅通、林木的补植，以提高管护任务实施环节的有效性。

4）管护工作的考核也影响到农地整治项目后期管护阶段的效率。管护工作的考核是对农地整治项目后期管护工作的监督和促进，具体包括县国土部门对乡政府管护引导工作的考核、乡政府对村委会基层组织者的考核、村委会对终极管护主体的考核，通过检查的执行、检查记录、奖惩兑现、管护工作的整改等环节督促各管护主体。建议建立"国土部门巡查，乡政府督查"机制，县国土部门定期对项目区进行检查，基层国土所不定期对项目区进行巡查，村委会每年或每半年向乡政府书面汇报，乡政府向县国土部门书面汇报项目区管护情况，并根据管护的实际执行效果严格奖惩。

本书将标杆管理原理和 Minkowski 距离模型运用到孝感市孝南区肖港镇农地整治项目后期管护效率测度中，得到了项目后期管护阶段的效率值：效率指标与基准标杆、实际最优标杆和理论拓展标杆间均有很大差距；与上述三个标杆的综合距离值分别是 0.4264、0.4913、0.5344。依据后期管护效率测度的结果分析了存在的问题，并有针对性地提出了对策和建议。本书从价值链增值视角构建的农地整治项目后期管护阶段效率指标体系具有较好的通用性，可识别农地整治项目后期管护中存在的问题，对中国农地整治项目的后期管护具有较好的借鉴意义。

3.4 基于结果的农地整治项目效率测度研究

效率也是经济学理论研究中长期关注的焦点问题。就某一个生产单位或经济机构而言，有效率是指该生产主体在投入生产资源不变的情况下使产出最大，或产出不变条件下投入生产资源的最小化。依据效率的内涵，结合农地整治的特点，从项目结果的角度将农地整治效率界定为：投入与产出的比较，即在农地整治最大化产出的同时最小化其资源投入，或产出一定条件下最小化其资源投入。

目前，关于农地整治效率评价问题的研究较多地集中在项目前期决策评估与后评价两个方面，大多重点考察项目的经济效益、社会效益、生态环境效益、政策绩效等，仅单一地考察项目产出效果，而忽视了项目的投入，对反映农地整治投入产出比的综合效率问题关注不够。对农地整治项目绩效的评价方法多采用综合加权模型和模糊评价模型等，这些方法一方面难以避免人为主观因素对评价结果的影响；另一方面也很难判断各指标对效率的影响程度，因而无法据此提出效率改进方向。尽管有学者采用了 DEA 模型研究不同省份农地整治的投入产出效率，但因各省份自然条件和社会经济条件存在着较大的差异，且未能有效找出学习标杆，难以达到有效提升效率的目的。国内外关于效率评价方法的研究主要集中在3个方面：参数法、非参数法、参数与非参数相结合的方法，运用这些方法仅能测算出其相对效率水平，而对效率不高或无效者未能提出改进的措施，以达到提高效率的目的。近年来，关于效率评价问题的研究逐渐出现了新的研究视角：为了明确效率提升的目标，科学地确定标杆并界定与标杆的效率差距，寻求实现这一目标的手段和工具，一些学者提出了基于标杆管理的效率评价方法。然而国际上关于效率评价方法研究体现出的新趋势和发展方向在农地整治项目效率评价中未能得到足够重视。

标杆管理（benchmarking management）起源于 20 世纪 80 年代美国学习日本的运动，其倡导者罗伯特·开普认为，标杆管理是一个将产品、服务和实践与最强大的竞争对手或行业先进者进行比较的持续改进。美国生产力与质量中心（APQC）认为，标杆管理是一个系统的、连续的评估过程，通过不断地与行业领先者比较，并制定详细的学习计划和实施方案，达到持续改进乃至超越标杆的目的。由此可见，标杆管理最终目的是行为主体通过借鉴标杆，更好地利用事物规律实现其发展。美国施乐公司（Xerox）是最早将标杆管理应用于商业领域的成功实践者，此后，标杆管理在国际上迅速应用于政府、高校、医院等管理领域中。树立科学合理的标杆是标杆管理的前提和基础，它对于实施标杆活动的成败起着至关重要的作用。然而，当前许多组织在选择标杆时常常缺乏行之有效的评定方法，仅凭经验主观地确定标杆，严重影响了标杆管理的实施效果。而 DEA通过对效率的科学测度能有效找出标杆及与标杆间的效率差距。本书运用标杆管理原理和数据包络分析法对湖北省岗前平原工程模式区农地整治效率进行评价和比较，针对 DEA 无效地区的农地整治科学地选取标杆，并在寻找与标杆效率差距的基础上提出不同地区农地整治效率优化的方案，为湖北省农地整治政策的科学制定提供参考依据。

3.4.1 研究区概况与数据来源

（1）研究区概况

湖北省位于中国的中部，东邻安徽，南界江西和湖南，西连重庆，北与河南毗邻，西北与陕西接壤。东西长约 740km，南北宽约 470km。全省土地总面积1858.89 万 hm²，其中耕地 389.99 万 hm²，低产田占 70% 以上，人均耕地面积为0.08hm²。为了提高项目科学决策水平，加强农地整治项目管理，规范农地整治工程项目建设行为，确保整治工程建设质量，提高农地整治项目的效率，湖北省国土厅组织专家遵循地形地貌等自然条件一致性、经济社会条件一致性、农业限制因素一致性的原则，将湖北省农地整治分成了 3 个一级工程类型区：鄂东低山丘陵类型区（Ⅰ）、鄂中平原类型区（Ⅱ）、鄂西高原山地类型区（Ⅲ）；同时，进一步结合农地整治各项工程组合措施一致性的原则，将湖北省 3 个一级工程类型区细分为 7 个工程模式区：低山工程模式（Ⅰ₁）、丘陵工程模式（Ⅰ₂）、平岗工程模式（Ⅱ₁）、岗前平原工程模式（Ⅱ₂）、水网圩田工程模式（Ⅱ₃）、河（沟）谷盆地工程模式（Ⅲ₁）、岩溶坪坝工程模式（Ⅲ₂），具体区域划分如图3-5所示。

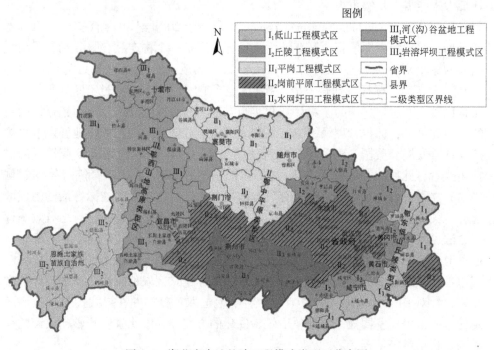

图 3-5 湖北省农地整治工程模式类型区分布图

近年来，湖北省在中央和地方财政的支持下，大力开展农地整治并取得较好的成绩，根据湖北省国土资源厅农地整治项目统计台账，2009 年投资的湖北省农地整治项目共99 个，总投资 280 537.79 万元，项目平均规模 1063.58hm²，这批项目已于 2011 年前全部完工，平均新增耕地率为 3.04%，新增耕地单位面积投资为91.33 万元/hm²。本书从上述 99 个项目中选取了地形地貌等自然条件、经济社会条件、农业限制因素及工程组合措施等因素一致的岗前平原工程模式区（Ⅱ₂）的农地整治项目，共涉及 22 个县（市、区），本书以这 22 个县（市、区）（即图 3-5 中斜线的区域）为研究对象，评价各地区农地整治的效率，并对其效率进行横向比较与分析。

（2）数据来源

该批农地整治项目竣工后，省、县（市、区）等国土管理部门组织相关的人员通过走访乡（镇）政府管理人员、村干部、农户及合作社等，调查了农地整治前后项目区发生纠纷、农地整治前后公众支持率及农业生产等情况，总之围绕着项目所产生的社会、经济和生态环境等方面的效应对项目产出情况进行了跟踪调查，并针对农地整治项目建立了统计台账。本书数据来源于湖北省国土整治局农地整治项目的统计台账、项目规划设计等资料，本书对岗前平原工程模式区农地整治项目的数据予以整理，并以县（市、区）为单位进行汇总统计，得到22个县（市、区）农地整治的投入产出指标值。因采用 DEA 模型对农地整治效率进行评价时，其决策单元个数 ［开展农地整治的县（市、区）数量］与投入产出指标数应保持恰当的比例关系，根据经验决策单元数大于投入产出指标数的2倍时效率的评价结果有非常合理的区分度，从而为效率分析提供充分的依据。文中岗前平原工程模式区开展农地整治的县（市、区）数量与投入产出指标数量能满足上述要求。

3.4.2 研究方法

（1）研究指标的选取

农地整治效率主要反映整治活动的投入产出比效应，因此应围绕着投入产出构建农地整治效率指标体系。金晓斌等为研究农地整治项目效率损失，构建了投入产出指标体系；张正峰等从资源效应、环境效应及景观效应等方面构建了土地整治资源环境效应产出指标体系；罗文斌等从资源投入、建设业绩及综合效益等方面构建相应的指标体系对单个项目的绩效进行了评价；吴冠岑等构建了土地整治项目社会效益产出指标体系。从国家实施农地整治的目的出发，结合其效率的内涵，参考上述研究成果并遵循全面性、科学性、数据可获得性原则，来构建湖北省农地整治效率指标体系。农地整治中的投入资源主要体现在成本和规模两方面，因此选取最具有代表性的"单位面积投资""平均建设规模"作为投入指标。农地整治活动通过这一投入要素转化成实施效果的产出指标，实施效果主要反映项目建设成效的经济效果、社会效果、生态环境效果方面的产出指标。其中经济效果方面的产出包括新增耕地率、耕地单产增加率、农业生产成本减少率3个指标，社会效果方面的产出包括土地纠纷减少率、公众支持增加率2个指标，生态环境效果的产出通过土地质量变化率、田块规整变化率、植被覆盖变化率、水土流失治理率4个指标来衡量。指标具体含义及属性见表3-9。

表 3-9　农地整治效率测度指标体系

	分项指标	具体指标	指标含义	属性
投入指标	成本指标	单位面积投资（X_1）	项目总投资与建设规模之比	中性
	规模指标	平均建设规模（X_2）	本地区农地整治项目的平均建设规模	中性
产出指标	经济指标	新增耕地率（Y_1）	新增加耕地面积与项目建设规模之比	正向
		耕地单产增加率（Y_2）	整治后单位面积产量增加值与整治前单位面积产量之比	正向
		生产成本减少率（Y_3）	整治后生产成本的减少值与整治前生产成本之比	正向
	社会指标	生产纠纷减少率（Y_4）	整治后农业生产年纠纷减少数量与整治前年纠纷数量之比	正向
		公众支持增加率（Y_5）	整治后土地整治的公众支持增加率与整治前土地整治的公众支持率之比	正向
	生态环境指标	土地质量变化率（Y_6）	整治后土地有机质含量变化值与整治前土地有机质含量之比；	正向
		田块规整变化率（Y_7）	整治后田块规整度增加值与整治前田块规整度之比；田块规整度 $=2\ln(P/4)/\ln A$，P 和 A 分别表示田块周长与面积	正向
		植被覆盖变化率（Y_8）	整治后植被覆盖增加面积与整治前植被覆盖面积之比	正向
		水土流失治理率（Y_9）	整治后水土流失的减少面积与整治前水土流失面积之比	正向

（2）评价模型的构建

1）DEA 法。DEA 是运用线性规划方法构建观测数据的生产前沿面，并据此计算决策单元的相对效率。DEA 模型是评价具有多投入和多产出决策单元效率的一种非常有效的方法。Charnes 等（1978）在假设规模报酬（constant return scale，CRS）不变前提下，首先提出了一种投入导向的 DEA-C^2R 模型，因未考虑投入产出规模报酬变化，该模型仅能计算决策单元的综合效率；1984 年 Banker 等在 C^2R 模型的基础上进一步提出假设规模报酬可变（variable return scale，VRS）的 BC^2 模型，从而将决策单元的综合效率分解为技术效率和规模效率。本书假设湖北省岗前平原工程模式区开展农地整治的县（市、区）为决策单元，用 $DMU_i(i=1,2,\cdots,n)$ 表示；第 i 个县（市、区）的农地整治项目分

别有 m 种投入要素和 s 种产出要素，分别用 $X_i = (x_{i1}, x_{i2}, \cdots, x_{im})^{\mathrm{T}}$ 和 $Y_i = (y_{i1}, y_{i2}, \cdots, y_{is})^{\mathrm{T}}$ 表示，则第 i 个县（市、区）农地整治有效性的 C^2R 模型为

$$
(C^2R)\begin{cases}
\min[\theta - \varepsilon(e_1^{\mathrm{T}}S^- + e_2^{\mathrm{T}}S^+)] = V_D \\[2mm]
\text{s. t.} \quad \sum_{i=1}^{n} \lambda_i X_i + S^- = \theta x_0 \\[2mm]
\sum_{i=1}^{n} \lambda_i Y_i - S^+ = y_0 \\[2mm]
\lambda_i \geqslant 0, \ i = 1, 2, \cdots, n \\[2mm]
S^- \geqslant 0, \ S^+ \geqslant 0
\end{cases}
\tag{3-2}
$$

式中，λ_i 为各县（市、区）农地整治在某指标上的权重变量；ε 是一个小于任何正数且大于 0 的数；$e_1 = (1, 1, 1, \cdots, 1)^{\mathrm{T}} \in E^m$；$e_2 = (1, 1, 1, \cdots, 1)^{\mathrm{T}} \in E^s$；$\theta$ 表示 DEA 模型测算出的农地整治的综合效率值，θ^* 值越接近于 1，表明该县（市、区）农地整治的效率越高，反之越低；S^- 和 S^+ 为松弛变量，e_1^{T} 和 e_2^{T} 为其权系数，S^- 代表投入冗余度，S^+ 表示产出不足率。θ、S^- 和 S^+ 是判断县（市、区）农地整治相对有效性的标准，依据文献则有如下结论（李佰胜，2006）：①若 $\theta^* = 1$，且 $S^{*-} = S^{*+} = 0$，则 DMU_{i_0} 为 DEA 有效，表示第 i_0 个县（市、区）农地整治同时达到技术效率最佳和规模收益不变；②若 $\theta^* < 1$ 时，则 DMU_{i_0} 为 DEA 无效，表示第 i_0 个县（市、区）农地整治的技术效率和规模效率均无效；③ 对于 $\theta^* < 1$ 的无效 DMU_{i_0}，可通过该决策单元在相对有效平面上的投影来改进。设 X_0 和 Y_0 分别表示第 i_0 个县（市、区）农地整治的投入要素和产出要素的向量，令 $X_0^* = \theta^* X_0 - S^{*-}$，$Y_0^* = \theta^* Y_0 - S^{*+}$，则 X_0^* 和 Y_0^* 即为改进后达到 DEA 有效的投入要素和产出要素的投影值。

由于 C^2R 模型仅能计算综合效率，在上述模型 [式 (3-2)] 中加入 $\sum_{j=1}^{n} \lambda_j = 1$ 的约束条件后，即为规模报酬可变的 BC^2 模型（此处不再赘述），该模型可将综合效率分解为技术效率和规模效率两部分，且满足技术效率与规模效率的乘积等于综合效率。运用 BC^2 计算的结果，可判断出农地整治的综合效率受技术效率和规模效率影响的程度。

运用传统的 C^2R 模型对效率进行测度时，常出现多个 DEA 有效的决策单元（其效率值均为 1），因此在对有效 DMU 的效率差异进行评价和排序方面存在着局限性。Andersen 等提出的超效率（super efficiency）DEA 模型（简称 SE-DEA）可有效解决这个问题，如式 (3-3) 所示：

$$
(\text{SE} - \text{DEAC}^2 R)
\begin{cases}
\min \theta \\
\text{s. t.} \displaystyle\sum_{i=1,\ i \neq k}^{n} X_i \lambda_i \leqslant \theta X_k \\
\displaystyle\sum_{i=1,\ i \neq k}^{n} Y_i \lambda_i \geqslant Y_k \\
\lambda_i \geqslant 0, \quad i = 1, 2, \cdots, n
\end{cases}
\tag{3-3}
$$

本书利用超效率 DEA 模型对湖北省岗前平原工程模式区农地整治效率进行测度和排序，具体方法如图 3-6 所示：设 a、b、c、d、e 是 5 个有效 DMU，用传统 C^2R 模型计算得到的效率值均为 1，则 $abcde$ 构成有效生产前沿面；若需计算 c 点的超效率值，首先可将该决策单元排除在模型之外，用其他 DMU 的投入产出线性组合来代替 c 的投入和产出，有效生产前沿面就变成 $abde$，cc' 表示决策单元 c 投入可扩张的程度，显然 c 的超效率值（oc'/oc）大于 1，同理可计算出 a、b、d、e 点的超效率值，显然若干个有效 DMU 之间的超效率值是不同的；对于无效决策单元 m 不在生产前沿面上，将其排除在模型之外计算其超效率值时，由于有效生产前沿面未改变，因此其超效率值（oc/om）仍与传统 C^2R 模型计算出的效率值相等（李佰胜，2006）。

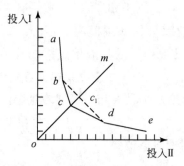

图 3-6　5 个样本的等产量曲线

2）基于标杆管理和 DEA 模型的农地整治效率评价思路。标杆管理原理与 DEA 模型相结合能很好地发挥其互补作用，对湖北省岗前平原工程模式区农地整治的效率进行评价和管理。一方面，农地整治效率的 DEA 评价结果有助于各地区找到标杆管理所需的合适标杆及与标杆间的效率差距；另一方面，标杆管理是在农地整治效率 DEA 测度结果及排名基础上进一步对效率管理的后续，标杆管理通过持续不断的改进，使得农地整治 DEA 无效的地区无限逼近标杆，达到提升效率的目的。基于标杆管理和 DEA 模型的农地整治效率评价步骤如图 3-7 所示，其基本思路是：收集并整理湖北省岗前平原工程模式区农地整治投入和产出的数据；运用 DEA 传统的 C^2R 模型、BC^2 模型和超效率模型分别计算各县（市、区）农地整治的综合效率、技术效率、规模效率及超效率，判断其 DEA 有效性；将 DEA 有效的地区作为湖北省岗前平原工程模式区农地整治的备选标杆录入标杆库中；对农地整治 DEA 无效的地区则从标杆库中选取合适的标杆学习对象；运用 DEA 方法对农地整治无效的地区进行投影分析，找出与标杆效率的差距并分析原因；针对选定标杆制订学习计划，持续改进。

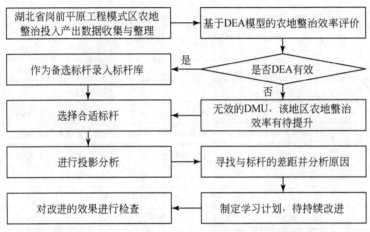

图 3-7 基于标杆管理和 DEA 模型的农地整治效率评价步骤

3.4.3 效率测度与分析

（1）湖北省岗前平原工程模式区农地整治效率计算

将搜集并汇总统计的湖北省岗前平原工程模式地区农地整治项目的投入和产出指标数据输入到 MaxDEA 5.2 软件中，并分别选择传统 DEA 的 C^2R 模型（CRS）和 BC^2 模型（VRS）计算得到湖北省 22 个岗前平原工程模式区农地整治的综合效率、技术效率和规模效率值，通过 DEA Excel-Solver 软件可计算出其超效率值，具体见表 3-10。运用 ArcGIS 软件制成的湖北省岗前平原工程模式区农地整治效率评价结果区分图，如图 3-8 所示。

表 3-10 湖北省 22 个岗前平原工程模式地区农地整治效率测度结果

项目区	综合效率	技术效率	规模效率	规模收益	结果	超效率及其排名	
						超效率	排名
枝江市	1	1	1	不变	DEA 有效	1.5523	1

续表

项目区	综合效率	技术效率	规模效率	规模收益	结果	超效率及其排名	
						超效率	排名
天门市	1	1	1	不变	DEA 有效	1.4257	2
云梦县	1	1	1	不变	DEA 有效	1.2424	3
武汉市东西湖区	1	1	1	不变	DEA 有效	1.2306	4
嘉鱼县	1	1	1	不变	DEA 有效	1.2091	5
武汉市蔡甸区	1	1	1	不变	DEA 有效	1.0871	6
应城市	1	1	1	不变	DEA 有效	1.0537	7
鄂州市华容区	1	1	1	不变	DEA 有效	1.0496	8
黄冈市黄州区	1	1	1	不变	DEA 有效	1.0022	9
汉川市	0.9801	0.9870	0.9930	递减	DEA 无效	0.9801	10
武汉市黄陂区	0.9750	1	0.9750	递减	DEA 无效	0.9750	11
武汉市汉南区	0.9568	1	0.9568	递减	DEA 无效	0.9568	12
孝感市孝南区	0.9530	0.9722	0.9802	递增	DEA 无效	0.9530	13
黄梅县	0.9257	0.9450	0.9796	递减	DEA 无效	0.9257	14
沙洋县	0.8944	0.9097	0.9832	递减	DEA 无效	0.8944	15
当阳市	0.8605	1	0.8605	递减	DEA 无效	0.8605	16
荆门市掇刀区	0.8475	0.9399	0.9016	递减	DEA 无效	0.8475	17
松滋市	0.8061	0.8125	0.9922	递减	DEA 无效	0.8061	18
武穴市	0.7987	1	0.7987	递减	DEA 无效	0.7987	19
武汉市新洲区	0.7985	1	0.7985	递减	DEA 无效	0.7985	20
鄂州市鄂城区	0.7219	0.7402	0.9752	递减	DEA 无效	0.7218	21
武汉市江夏区	0.5661	0.5833	0.9705	递减	DEA 无效	0.5661	22
均值	0.9129	0.9495	0.9620	—	—		

注：综合效率＝技术效率×规模效率

（2）湖北省岗前平原工程模式区农地整治效率计算结果的分析

从技术效率分析可知：湖北省岗前平原工程模式区农地整治技术效率的均值是 0.9495，表示各地区农地整治技术效率的平均水平较高，除黄梅县、荆门市掇刀区、沙洋县、松滋县、鄂州市鄂城区、武汉市江夏区外，其他 16 个地区均高于平均值；技术效率 DEA 有效的地区共 14 个，占地区总数的 63.6%，分别是枝江市、天门市、云梦县、嘉鱼县、武汉市蔡甸区、鄂州市华容区、应城市等，表明湖北省岗前平原工程模式区农地整治的管理技术和经验逐步趋于成熟；汉川

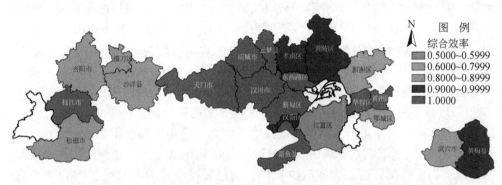

图 3-8 湖北省 22 个岗前平原工程模式地区农地整治效率测度结果分区图

市、孝感市孝南区、黄梅县、沙洋县、荆门市掇刀区等地农地整治的技术效率值均大于 0.90，但与技术效率 DEA 有效的 14 个地区相比仍有明显的差距；技术效率值低于 0.85 的地区有松滋市、鄂州市鄂城区、武汉市江夏区，反映了这些地区农地整治的管理技术和经验不足或存在着管理方面的放松。近年来，随着国家和地方在农地整治领域的投入不断增加，技术效率无效的地区应以 14 个有效的前沿面作为标杆，学习其管理技术和经验，同时省级政府国土部门应重点加强对这些地区的监督和管理。

从规模效率分析可知：湖北省岗前平原工程模式区农地整治的规模效率均值是 0.9620，反映了规模效率的平均水平相对较高，除武汉市汉南区、当阳市、荆门市掇刀区、武穴市、武汉市新洲区外，其他 17 个地区均高于平均值；规模效率 DEA 有效的地区共 9 个，占地区总数的 40.9%，分别是枝江市、天门市、云梦县、嘉鱼县、武汉市蔡甸区、鄂州市华容区等，反映这些地区农地整治建设投入规模适度；当阳市、武穴市和武汉市新洲区 3 个地区的规模效率值均低于 0.90，表明这 3 个地区的投入规模适度性相对较差。规模收益（returns to scale，RTS）是决策单元投入规模的变化与其引起的产量变化间的关系，包括规模收益不变、递增和递减三种情况。由表 3-10 知，规模有效的 9 个地区其规模收益不变，规模收益无效的 13 个地区中除孝感市孝南区是规模收益递增外，其他 12 个地区规模收益都是递减的，对于规模收益递增的地区可适当扩大投入规模，而对于规模收益递减的 12 个地区应适度减少投入规模。近年来，随着农地整治项目建设进程加快，一些地方国土部门为追求政绩而大规模进行农地整治项目建设，因项目投入规模偏大而造成了规模无效的结果，省级国土部门应在项目审批过程中严格控制农地整治项目的建设与投资规模。

从综合效率分析可知：湖北省岗前平原工程模式区中，枝江市、天门市、云梦县、武汉市东西湖区、嘉鱼县、武汉市蔡甸区、应城市、鄂州市华容区、黄冈市黄州区 9 个地区农地整治处于综合效率的前沿面上，占总数的 40.9%，这些地区农地整治的综合效率值、技术效率值和规模效率值均为 1，且松弛变量为 0，为 DEA 有效，表明这 9 个地区在农地整治项目投入资源的配置、利用和规模聚集等方面都达到了有效的水平。其他 13 个地区的农地整治则表现为 DEA 无效，占比 59.1%，深入分析发现上述无效地区可分为两种情况：一是武汉市黄陂区、武汉市汉南区、当阳市、武穴市、武汉市新洲区 5 个地区的技术效率为 1，而规模效率值小于 1，表明这些地区农地整治综合效率 DEA 无效的主要原因是规模与投入、产出不匹配，需扩大或减少规模，通过提高规模效率而确保综合效率有效；二是汉川市、孝感市孝南区、黄梅县、沙洋县等 8 个地区的综合效率、技术效率和规模效率均小于 1，表明这些地区农地整治在技术和规模上都未达到有效。湖北省岗前平原工程模式区农地整治的综合效率平均值是 0.9129，其整体效率较高，但在加速农地整治建设和投入时应注意控制其投入规模，优化项目投入产出结构，提高投入资源的合理利用程度，从而通过提高技术效率和规模效率来促进综合效率的提升。

从分布区域来看，22 个地区虽然都属于湖北省岗前平原工程模式区，但其西片区开展农地整治的 5 个县（市、区）中唯有 1 个地区的综合效率是 DEA 有效的，4 个地区是无效的；中片区开展农地整治的 11 个县（市、区）中有 7 个地区的综合效率是 DEA 有效的，无效的地区 4 个；东片区开展农地整治的 6 个县（市、区）中有 2 个地区的综合效率是 DEA 有效的，无效的地区 4 个。本书对湖北省岗前平原工程模式区西、中、东片区农地整治的三大效率均值进行了比较（表3-11），3 个片区的综合效率均值和规模效率均值呈现出中间高两边低的明显态势，从湖北省岗前平原工程模式区农地整治效率评价结果分区图中也可看出这一较为明显的差异，这与中片区较为发达、东西片区相对落后的实际情况相一致。3 个片区在技术效率均值方面较接近，这说明这 3 个片区农地整治的技术水平基本相当。

表3-11　3 个片区农地整治效率平均值的比较

片区	地区总数	DEA 有效的地区数	综合效率均值	技术效率均值	规模效率均值
西部片区	5	1	0.8817	0.9324	0.9475
中部片区	11	7	0.9483	0.9584	0.9887
东部片区	6	2	0.8741	0.9475	0.9253

（3）超效率测度与效率标杆的选取

DEA 的 C^2R 模型可将决策单元的测度结果分为有效和无效两类，但对多个有效决策单元难以做出进一步区分（其效率值都是1）。超效率 DEA 模型可弥补这一缺陷，对多个有效决策单元的效率值进行排序。从表2可知，湖北省岗前平原工程模式区农地整治的9个有效决策单元中，枝江市的超效率值最大（1.5523），排在其后的依次是天门市（1.4257）、云梦县（1.2424）、武汉市东西湖区（1.2306）、嘉鱼县（1.2091）等，无效决策单元的效率值与传统 C^2R 模型评价的结果相同。对于汉川市、武汉市黄陂区、武汉市汉南区、孝感市孝南区、黄梅县、当阳市等13个无效决策单元，可从以下方案中选择一个合适的标杆学习对象：①依据超效率计算结果，选择排名第一的枝江市作为自己学习标杆，因为枝江市农地整治项目的综合效率、技术效率和规模效率均为1，其超效率达到了1.5523，在22个岗前平原工程模式地区中其效率值最高，13个 DEA 无效的地区选择效率值最高的枝江市更容易激发自身的积极性；②若 DEA 无效的地区与效率最高的枝江市差距较大，可在其他综合效率值为1的地区中按照地域相近或所属行政市相同原则选择一个便于交流、最接近、容易赶超的地区作为标杆，如鄂州市鄂城区（0.7219）可选择鄂州市华容区（1.0496）作为标杆，武汉市江夏区（0.5661）可选择武汉市蔡甸区（1.0871）或嘉鱼县（1.2091）作为标杆，可稳打稳扎逐步提高本地区农地整治项目的效率。

（4）效率差距的分析与持续改进

汉川市、武汉市黄陂区、孝感市孝南区、武汉市汉南区、黄梅县等 DEA 无效的13个地区农地整治若要达到 DEA 有效则必须增加产出和减少投入，这可在岗前平原工程模式区农地整治的标杆前沿面的投影上找到调整目标，测算出它与标杆前沿面的差距，从而使其自身成为有效决策单元。本研究由枝江市、天门市、武汉市东西湖区等 DEA 有效的9个地区构成了农地整治效率的标杆前沿面，DEA 无效的13个地区在投入产出的11维空间中的位置与农地整治效率的标杆前沿面有一定偏离，研究这些偏离对调整投入产出结构，提高资源配置水平以及明确未来湖北省岗前平原工程模式区农地整治效率的优化途径具有非常重要的指导作用。根据 DEA 投影定理，将决策单元中松弛变量与对应指标分量比值定义为投入冗余率或产出不足率，以便于对要素进行重新配置，实现效率的优化。运用 DEA 投影分析法，得到 DEA 无效的13个地区农地整治的投入冗余率和产出不足率，具体见表3-12。

表3-12　湖北省岗前平原地区农地整治效率的投影分析　（单位:%）

项目区	X_1	X_2	Y_1	Y_2	Y_3	Y_4	Y_5	Y_6	Y_7	Y_8	Y_9
	冗余	冗余	不足	不足	不足	不足	不足	不足	不足	不足	不足
汉川市	1.00	1.99	-0.02	-2.04	0	-8.39	-2.56	0	-0.54	-5.10	-8.56

续表

项目区	X_1	X_2	Y_1	Y_2	Y_3	Y_4	Y_5	Y_6	Y_7	Y_8	Y_9
	冗余	冗余	不足	不足	不足	不足	不足	不足	不足	不足	不足
武汉市黄陂区	1.27	2.50	-0.42	0	-0.23	0	-4.60	-4.06	-0.12	-1.79	-10.54
武汉市汉南区	2.21	4.32	0	-2.18	0	-8.59	-3.13	0	-0.84	-6.33	-8.72
孝感市孝南区	2.41	4.70	0	0	-0.69	-17.30	-4.63	-1.16	0	-2.84	-3.28
黄梅县	3.86	7.43	-0.08	-0.17	-0.72	0	-3.74	-2.61	0	-1.66	0
沙洋县	5.58	10.56	-0.68	-1.19	0.00	0	-1.62	-1.09	-0.05	-1.30	-6.71
当阳市	7.50	13.95	-0.60	0	0	-5.59	-8.74	-4.68	-1.04	-6.35	-21.78
荆门市掇刀区	8.26	15.25	-0.22	-0.31	0	0	-0.77	-1.19	-0.05	-0.69	0
松滋市	10.73	19.39	0	-0.27	-0.58	-17.38	-5.38	-0.40	-0.69	-5.72	0
武穴市	11.19	20.13	-0.72	-2.27	0	-4.79	-2.20	-1.84	-0.94	-4.07	-19.23
武汉市新洲区	11.20	20.15	-0.72	-2.83	0	-4.79	-2.19	-1.86	-0.94	-4.06	-15.93
鄂州市鄂城区	16.15	27.82	0	-1.42	-0.08	-20.29	-5.48	-1.50	0	-3.54	0
武汉市江夏区	27.71	43.39	0	-2.62	-2.07	-28.31	-6.74	0	-0.97	-15.79	-0.50

总体来看，上述 13 个岗前平原工程模式地区的农地整治存在着一定程度的投入冗余和产出不足。从投入指标来看，DEA 无效的 13 个地区的单位面积投资（X_1）和项目平均建设规模（X_2）均有一定程度冗余。武汉市江夏区、鄂州市鄂城区、武汉市新洲区、武穴市及松滋市 5 个地区单位面积投资冗余率超过了 10%，其中武汉市江夏区的冗余率最高，达到 27.71%，鄂州市鄂城区次之，冗余率为 16.15%；从项目平均建设规模来看，武穴市、武汉市新洲区、鄂州市鄂城区、武汉市江夏区 4 个地区的冗余率超过 20%，其中武汉市江夏区的冗余率最高，达到 43.39%，鄂州市鄂城区次之，冗余率为 27.82%。这进一步说明这些地区资源配置利用的技术水平较差，技术效率偏低，同时也反映出这些地区若只追求投入规模而不重视技术开发则很难实现综合效率有效，省级国土管理部门应重点加强对这些地区的监督和指导。其他 DEA 无效的地区中除当阳市、荆门市掇刀区和沙洋县外，单位面积投资冗余率都控制在 10% 内，而汉川市、武汉市汉南区、黄梅县、武汉市黄陂区、孝感市孝南区的单位面积投资冗余率控制在5% 内，可见湖北省岗前平原工程模式区农地整治投入指标控制不够理想。

从产出指标来看，DEA 无效的地区中，13 个地区在新增耕地率（Y_1）上产出不足率均未超过 1%，表明湖北省岗前平原工程模式区的农地整治对新增耕地率这一硬性指标控制较为理想；土地纠纷减少率（Y_4）这个指标有 7 个地区产出不足率均大于 5%，其中武汉市江夏区（28.31%）、鄂州市鄂城区（20.29%）、松滋市（17.38%）、孝感市孝南区（17.30%）4个地区产出不足率超过15%，需调整的幅度很大，地方国土管理部门应加强农地整治过程中规范化管理及协调好各方的关系，以减少土地问题引发的纠纷；DEA无效的13个地区在田块规整变化率（Y_8）和水土流失治理率（Y_9）两个指标上产出均不足，其中汉川市、武汉市汉南区、当阳市、松滋市、武汉市江夏区5个地区的田块规整变化不足率超过5%，武汉市江夏区的田块规整变化不足率达到15.79%，武汉市黄陂区、当阳市、武穴市、武汉市新洲区4个地区的水土流失治理不足率超过10%，当阳市的水土流失控制不足率最高，国土管理部门应在设计和施工等环节加强对田块规整和水土流失治理等问题的监督和管理；13个地区在公众支持增加率（Y_5）上产出不足，其中当阳市、武汉市江夏区和松滋市3个地区不足率最高，因此在未来的农地整治实施过程中应该加大宣传力度，充分尊重农民的意愿，鼓励农民参与农地整治活动。

　　通过投影分析法找出农地整治DEA无效的地区与标杆间的效率差距后，应按照标杆管理原理进一步采取措施制定针对标杆的学习计划，持续改进以提升农地整治的效率，具体来说：①DEA无效的地区应成立相应的工作小组，确定学习和持续改进的工作计划；②工作小组对标杆学习对象进行详细的调查研究并收集资料，做到"知己知彼，百战不殆"；③在调查研究的基础上找出与标杆间效率差距的原因；④制定持续改进的实施方案并在日常工作中执行，在此过程中不断与各参与方进行沟通，修正方案；⑤根据持续改进的实施情况，每年基于DEA模型再次进行农地整治效率评价，了解效率的改进及提升情况，及时总结经验，并再次设立标杆，不断循环标杆管理过程，直至达到或超越标杆。

　　（5）综合效率与投入产出指标的相关性分析

　　为研究湖北省岗前平原工程模式区农地整治效率与各投入产出指标间的关系，本书利用SAS8.0软件分析了农地整治综合效率与各投入产出指标间的相关系数（表3-13）。由表3-13知，湖北省岗前平原工程模式区农地整治综合效率与单位面积投资（X_1）、平均建设规模（X_2）、土地纠纷减少率（Y_4）、公众支持增加率（Y_5）、植被覆盖变动率（Y_7）、田块规整变动率（Y_8）中度相关；与新增耕地率（Y_1）、耕地单产增加率（Y_2）、农业生产成本减少率（Y_3）、土地质量变动率（Y_6）、水土流失治理率（Y_9）低度相关。这表明湖北省岗前平原工程模式区农地整治综合效率与单个投入产出指标间存在较明显的因果关系。运用SAS8.0软件进一步以农地整治综合效率为因变量，11个投入产出指标为自变量进行多元线性回归分析。得到的拟合方程为

$$E = 1.110 - 0.013X_1 - 0.008X_2 + 0.687Y_4 + 2.583Y_7 + 0.525Y_8$$

表 3-13　农地整治综合效率与投入产出指标的相关分析

项目	X_1	X_2	Y_1	Y_2	Y_3	Y_4	Y_5	Y_6	Y_7	Y_8	Y_9
R-Square	−0.374	−0.543	0.227	0.235	0.293	0.566	0.588	0.087	0.528	0.591	0.128

上述方程的 R-Square 值为 0.8096，显然拟合效果符合要求。同时，各变量的 F 值和 t 值（$P<0.05$）通过检验，可见模型的整体线性关系显著。表明湖北省岗前平原工程模式区农地整治综合效率与多个投入产出间有较明显的因果关系，即应该使投入产出指标间保持一定的结构和比例关系，通过技术水平的提高来对投入产出结构进行优化，使投入资源得以充分配置并达到最大产出，从而实现 DEA 有效。因此国土部门管理者应该意识到仅通过增加投入规模来提高农地整治综合效率的意义并不大。

3.4.4　结论与建议

运用标杆管理原理和 DEA 模型对湖北省 22 个岗前平原工程模式区农地整治的效率进行了深入研究，其结果表明：①湖北省 22 个岗前平原工程模式地区农地整治的综合效率、技术效率和规模效率相对较高，其均值依次是 0.9129、0.9495、0.9620，其中 DEA 综合效率有效的地区 9 个，占总数的 40.9%，14 个地区的技术效率有效，占地区总数的 63.6%，9 个地区的规模效率有效，占地区总数的 40.9%，且湖北省岗前原平工程模式区西、中、东 3 个片区农地整治的综合效率均值、规模效率均值及技术效率均值呈现中间高两边低的明显态势，与中片区较为发达、东西片区相对落后的实际情况相一致。②运用超效率模型对综合效率值为 1 的地区进行了排序，其中枝江市的超效率值最大（1.5523），排在其后的依次是天门市（1.4257）、云梦县（1.2424）、武汉市东西湖区（1.2306）、嘉鱼县（1.2091）等，据此提出了农地整治 DEA 无效地区的标杆选择方法。③运用投影分析法探索了农地整治 DEA 无效的 13 个地区与标杆之间的效率差距，存在着投入冗余和产出不足的普遍现象，5 个地区单位面积投资冗余率超过了 10%，4 个地区的项目平均建设规模冗余率超过了 20%，而土地纠纷减少率、田块规整变化率及水土流失治理率三个指标产出不足率较高，依次为 4 个地区不足率超过 15%，5 个地区的不足率超过 5%，4 个地区的不足率超过 10%。④对湖北省岗前平原工程模式区农地整治综合效率与投入产出指标进行相关性分析，拟合方程 R-Square 值为 0.8096，各变量的 F 值和 t 值（$P<0.05$）通过检验，表明综合效率与单个指标间有较明显的相关性，且和多指标间具有显著的多元线性关系。根据研究结论提出以下的对策建议：在未来的农地整治项目中，地方国土

部门等项目参与主体应加强管理技术和经验的学习，省级国土部门在项目的审批和建设过程中应控制好项目的投入和建设规模，优化项目投入产出结构，提高资源利用的合理程度和技术含量，从而通过提高技术效率和规模效率以实现综合效率的大幅提升。⑤本书运用标杆管理原理和数据包络分析法对湖北省岗前平原工程模式区农地整治效率进行评价和比较，针对 DEA 无效地区的农地整治科学地选取标杆，并在寻找与标杆效率差距的基础上提出不同地区农地整治效率优化的方案，为湖北省农地整治政策的科学制定提供参考依据。

4 PPP 模式下农地整治项目
效率提升的机理研究

我国传统自上而下的农地整治项目实施模式因投资者、实施者和受益者相分离使得对主体激励不足，导致总体效率偏低。近年来湖南、重庆、江苏等地在农地整治项目中尝试性地引入了 PPP 模式并取得了较好效果。但在农地整治项目中 PPP 作为一种新模式还处于探索阶段，并不十分成熟，为了最大限度提升 PPP 模式下农地整治项目的效率，有必要从理论和实证角度研究该模式下农地整治项目效率影响的机理，找出效率的影响因素、影响路径，有针对性地采取措施进一步完善农地整治项目 PPP 模式。虽然近年来理论界也开始有文献对农地整治项目 PPP 模式进行了一些探索性研究，如白雪华和吴次芳、董利民、鲍海君、黄贤金等研究了土地整理 PPP 模式及其融资机制；邹利林等则深入剖析了农地整治项目产业化运作模式及价值增值点，而有关 PPP 模式下农地整治项目效率影响机理的研究鲜见，因此难以为该模式的推广提供坚实的理论支撑。

PPP 模式下农地整治项目涉及的利益相关者较多，影响效率的因素包括许多可直接观测的因素和无法直接观测的潜变量，且因素间的影响路径和影响强弱程度也无法直接观测。鉴于结构方程模型能精确地揭示和描述复杂系统中的各种显变量与潜变量间的关系，本章将运用该方法探索 PPP 模式下农地整治项目效率的影响机理。

4.1 农地整治项目 PPP 模式的内涵

PPP 模式是指政府与私人组织间为提供某种公共物品或服务，彼此间形成一种伙伴式的合作关系，并通过签署合同来明确双方的权利和义务，以确保合作的顺利完成，最终使合作各方达到比预期单独行动更为有利的结果。面对日益增长的公共服务需求，政府独立投资存在资金缺乏和效率低下的问题，而社会投资只追求利润忽视社会效益，通过公私合作可实现利益共享、责任的合理分担，从而提高项目效率。PPP 模式是从制度层面提升我国农地整治项目效率的理想模式，一些农业投资企业因发展现代农业产业的需要在实践中探索出农地整治项目 PPP 模式并取得了较好效果，如湖南长沙县、重庆垫江县、江苏金坛市等。所谓农地整治项目 PPP 模式是指：农业产业化企业为发展现代农业产业，与农户和村委会就农地流转达成意向后，联合村委会向当地政府国土部门提出农地整治项目的申请；政府国土部门对项目区实地勘察后，根据项目的选址原则及立项标准对符合条件的申报项目予以批复，并与企业签订投资农地整治项目的协议，政府以补贴的形式对项目投入部分资金并负责项目的监督管理和竣工验收；农业产业化投资企业对农地整治项目投入资金并负责项目的实施；村委会代表农户作为项目联合申报者负责项目实施过程中的组织与协调；大部分农户通过流转整理后的农地获取租金，少部分农户通过耕种整理后的责任地获得种植收益，当农业产业化投资企业的农地承租经营期到期后，将承包的农地返给农户耕种或者续签承租合同。

4.2　PPP 模式下农地整治项目效率指标的建立

4.2.1　效率指标确定原则

进行 PPP 模式下农地整治项目效率的影响因素分析，就必须要建立一套科学全面的效率评价指标体系，以此来反映 PPP 模式下农地整治项目在各个项目阶段的效率问题。效率指标的选择是项目效率分析的基础和关键，在选择项目评价指标时应遵循以下基本原则。

1）系统性原则。PPP 模式下农地整治项目效率分析是一个系统工程的问题，它并非一项独立工作，其效率评价涉及不同的项目阶段，每个阶段又有不同的工作任务，因此在进行农地整治项目效率评价的时候必须考虑各个阶段的不同特点及其不同的影响因子单独区别进行指标评价选取，体现较强的系统性。

2）可行性和可操作性原则。PPP 模式下农地整治项目各个阶段的效率指标很多，在选择相应的指标时应考虑数据获取的难易程度，确保被选择的指标简单实用、可重复验证，并且在进行相应指标量化时容易计算和转化，并且不能失真。

3）全面性和独立性原则。选择的指标应具有较强的代表性，能够全面反映 PPP 模式下农地整治各个不同阶段效率的特点，并且各个选择的指标间相互独立，两者之间的相关性小。

4）定性与定量相结合的原则。在 PPP 模式下农地整治项目效率分析中，通常情况下只有部分指标可以量化，如新增耕地面积数量、灌排保证率等，部分指标不能量化，只能定性分析，如项目的生态质量、项目生态效果的持续情况等。因此进行指标选择时综合考虑定性和定量相结合的原则。

4.2.2　效率指标体系的确定

农地整治项目效率指标体系是评价和衡量农地整治项目建设效率高低最重要的尺度之一。要系统地反映和科学地评价项目建设效率的高低并找出影响项目效率的重要行为和路径，首先要确定一套全面和完整的效率评价指标体系。本书在参考了国内外农地整治项目效率评价及其他相关文献的基础上，通过与农地整治项目专家多次意见征询和反馈后，按照 PPP 模式下农地整治项目的不同阶段分别构建了项目的评价指标体系。由于研究内容和时间有限，本研究中仅以项目立项阶段、规划设计阶段和实施建设阶段为研究主体，为研究简化将这三个阶段合并为两个阶段，即前期阶段（含项目立项决策阶段和项目规划设计阶段）和实施阶段（即施工建设阶段），以下研究均以这两个阶段为研究对象。

在 PPP 模式下农地整治项目前期阶段效率主要体现在前期权属调整方案是否科学、规划设计是否合理和后期产业体系制定是否具有高效性。实施阶段效率则体现在工程质量、工程经济性、工程进度和生态环保性四个方面。具体两个阶段不同效率指标见表 4-1。

表 4-1　PPP 模式下农地整治项目不同阶段效率评价指标

	效率目标	效率指标	参考来源
PPP 模式下农地整治项目前期阶段效率评价指标	权属调整方案科学性	合法性	李东坡和陈定贵（2001）
		农户权属调整情况知晓率	余振国等（2003）
		农户意见一致比例	Lerman Zvi（2006）
		权属调整时间控制率	—
		土地权属调整交易费用控制率	—
	规划设计方案合理性	规划设计实际符合率	韩立达和吴懈（2010）
		中低产田面积变化率	李晶（2003）；李敏（2003）
		土地质量变化率	吴怀静和杨山（2004）
		土地利用便利提高率	王旭（2005）
		灌排保证率变化率	黄海等（2008，2010）
		设计方案施工满足率	
		新增耕地率	
		规划设计投资控制率	
	农业产业体系高效性	产业结构合适率	石玉林和封志明（1997）
		产业支撑项目的多少	张正峰和赵伟（2007）

续表

效率目标		效率指标	参考来源
PPP 模式下农地整治项目实施阶段效率评价指标	农业产业体系高效性	土地利用率	赵红梅（2008）
		农地流转率	卢景丽（2008）
		农户人均收入增长率	王长江和徐国鑫（2011）
		投资企业利润率	—
		劳力投入减少率	—
		机械化比例提高率	—
	工程质量	分部分项工程质量情况	王旭（2005）；李晶（2003）
		单体工程运行质量	吴怀静和杨山（2004）
		单体工程间的协调度	刘洋和潭文兵（2005）
		项目整体运行质量	冯应斌和杨庆（2008）
		农户对项目质量满意度	—
		投资企业对项目质量满意度	—
	工程经济性	项目实施阶段投资控制率	李晶（2003）；李敏（2003）
		设计变更的控制率	王旭（2005）
		项目建成后日常管理费用减少率	孙雁和付光辉（2008）
		项目建成后设施修理费用减少率	汪文雄等（2010）
	工程进度	施工准备的进度控制率	李敏（2003）
		项目单体工程进度控制率	刘洋和潭文兵（2005）
		项目整体进度控制率	汪文雄等（2010）
	生态环保性	项目生态质量	Repetto（1992）
		项目景观质量	Bjorklund（1997）
		项目自然资源节约利用率	王旭（2005）
		项目污染控制率	杜静等（2008）
		项目生态效果持续情况	汪文雄等（2010）

4.3　变量选择与理论模型的构建

4.3.1　项目参与主体的行为因素

1）国土部门的监督管理。农地整治项目属于农村公共产品的范畴，国土部门的管理对于农地整治项目前期阶段的效率起着重要的作用。叶敬忠（2007）指出，政府部门要扮演好监管者，明确监管内容和职责，通过实施模式、管理与监督机制创新提高农村公共产品的供给效率。

2）投资企业的投资与实施。投资企业利用自身的资金优势、新技术和先进管理经验的优势，从整理项目的现状及其支撑的农业产业项目的实际需求出发，开展农地整治项目的前期各项工作。

3）农户的参与行为。农地整治项目中农户的参与行为是项目体现民意、符合农户实际需求的最重要途径（鲍海君等，2004）。

4）村委会的组织与协调。村委会作为村民群众性基层自治组织，代表全体村民的利益，承担着投资企业与农户、政府国土部门与农户间的信息传递、组织及协调的作用。

在现有文献和调查研究的基础上，对上述核心利益主体参与行为的具体指标进行系统总结和归纳，选取了57个项观测指标，具体见表4-2。

表4-2 不同阶段核心利益相关者及其主要参与行为

参与阶段	核心利益相关者及主要参与价值行为			
	国土部门	投资企业	农户	村委会
前期阶段	1. 审核申报项目 2. 选定项目区 3. 对项目区的土地权属调整备案 4. 与投资企业签订投资协议 5. 项目立项与公示 6. 规划设计方案实地核查 7. 组织专家评审规划设计和预算	1. 提出农地整治及农地流转意向 2. 与农户签订农地流转及联合申报农地整治的合同 3. 委托相关单位土地勘测 4. 委托相关单位进行农地整治可行性研究 5. 委托相关单位规划设计 6. 召开项目规划设计方案农户听证会 7. 联合申报农地整治项目 8. 实地核查规划设计方案 9. 规划设计方案上报审批	1. 参加村委会召开的村民代表会议，了解关于土地流转及农地整治的相关政策和制度 2. 农户就土地权属调整方案提出意见 3. 参加项目可行性研究论证会 4. 与村委会签订同意土地权属调整协议 5. 农户提出规划设计意见 6. 参加项目规划设计方案听证会	1. 与投资企业协商村内土地流转情况 2. 开村民大会征询村民整理意见 3. 征集农户土地流转及与企业联合申报农地整治的意见 4. 和村民代表与企业进行谈判 5. 确定农地流转与整理具体事项 6. 成立项目权属管理协调小组 7. 征集农户土地权属调整意见 8. 确定权属调整范围和调整方案 9. 公示权属调整方案 10. 联合企业申报农地整治项目 11. 开规划设计方案农户听证会

参与阶段	核心利益相关者及主要参与价值行为			
	国土部门	投资企业	农户	村委会
实施阶段	1. 对项目的质量监控 2. 管理项目资金拨付施工进度款 3. 审批设计变更申请 4. 调查听取农民意见 5. 农地权属调整备案 6. 组织项目竣工验收	1. 委托相应施工单位 2. 组织施工图纸会审 3. 组建施工质量监督小组 4. 协调项目各参与方的关系 5. 单位工程的验收 6. 参加项目的竣工验收	1. 与施工单位签订施工劳务合同 2. 检验施工入场材料和机械设备等 3. 配合土地权属调整 4. 保证项目施工质量 5. 提出项目施工变更申请	1. 调整土地权属 2. 配合施工方处理争议 3. 参与项目质量监督 4. 保护项目生态环境 5. 就设计变更征求农户意见 6. 分配土地权益并确权 7. 参加项目竣工验收

4.3.2　模型构建

（1）结构方程模型的原理

20 世纪 70 年代中期，瑞典统计学家 Karl G. Joreshog 在路径分析概念基础上提出了结构方程模型（structural equation modeling，SEM）。SEM 的基本思想是根据已有的理论和知识构建反映变量间关系的理论模型，并运用调研数据对理论模型进行验证和修改，以精确地揭示变量间的影响路径和影响强弱。SEM 是利用变量的协方差矩阵来分析观测变量（observed variable）与潜变量（latent variable）、潜变量与潜变量间关系的一种统计方法，包括测量模型（measurement model）和结构模型（structural model）两部分。测量模型主要描述观察变量 x、y 和潜变量 ξ、η 间的关系：

$$x = A_x\xi + \delta \tag{4-1}$$

$$y = A_y\eta + \varepsilon \tag{4-2}$$

式中，x 和 y 分别是外生、内生观测变量组成的向量；A_x 是外生观测变量在外源潜变量上的因子负荷；A_y 是内生观测变量在内生潜变量上的因子负荷；δ 和 ε 是测量方程的残差矩阵。

结构模型主要描述内生和外生潜变量间的关系：

$$\eta = B\eta + \Gamma\xi + \zeta \tag{4-3}$$

式中，η、ξ分别是内生、外生潜变量组成的向量；B是描述内生潜变量η间彼此影响的系数矩阵；$\varGamma$是描述外生潜变量ξ间彼此影响的系数矩阵；ζ为残差矩阵。

(x', y')的协方差矩阵为

$$\sum(\theta)=\begin{bmatrix}\sum yy(\theta) & \sum yx(\theta)\\ \sum xy(\theta) & \sum xx(\theta)\end{bmatrix}=\begin{bmatrix}\varGamma_y\tilde{B}(\varGamma\varPhi\varGamma'+\psi)\tilde{B}+\varTheta_\varepsilon & A_y\tilde{B}\varGamma\varPhi A'_x\\ A_x\varPhi\varGamma'\tilde{B}'A'_yA'_y & A'_x\varPhi A'_x+\varTheta_\delta\end{bmatrix}$$

$$(4-4)$$

式中，$\varPhi$为变量ξ的协方差矩阵；ψ为残差项ξ的协方差矩阵；$\varTheta_\varepsilon$与$\varTheta_\delta$分别是ε和δ的协方差矩阵。$\sum(\theta)$等于样本的协方差矩阵S时，表明结构方程理论模型为真。

（2）效率影响机理的 SEM 理论模型的构建

"感知—态度—行为"理论和行为影响效率的基本原理（图 4-1）为本书从各核心利益相关者参与农地整治项目的不同价值行为角度去分析 PPP 模式下农地整治项目的效率提供了理论依据。农地整治项目各核心利益相关者对项目的感知程度不同，导致对项目有着不同的参与态度，不同项目参与态度导致参加项目有着不同的参与行为。良好的参与行为可以使得项目建设有效率，项目有效率必定有着良好的项目参与行为，因此，我们可以从 PPP 模式下农地整治项目利益相关者的特征和价值行为角度去构建农地整治项目效率影响因素的结构方程理论模型。本书在通过与相关农地整治专家多次讨论与意见征询之后，再结合相关文献的研究成果，设计了前期阶段 7 个结构变量和实施阶段 8 个结构变量，以此来体现各阶段核心利益相关者的参与行为与项目效率之间的因果关系。在此基础上，本书初步构建了 PPP 模式下农地整治项目前期阶段和实施阶段各利益相关者参与行为影响项目效率的结构方程模型，如图 4-2 所示（图中对应的方框 x_i、y_i 和椭圆中变量 A_i、C_i 含义见表 4-3 和表 4-4）。

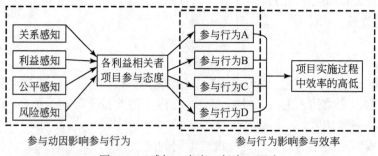

图 4-1 "感知—态度—行为"理论

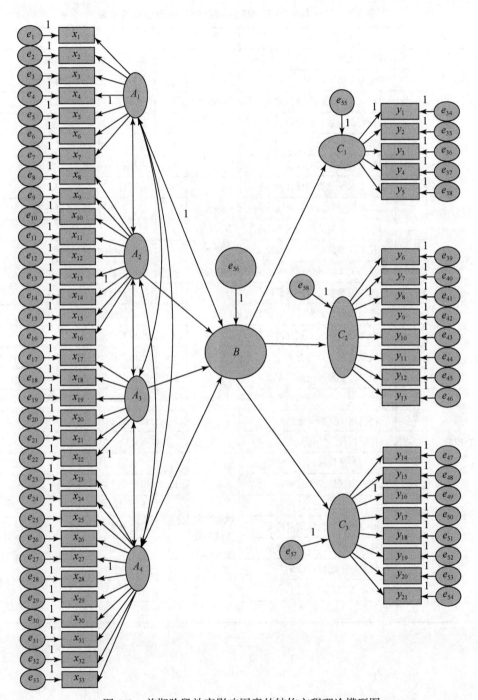

图 4-2　前期阶段效率影响因素的结构方程理论模型图

表 4-3　PPP 模式下农地整治项目前期阶段效率的量表

潜在变量	观察变量		潜在变量	观察变量	
国土部门 （A_1）	x_1	审核申报项目	村委会 （A_4）	x_{28}	成立项目权属管理协调小组
	x_2	选定项目区		x_{29}	征集农户土地权属调整意见
	x_3	对项目区的土地权属调整备案		x_{30}	确定权属调整范围和方案
	x_4	与投资企业签订投资协议		x_{31}	公示权属调整方案
	x_5	项目立项与公示		x_{32}	联合企业申报农地整治项目
	x_6	规划设计方案实地核查		x_{33}	组织农户参加规划方案的听证会
	x_7	组织专家评审规划设计和预算	权属调整 方案科学 性（C_1）	y_1	合法性
投资企业 （A_2）	x_8	提出农地整治及农地流转意向		y_2	农户权属调整情况知晓率
	x_9	与农户签农地流转合同等		y_3	农户意见一致比例
	x_{10}	委托相关单位进行土地勘测		y_4	权属调整时间控制率
	x_{11}	委托相关单位进行可行性研究		y_5	权属调整交易费用控制率
	x_{12}	委托相关单位进行规划设计	规划设计 方案合理 性（C_2）	y_6	规划设计实际符合率
	x_{13}	召开规划设计方案农户听证会		y_7	中低产田面积变化率
	x_{14}	联合村委会申报农地整治项目		y_8	土地质量变化率
	x_{15}	实地核查规划设计方案		y_9	土地利用便利提高率
	x_{16}	规划设计上报国土部门审批		y_{10}	灌排保证率变化率
农户 （A_3）	x_{17}	参加村民会议了解相关政策		y_{11}	设计方案施工满足率
	x_{18}	提出权属调整相关意见		y_{12}	新增耕地率
	x_{19}	参加项目可行性研究论证		y_{13}	规划设计投资控制率
	x_{20}	签订同意土地权属调整协议	农业产业 体系高效 性（C_3）	y_{14}	产业结构合适率
	x_{21}	农户提出规划设计意见		y_{15}	产业支撑项目的多少
	x_{22}	参加规划设计方案听证会		y_{16}	土地利用率
村委会 （A_4）	x_{23}	协商土地流转规模经营情况		y_{17}	农地流转率
	x_{24}	召开村民大会征询项目意见		y_{18}	农户人均收入增长率
	x_{25}	征集农户土地流转意见		y_{19}	投资企业利润率
	x_{26}	与企业初步谈判		y_{20}	劳力投入减少率
	x_{27}	确定农地流转与项目具体事项		y_{21}	机械化比例提高率

表 4-4　PPP 模式下农地整治项目实施阶段效率的量表

潜在变量	观察变量		潜在变量	观察变量	
国土部门（A_1）	x_1	对项目的质量监控	村委会（A_4）	x_{22}	就设计变更征求农户意见
	x_2	管理资金拨付施工进度款		x_{23}	分配土地权益并确认权属
	x_3	审批项目设计变更申请		x_{24}	参加项目竣工验收
	x_4	调查并听取农民意见	工程质量（C_1）	y_1	分部分项工程质量情况
	x_5	农地权属调整登记备案		y_2	单体工程运行质量
	x_6	组织项目的竣工验收		y_3	单体工程间的协调度
投资企业（A_2）	x_7	委托相应施工单位		y_4	项目整体运行质量
	x_8	组织施工图纸会审		y_5	农户对项目质量满意度
	x_9	组建施工质量监督小组		y_6	投资企业对项目质量满意度
	x_{10}	协调处理项目各方的关系	工程经济性（C_2）	y_7	项目实施阶段投资控制率
	x_{11}	单位工程的验收		y_8	设计变更的控制率
	x_{12}	参加项目的竣工验收		y_9	项目建成后日常管理费用减少率
农户（A_3）	x_{13}	与施工单位签订劳务合同		y_{10}	项目建成后设施修理费用减少率
	x_{14}	检验施工入场材料设备等	工程进度（C_3）	y_{11}	施工准备的进度控制率
	x_{15}	配合土地权属调整		y_{12}	项目单体工程进度控制率
	x_{16}	保证项目施工质量		y_{13}	项目整体进度控制率
	x_{17}	提出项目施工变更申请	生态环保性（C_4）	y_{14}	项目生态质量
村委会（A_4）	x_{18}	调整土地权属		y_{15}	项目景观质量
	x_{19}	配合施工方协调处理争议		y_{16}	项目自然资源节约利用率
	x_{20}	参与项目质量监督管理		y_{17}	项目污染控制率
	x_{21}	对项目生态环境进行保护		y_{18}	项目生态效果持续情况

　　模型中的指标体系变量有两种，外生变量和内生变量。其中外生变量又可以分为外生潜在变量和外生观察变量，内生变量也可以分为内生潜在变量和内生观察变量。模型中的外生潜在变量是指来自于 PPP 模式下农地整治项目核心利益相关者的行为，即国土部门、投资企业、农户以及村委会之间在项目中的价值行为，即图 4-3 中的 A_1、A_2、A_3、A_4。模型中的内生潜在变量是指农地整治项目的效率目标，即图 4-3 中的 C_1、C_2、C_3 和 C_4。模型中的外生观察变量是指各核心利益相关者的主要参与价值行为，即图 4-3 中的 x_1、x_2，…，x_{24}，这些外生观察变量是外生潜在变量的具体反映，外生潜在变量必须通过外生观察变量的数据间接得出，在模型中通过这些相应的价值活动，来反映核心利益相关者在项目中的具体行为。模型中的内生观察变量是衡量农地整治项目效率的具体效率指标，是

效率目标的具体量化值，在图4-3中表示为 y_1、y_2……y_{17}。

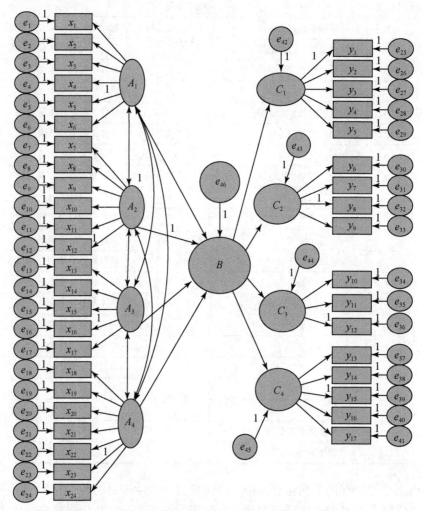

图4-3　实施阶段效率影响因素的结构方程理论模型图

4.3.3　研究假设

根据 PPP 模式下农地整治项目效率因素的结构方程模型，我们可以构建如下研究假设：农地整治项目各核心利益相关者参与项目的价值行为会通过一个中间潜在变量 B 来影响农地整治项目各个阶段的项目效率，我们可以假定中间潜变量 B 为项目核心利益相关者间的权责利配置，通过项目核心利益相关者之间的权责利配置从而对项目的效率产生具体的影响。通常情况下，我们认为影响项目各阶段核心利益相关者行为的因素有很多的，且相互间还可能存在一定的关联性，具体假设如下。

假设 H_1：PPP 模式下农地整治项目各阶段核心利益相关者的行为 A_1、A_2、A_3、A_4 对项目核心利益相关者之间的权责利配置（B）有着显著的正向影响。

假设 H_2：PPP 模式下农地整治项目国土部门的参与行为（A_1）与投资企业的参与行为（A_2）、农户的参与行为（A_3）和村委会的参与行为（A_4）有显著的正向影响。

假设 H_3：PPP 模式下农地整治项目投资企业的参与行为（A_2）和农户的参与行为（A_3）及村委会的参与行为（A_4）存在显著正向的影响。

假设 H_4：PPP 模式下农地整治项目农户的参与行为（A_3）对村委会的参与行为（A_4）有较为显著的正向影响。

假设 H_5：PPP 模式下农地整治项目各核心利益相关者之间的权责利配置（B）对项目各阶段效率目标［项目前期阶段的权属调整方案科学性（C_1）、规划设计方案合理性（C_2）、农业产业体系高效性（C_3）和项目实施阶段的工程质量（C_1）、工程经济性（C_2）、工程进度（C_3）和生态环保性（C_4）］有着非常显著的正向影响。

4.4　PPP 模式下农地整治项目效率影响机理的实证分析

4.4.1　问卷设计及数据收集

为了验证 PPP 模式下农地整治项目前期阶段效率影响机理的结构方程理论模型，本书结合 PPP 模式下农地整治项目前期阶段的特点，设计了一份调查问卷。调查对象为政府国土部门负责农地整治项目的领导和专家、高等院校从事农地整治项目研究工作的学者、投资农地整治项目的农业龙头企业的管理人员、农地整治项目设计单位及咨询单位的技术人员、农地整治项目施工单位的技术和管理人员、农户及村干部等，以期了解他们对所提出的 PPP 模式下农地整治项目前期阶段效率影响的认同程度。调查问卷包括三部分，第一部分是被调查人的背景资料；第二部分是各主体行为对效率影响的重要性评价；第三部分是效率指标对效率目标的重要性评价。问卷的第二、三部分采用 5 分制的李克特量表（Likert-5）形式，要求被调查者根据从事 PPP 模式下农地整治项目的实际情况填写各指标的重要程度，对于每一指标的影响程度问卷设计有"影响很小""影响较小""影响一般""影响较大""影响很大"5个备选答案，分别赋值1、2、3、4、5。

本调查问卷采取了两种数据收集方式：一方面通过电子邮件的形式发送相关问卷；另一方面是面对面地进行问卷调查。2011年12月至2012年1月，课题组向政府国土部门负责农地整治项目的领导和专家、高等院校从事农地整治项目研究工作的学者、农地整治项目设计单位或咨询单位的技术人员、农地整治项目施工单位的技术和管理人员等以电子邮件的形式发送调查问卷近300份，回收问卷217份。课题组组织了10名研究生于2011年12月深入到湖南省长沙县和湖北省钟祥市两个采用PPP模式的农地整治项目区，向投资农地整治项目的农业龙头企业的管理人员、熟知农地整治的农户和村干部进行了面对面的问卷调查，回收问卷63份。本课题组共回收问卷280份，剔除一些没有完成的问卷，最终获得有效问卷263份。

4.4.2　数据检验

（1）信度检验

在统计学中所谓的信度检验即数据的可靠性分析，是指采用同一种方法对同一个调查对象进行重复测量时，其调查数据是否具有一致性，即指测量结果的一致性和稳定性。常用的信度检验指标都是以相关系数来表示的，大致可以有稳定系数（跨时间的一致性）、等值系数（跨形式的一致性）和内在一致性系数（跨项目的一致性）三类指标。本书用内在一致性系数指标作为分析信度检验的指标，而内部一致性系数指标最常用的方法就是测量Cronbach's α信度系数值①。Cronbach's α信度系数值越高，意味着该变量各数据间的相关性越强，即内部一致性越高，也就说明数据的可信度越高。在统计学中常用如下对照表（表4-5）比对软件计算数据的Cronbach's α信度系数值来判断调研数据的可信度高低。

本书通过运用SPSS 18.0进行数据的可靠性分析计算调研数据的Cronbach's α系数值，前期阶段的样本整体数据进行分析求得其Cronbach's α系数值为0.917，实施阶段的样本数据求得其Cronbach's α系数值为0.888，都大于0.7，表明根据调查得到的样本数据值是比较可信的，符合检验的基本要求。

---

① Cronbach's α信度系数值计算公式：$a = \left(\dfrac{n}{n-1}\right)\left(\dfrac{S_i^2 - \sum V_i}{S_i^2}\right)$ 其中S_i^2是测量总方差，V_i^2为项目方差。

表 4-5　Cronbach's α 系数值

可信度	Cronbach's α 信度系数值 t
不可信	$t<0.3$
可信度很低	$0.3<t<0.4$
一般可信	$0.4<t<0.5$
很可信（最常见）	$0.5<t<0.7$
很可信（次常见）	$0.7<t<0.9$
十分可信	$0.9<t$

（2）效度检验

效度（validity）是指测量的有效程度或测量的正确性，即一个测验能够测量出所要测量特性的程度。因此效度检验的目的就是衡量问卷所涉及的内容能正确表征研究者所要测量变量的有效程度。检验效度通常可以从三个方面去检验：内容效度、校标效度和结构效度。内容效度又称为逻辑效度，是指测量目标与测量内容之间的适合性与相符性，考察的是样本变量数据能否代表样本总体的数据。校标效度又称准则效度，是指用不同的测量方法或不同的测量指标对同一变量进行测量，把其中的一种方式作为准则即校标，用其他方式或指标与这个准则所测的数据进行比较，若其他方式或指标也有效，那么这个测量具备校标效度。结构效度是指通过测量数据能够衡量到理论上的结构的程度，通常通过样本测量数据提出假设前提，运用特定的统计分析方法将数据分为不同结构的类别，将统计分析出来的结构与问卷设计时的目标结构进行比较，确定两者之间是否存在一致性的评价研究方法。

本书选用最常用的因子分析方法来分析和测量样本问卷的结构效度，并以此作为评价本样本数据的效度。通过 SPSS 18.0 软件对问卷中的所有变量进行因子分析，得到的数据结构见表 4-6 和表 4-7。

表 4-6　前期阶段 KMO 和 Bartlett 球形检验统计量表

KMO 和 Bartlett 的检验		
取样足够度的 Kaiser-Meyer-Olkin 度量		0.816
Bartlett 的球形度检验	近似卡方	5627.223
	df	1431
	Sig.	0.000

表 4-7　实施阶段 KMO 和 Bartlett 球形检验统计量表

KMO 和 Bartlett 的检验		
取样足够度的 Kaiser-Meyer-Olkin 度量		0.824
Bartlett 的球形度检验	近似卡方	4269.912
	df	861
	Sig.	0.000

由上表中数据显示，我们知道 PPP 模式下农地整治项目前期阶段和实施阶段的 KMO 值分别为 0.816 和 0.824，大于推荐值 0.8，且前期阶段和实施阶段的 Bartlett 球形检验显著性水平值都为 0.000<0.05，说明获得的样本数据适合做因子分析。

（3）模型拟合度检验标准

要判断假设的结构方程理论模型与调查的样本数据之间的一致性就需要进行结构方程模型的拟合度检验。拟合度越高，表明假设的结构方程理论模型与样本数据之间的契合度越好，模型能够很好地解释调查的样本数据，结构方程模型符合调查的实际情况。本书结构方程模型分析采用的 AMOS 18.0 软件，通常来讲，评价整体模型拟合度有很多种，本研究主要采用国际上较为通用的 8 种拟合指数作为评价结构方程模型的基本标准，具体评价标准见表 4-8。

表 4-8　结构方程模型拟合优度标准

指标	x^2/df	P	GFI	AGFI	RMSEA	CFI	NFI	NNFI
参考值	(1, 5)	<0.05	>0.9	>0.8	<0.08	>0.9	>0.8	>0.9

其中，x^2/df 是指规范卡方值，通常情况下 x^2/df 可以调节模型的复杂程度，其取值范围在（1，5）之间时认为比较合适，此时结构方程模型是接受的。

P 值是指结构方程模型的显著性程度，通常情况下小于 0.05 可以认为模型是可以接受的。

GFI 即拟合优度指数，其取值范围一般情况下在（0 至 1 之间），取值为 1 表示设定的结构方程模型与样本数据能完美适配，取值为 0 表示模型与样本数据完全不匹配，通常学者们认为 GFI 取值在大于 0.9 的情况下就表明理论模型与样本数据之间存在着较高的匹配度。

AGFI 即调整拟合优度指数，它的作用是通过结构方程理论模型设定的自由度与样本数据中的变量个数比来调整 GFI 的值，通常情况下学者认为其值大于 0.9 时，表示模型是可以接受的，但是如果是在样本数据比较少，样本变量又很多，且可能存在一定的相关关系时，取值 0.9 很容易产生模型拒绝的结果，因此，学者认为在小样本的样本数据下，其值若大于 0.8 表示模型适配良好。

RMSEA 即近似均方根误差，是模型适配中运用最多的一个验证指标，研究表明，当 RMSEA 取值小于 0.05 时，表明理论模型与样本数据适配很好；当 RMSEA 取值在（0.05，0.08）时，表明理论模型与样本数据适配不错；当 RMSEA 取值在（0.08，0.10）时，认为理论模型与样本数据中度适配；当 RMSEA 取值大于 0.10 时，模型拒绝表示不适配。

CFI 即比较拟合指数，CFI 的取值也在 0 至 1 之间，取值越大表示理论模型与样本数据之间的适配性越好，通常情况下认为其值大于 0.9 时表示模型可以接受。

NFI 即正规拟合指数，NFI 的取值也在 0 至 1 之间，取值越大表示理论模型与样本数据之间的拟合度高，通常情况下认为其值大于 0.8 时表示模型可以接受。

NNFI 即非正规拟合指数，它主要是反应假设模型与观测变量间没有任何共变假设的独立模型的差异程度，但 NNFI 数值差异性会有较大的波动性，其取值越高表示模型拟合度越高，通常情况下认为其值大于 0.9 时，模型可接受。

4.4.3　项目前期阶段分析

（1）验证性因素分析

为了确认样本数据的模式是否为研究者所预期的结构和形式，通常需要进行验证性因素分析（confirmatory factor analysis，CFA）。所谓验证性因子分析是对社会调查数据进行的一种统计分析，主要是用来测试一个因子与相对应的测度项之间的关系是否符合研究者所设计的理论关系。以 PPP 模式下农地整治项目前期阶段左右两边的测量模型 1 和模型 2 分别进行验证性分析。测量模型 1 是 PPP 模式下农地整治项目前期阶段四个核心利益相关者参与行为模型，主要由四个潜变量（A_1、A_2、A_3、A_4）和 33 个观测变量（x_1、x_2、$\cdots$、x_{33}）所组成。具体四个潜在变量及其所对应的观测变量名称参见表 4-3。本书运用 AMOS 18.0 统计软件对测量模型 1 进行验证性因素分析，其一阶 CFA 测量模型如图 4-4 所示。

根据模型识别原则，测量模型 1 共有 33 个观测变量，因此测量模型 1 中的独特样本矩元素的数目 $= k(k+1)/2 = 33 \times 34/2 = 561$，$k$ 为模型中观测变量数目，下同。测量模型 1 中有待估计的参数有 29 个，待估计的协方差参数有 6 个，待估计的方差参数有 37 个，所以待估计的总自由参数 $t = 29 + 6 + 37 = 72$ 个，测量模型 1 的自由度 $df = 561 - 72 = 489 > 0$，$t = 72 < 561$，满足模型识别的必要条件，且测

量模型 1 是过度识别测量模型。

通过 AMOS 18.0 统计软件运行相应的样本数据，采用极大似然法可得出相应的未标准化回归系数值和协方差估计值（表 4-9），从表中我们可以对每个潜在变量到观测变量的路径系数以及潜在变量到潜在变量之间的协方差估计值的显著性水平进行相应的检测。由表 4-9 知所有潜变量到观测变量的路径以及潜在变量到潜在变量之间路径上的显著性水平。在结构方程模型中有如下规定：临界比值（C. R.）等于参数估计值（estimate）与估计标准误（S. E.）的比，其值相当于 t 检验值，若参数估计值达到 0.001，即千分之一的显著性水平甚至更高，则 P 值栏直接以"***"显示，若显著性的概率值大于 0.001，则 P 值栏会直接呈现其数值的大小。其中若临界比绝对值大于 1.96，表示参数估计值达到 0.05 的显著水平，若临界比绝对值大于 2.58，则表示参数估计值达到 0.01 的显著水平，这两种情况下对应路径上 P 值栏都直接显示数值。通常情况下只需满足 0.05 的显著水平，即临界比绝对值大于 1.96，此时可认为该路径系数符合要求。

表 4-9 中所有的 C. R. 值都要远大于 2.58，且 P 值栏都是"***"，表示参数估计值都达到了 0.001 的显著水平，仅一条路径的 P 值为 0.003，表示达到了 0.003 的显著水平，因此意味着所有的路径系数显著不等于 0，说明各潜在变量对应于与其观测变量和潜在变量之间的路径系数都符合要求，表明模型与样本数据适配度较好。

同时由整体测量模型 1 的输出结果我们知道，模型卡方值 $x^2 = 1322.037$，$df = 489$，所以 $x^2/df = 2.704$ 在（1，5）内，模型的整体性显著性指标值 P-value = 0.000 < 0.05，其他模型拟合指标也仅 RMSEA = 0.081 略大于 0.08，因此，我们可以粗略估计模型适配度中等，符合测量模型的验证性因素分析。

运用同样的方法对 PPP 模式下农地整治项目测量模型 2 进行一阶验证性因子分析，其对应的 CFA 模型图如图 4-5 所示，潜在变量 C_i 和观测变量 y_i 具体名称参见 4.2.2 小节中的表 4-3。

本书继续运用 AMOS 18.0 统计软件对测量模型 2 进行验证性因素分析，测量模型 2 样本观测变量数目为 21 个，因此样本数据点数目 = $k (k+1)/2 = 21 \times 22/2 = 231$。一阶 CFA 模型中待估计参数有 18 个，待估计的协方差参数有 3 个，待估计的方差参数有 24，因此待估计的自由参数 $t = 18 + 3 + 24 = 45 < 231$，因此测量模型 2 是过度识别模型，模型自由度 $df = 231 - 45 = 186$。

同理运用最大似然法得到对应潜在变量到观测变量上路径系数的未标准化回归系数值以及潜在变量到潜在变量上路径系数的协方差估计值及其估计值的显著性水平（表 4-10），从表中发现所有路径上对应的 P 值栏内显示的均为"***"，因此认为各潜在变量对应与其观测变量及潜在变量之间的路径系数值都通过了 0.001 的显著性水平检测，其路径系数显著不等于 0，表示样本数据与理论模型相符。

表 4-9　测量模型 1 的未标准化回归系数和协方差系数表

路　径			estimate	S. E.	C. R.	P	路　径			estimate	S. E.	C. R.	P
x_7	<---	A_1	1				x_{28}	<---	A_4	1			
x_6	<---	A_1	0.727	0.117	6.196	***	x_{27}	<---	A_4	1.041	0.158	6.568	***
x_5	<---	A_1	0.633	0.127	4.968	***	x_{26}	<---	A_4	0.669	0.131	5.114	***
x_4	<---	A_1	0.776	0.124	6.238	***	x_{25}	<---	A_4	1.178	0.156	7.531	***
x_3	<---	A_1	0.593	0.118	5.024	***	x_{24}	<---	A_4	1.144	0.156	7.353	***
x_2	<---	A_1	0.600	0.120	5.003	***	x_{23}	<---	A_4	0.932	0.147	6.321	***
x_1	<---	A_1	0.779	0.129	6.040	***	x_{15}	<---	A_2	1.180	0.178	6.642	***
x_{14}	<---	A_2	1				x_{16}	<---	A_2	0.730	0.153	4.768	***
x_{13}	<---	A_2	0.999	0.154	6.493	***	x_{29}	<---	A_4	1.350	0.177	7.635	***
x_{12}	<---	A_2	0.699	0.141	4.954	***	x_{30}	<---	A_4	0.888	0.148	6.016	***
x_{11}	<---	A_2	0.996	0.163	6.122	***	x_{31}	<---	A_4	0.918	0.161	5.699	***
x_{10}	<---	A_2	1.246	0.182	6.830	***	x_{32}	<---	A_4	1.063	0.166	6.402	***
x_9	<---	A_2	0.883	0.159	5.563	***	x_{33}	<---	A_4	1.039	0.157	6.629	***
x_8	<---	A_2	1.047	0.162	6.480	***	A_2	<-->	A_3	0.175	0.036	4.849	***
x_{22}	<---	A_3	1				A_3	<-->	A_4	0.228	0.041	5.524	***
x_{21}	<---	A_3	0.945	0.133	7.106	***	A_1	<-->	A_3	0.110	0.037	2.991	0.003
x_{20}	<---	A_3	1.031	0.143	7.197	***	A_1	<-->	A_4	0.104	0.031	3.316	***
x_{19}	<---	A_3	0.705	0.117	6.017	***	A_2	<-->	A_4	0.116	0.027	4.251	***
x_{18}	<---	A_3	0.950	0.133	7.131	***	A_1	<-->	A_2	0.303	0.052	5.842	***
x_{17}	<---	A_3	1.113	0.148	7.502	***							

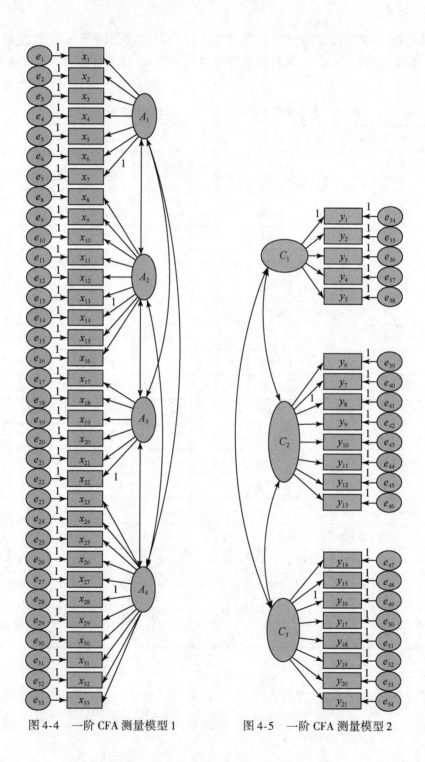

图 4-4　一阶 CFA 测量模型 1　　　　图 4-5　一阶 CFA 测量模型 2

表 4-10　测量模型 2 的未标准化回归系数和协方差系数表

路 径			estimate	S. E.	C. R.	P	路 径			estimate	S. E.	C. R.	P
y_8	<---	C_2	0.519	0.088	5.876	***	y_5	<---	C_1	0.572	0.161	3.545	***
y_9	<---	C_2	0.645	0.082	7.883	***	y_{16}	<---	C_3	1	—	—	—
y_{10}	<---	C_2	0.768	0.088	8.715	***	y_{17}	<---	C_3	1.064	0.159	6.707	***
y_{11}	<---	C_2	0.679	0.087	7.844	***	y_{18}	<---	C_3	1.008	0.174	5.803	***
y_{12}	<---	C_2	0.398	0.097	4.117	***	y_{19}	<---	C_3	0.630	0.154	4.092	***
y_{13}	<---	C_2	0.351	0.090	3.888	***	y_{20}	<---	C_3	0.780	0.145	5.362	***
y_7	<---	C_2	0.895	0.086	10.388	***	y_{21}	<---	C_3	0.785	0.148	5.313	***
y_6	<---	C_2	1	—	—	—	y_{15}	<---	C_3	1.055	0.162	6.524	***
y_1	<---	C_1	0.931	0.172	5.399	***	y_{14}	<---	C_3	1.071	0.165	6.504	***
y_2	<---	C_1	1	—	—	—	C_2	<-->	C_1	0.164	0.040	4.164	***
y_3	<---	C_1	1.822	0.311	5.859	***	C_2	<-->	C_3	0.256	0.044	5.775	***
y_4	<---	C_1	1.197	0.254	4.702	***	C_1	<-->	C_3	0.130	0.034	3.873	***

　　同样从 AMOS 的输出结果知，测量模型 2 的卡方值 $x^2 = 415.853$，自由度 $df = 186$，因此 $x^2/df = 2.236$，其值在（1 和 5）之间，测量模型的显著性 P 值 = 0.000<0.05，RMSEA = 0.069<0.08，说明模型的整体适配度较高，各变量之间通过验证性因素分析。

　　（2）整体模型修改及参数解释

　　通过 AMOS 18.0 软件对测量模型进行验证性因子分析后，就可以对整体模型进行参数估计、变量间的显著性检验和模型拟合效果检验。通过多次运行 AMOS 软件，并根据 AMOS Output 中的模型修正指标内容（modification indices）对模型进行多次修正和调整，包括将两组误差变量之间设定为自由参数和限定几个潜在变量之间的参数估计值设为 1，最终使得整体模型通过拟合优度的检验，并且每个观测变量也能保证在 0.01 的显著性程度之下，路径系数等也基本符合我们之前的理论假设研究。

　　模型修正后的各潜在变量与观察变量及潜在变量之间的路径系数参数估计值及显著性检验值见表 4-11。表中估计值为 1 的路径是为了使模型通过有效的拟合优度检验而假定的其固定参数为 1，所以在估计值设定为 1 的路径上其标准误、临界比和显著性 P 值均为空白，其无需进行路径系数的显著性检验。通过观察标准化后的回归系数值，我们可以得知所有的潜在变量到观察变量的路径上的临界比值都是大于 2.58 的，所有路径上的显著性 P 值列显示"＊＊＊"（仅有 A_4 到 B 的路径系数的 P 值为 0.002，其路径系数达到了 0.002 的显著水平），因此对应的路径系数参数估计值都达到了 0.001 的显著水平，符合模型中变量的显著性要求。

从表 4-11 知各潜在自变量与潜在因变量之间的关系，即我们通常在整体模型分析中的结构方程模型分析。结构方程模型分析主要是检查模型运行后得到的结果是否与最初提出的概念模型一致，分析运行得到的结构模型中的关系是否与最初的模型设定一致。结构方程模型分析最常用的方法是计算样本数据间的协方差矩阵 S，运用最大似然估计值方法计算各潜在变量之间的路径系数，求得其标准化的路径系数，再与根据假设理论模型图所导出的适配协方差矩阵 $\hat{S}$ 进行比较，使得样本数据所得的协方差矩阵 S 与假设理论模型隐含的适配协方差矩阵的差异越小，从而表示样本数据与假设模型契合度越高。由表 4-12 我们知道，在模型修正中为了使模型通过拟合优度的检验，我们假定了 3 条路径系数在未标准化情况下其回归系数为 1，因此他们不需要进行路径系数的显著性检验，而其他潜在自变量到潜在因变量之间的路径系数的参数估计值都通过 0.01 的显著性检验水平，结构模型适配良好。修正后的结构方程模型输出图如图 4-6 所示。

表 4-11　整体模型的未标准化回归系数和协方差系数表

路 径			estimate	S. E.	C. R.	P	路 径			estimate	S. E.	C. R.	P
B	<---	A_1	1	—	—	—	x_{13}	<---	A_2	0.634	0.056	11.366	***
B	<---	A_3	1	—	—	—	x_{12}	<---	A_2	0.466	0.059	7.865	***
B	<---	A_4	1.838	0.599	3.067	0.002	x_{11}	<---	A_2	0.618	0.062	9.973	***
B	<---	A_2	1	—	—	—	x_{10}	<---	A_2	0.784	0.063	12.403	***
C_2	<---	B	0.139	0.022	6.260	***	x_9	<---	A_2	0.564	0.064	8.863	***
C_1	<---	B	0.151	0.024	6.315	***	x_8	<---	A_2	0.653	0.059	11.092	***
C_3	<---	B	0.166	0.024	6.980	***	x_{22}	<---	A_3	1	—	—	—
x_7	<---	A_1	1	—	—	—	x_{21}	<---	A_3	0.916	0.103	8.917	***
x_6	<---	A_1	0.822	0.115	7.123	***	x_{20}	<---	A_3	1	—	—	—
x_5	<---	A_1	1	—	—	—	x_{19}	<---	A_3	0.711	0.095	7.488	***
x_4	<---	A_1	0.974	0.124	7.867	***	x_{18}	<---	A_3	0.929	0.103	9.036	***
x_3	<---	A_1	0.788	0.119	6.651	***	x_{17}	<---	A_3	1.091	0.112	9.731	***
x_2	<---	A_1	0.812	0.121	6.721	***	x_{28}	<---	A_4	1	—	—	—
x_1	<---	A_1	1.049	0.130	8.081	***	x_{27}	<---	A_4	1.036	0.149	6.946	***
x_{14}	<---	A_2	1	—	—	—	x_{26}	<---	A_4	0.660	0.123	5.361	***

路　径			estimate	S. E.	C. R.	P	路　径			estimate	S. E.	C. R.	P
x_{25}	<---	A_4	1.174	0.147	7.977	***	y_3	<---	C_1	1.203	0.150	8.045	***
x_{24}	<---	A_4	1.117	0.145	7.690	***	y_4	<---	C_1	0.749	0.125	5.970	***
x_{23}	<---	A_4	0.956	0.140	6.828	***	y_5	<---	C_1	0.786	0.121	6.474	***
x_{15}	<---	A_2	0.852	0.056	15.113	***	y_{16}	<---	C_3	1	—	—	—
x_{16}	<---	A_2	0.461	0.065	7.046	***	y_{17}	<---	C_3	1.014	0.137	7.425	***
x_{29}	<---	A_4	1.345	0.166	8.087	***	y_{18}	<---	C_3	0.795	0.124	6.412	***
x_{30}	<---	A_4	0.910	0.140	6.493	***	y_{19}	<---	C_3	0.590	0.113	5.211	***
x_{31}	<---	A_4	0.948	0.153	6.190	***	y_{20}	<---	C_3	0.703	0.109	6.481	***
x_{32}	<---	A_4	1.090	0.158	6.911	***	y_{21}	<---	C_3	0.754	0.118	6.375	***
x_{33}	<---	A_4	1.041	0.148	7.039	***	y_{15}	<---	C_3	1.007	0.132	7.601	***
y_8	<---	C_2	1	—	—	—	y_{14}	<---	C_3	0.980	0.133	7.352	***
y_9	<---	C_2	1.039	0.147	7.046	***	A_2	<-->	A_3	0.430	0.050	8.914	***
y_{10}	<---	C_2	1.083	0.155	6.979	***	A_3	<-->	A_4	0.270	0.040	6.410	***
y_{11}	<---	C_2	1.090	0.160	6.833	***	A_1	<-->	A_3	0.176	0.040	4.987	***
y_{12}	<---	C_2	0.805	0.154	5.213	***	A_1	<-->	A_4	0.141	0.030	4.569	***
y_{13}	<---	C_2	0.654	0.145	4.507	***	A_2	<-->	A_4	0.279	0.050	6.221	***
y_7	<---	C_2	1.068	0.155	6.903	***	A_1	<-->	A_2	0.580	0.050	11.46	***
y_6	<---	C_2	1.462	0.190	7.685	***	e_{14}	<-->	e_{15}	0.370	0.070	5.578	***
y_1	<---	C_1	1	—	—	—	e_{48}	<-->	e_{47}	0.228	0.050	4.978	***
y_2	<---	C_1	1.058	0.139	7.587	***							

表4-12　整体模型潜在变量间的标准化回归系数

路　径			estimate	S. E.	C. R.	P	路　径			estimate	S. E.	C. R.	P
B	<---	A_1	0.198	—	—	—	A_2	<-->	A_3	0.669	0.048	8.914	***
B	<---	A_3	0.202	—	—	—	A_3	<-->	A_4	0.790	0.042	6.410	***
B	<---	A_4	0.308	0.599	3.067	0.002	A_1	<-->	A_3	0.437	0.035	4.987	***
B	<---	A_2	0.315	—	—	—	A_1	<-->	A_4	0.423	0.031	4.569	***
C_2	<---	B	0.851	0.022	6.260	***	A_2	<-->	A_4	0.524	0.045	6.221	***
C_1	<---	B	0.736	0.024	6.315	***	A_1	<-->	A_2	0.924	0.051	11.46	***
C_3	<---	B	0.929	0.024	6.980	***							

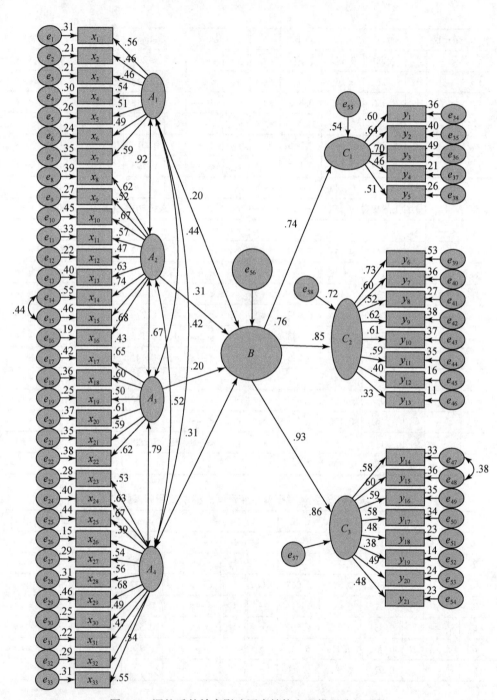

图 4-6 调整后的效率影响因素结构方程模型路径系数

修正后的模型整体拟合优度结构见表4-13，从表中我们知道模型的几大指标基本符合模型拟合良好的参考值，调整修正模型多次之后仍然只有NNFI略小于规定的参考值0.9，其值为0.875。究其原因，有学者（邱浩政，2005）指出，在小样本的情况下由于NNFI数值波动性较大，NNFI值可能使得当其他指数显示模型拟合的情况下，但其值却不符合良好拟合的标准。因此下表中的NNFI值多次修正之后还是难以大于0.9，可能是本研究的样本观测变量比较多，但问卷样本数目比较小导致（模型总共观测变量还有54个，设定多个自由参数后本模型自由度有1367，但研究的样本总体数只有263）。综上所述，我们知道模型较好的符合整体拟合标准。

表4-13　修正后的模型拟合指标

指标	x^2	df	x^2/df	P	GFI	AGFI	RMSEA	CFI	NFI	NNFI
参考值	—	—	(1, 5)	<0.05	>0.9	>0.8	<0.08	>0.9	>0.8	>0.9
指标值	3304.442	1367	2.417	0.000	0.901	0.820	0.074	0.903	0.812	0.875

（3）结果分析

根据PPP模式下农地整治项目前期阶段效率的影响因素结构方程模型路径系数图，我们可以对前面的研究假设进行结构验证，具体见表4-14。

表4-14　假设检验结果

假设	检验结果
假设 H_1：项目前期阶段核心利益相关者的行为 A_1、A_2、A_3、A_4 对项目核心利益相关者之间的权责利配置（B）有着显著的正向影响	部分成立
假设 H_2：项目前期阶段国土部门的参与行为（A_1）、投资企业的参与行为（A_2）、农户的参与行为（A_3）和村委会的参与行为（A_4）之间有着显著的正向影响	部分成立
假设 H_3：项目前期阶段投资企业的参与行为（A_2）和农户的参与行为（A_3）及村委会的参与行为（A_4）存在较为显著正向的影响	支持
假设 H_4：项目前期阶段农户的参与行为（A_3）与村委会的参与行为（A_4）有显著的正向影响	支持
假设 H_5：项目前期阶段核心利益相关者之间的权责利配置（B）对项目前期阶段的效率目标权属调整方案的科学性（C_1）、规划设计方案的合理性（C_2）、农业产业体系的高效性（C_3）有着非常显著的正向影响	支持

从图4-5的路径系数可以得出以下研究结果。

1）项目前期阶段核心利益相关者之间的行为（A_1、A_2、A_3、A_4）与项目核心利益相关者之间的权责利配置（B）有正向的相关性，根据路径系数来看，每条路径系数都是小于 0.5 的，因此其存在不显著的正向相关性，因此假设 H_1 部分成立。其中核心利益相关者间的权责利配置与投资企业和村委会的参与行为影响路径系数值最大，影响关系最强，其次是农户的参与行为，而与国土部门的参与行为影响关系最弱。

2）从路径系数图知道国土部门和投资企业、农户及村委会的参与行为两两之间的系数分别为 0.92、0.44 和 0.42，因此可认为核心利益相关者之间的参与行为存在正相关的影响，其中只有国土部门与投资企业的参与行为路径是高显著的，并非所有影响路径都显著，因此假设 H_2 部分成立。投资企业的参与行为和农户以及村委会的参与行为路径系数分别为 0.67 和 0.52，表明投资企业的参与行为和农户及村委会的参与行为存在较为显著正向的影响，因此假设 H_3 成立。农户与村委会之间的参与行为影响路径系数为 0.79，因子关系较强，表明农户的参与行为与村委会之间有着显著的正向相关性，验证了假设 H_4 成立；

3）项目前期阶段核心利益相关者之间的权责利配置（B）对于项目的权属调整方案科学性（C_1）、规划设计方案合理性（C_2）以及农业产业体系高效性（C_3）有着非常显著的影响，其路径系数值分别为 0.74，0.85 和 0.93，因此验证了假设 H_5 成立。其中核心利益相关者间的权责利配置对项目的农业产业体系的高效性高度相关，影响因子最高，说明 PPP 模式下农地整治项目各核心利益相关者之间的行为对前期阶段的效率目标影响很大，特别是对农业产业体系方面的效率。这主要与 PPP 模式下农地整治项目实际有关，PPP 模式下农地整治前期阶段包括项目立项决策和规划设计，而 PPP 模式下农地整治项目在通过国土部门的立项前就有投资企业的参与行为，在与村委会、农户联合申报项目之前就与村委会、农户等签订了一系列合同来保证实施后项目能进行农业产业化经营，因此通过这些参与者的行为最终对项目的产业体系的效率影响较大。

4）国土部门的参与行为与其观察变量之间的关系。组织专家评审规划设计和预算是国土部参与行为中影响因子最大的，路径系数为 0.59，其次为审核申报项目和与投资企业签订投资协议等，而与国土部门参与行为因子关系最弱的是对项目区的土地权属调整备案。说明国土部门认真组织专家评审规划设计和预算、审核申报项目和与投资企业签订投资协议是整个国土部门在 PPP 模式下农地整治项目前期阶段最重要的三项参与行为，也是提升国土部门对项目前期阶段效率的重要因素。

5）投资企业的参与行为与其观察变量之间的关系。投资企业的参与和联合村委会申报农地整治项目、实地核查规划设计方案的因子关系相对较强，路径系数为 0.74 和 0.68，因为 PPP 模式下农地整治项目前期阶段最重要的是项目的立项和规划设计的完成，立项成功表示项目可以具体实施，而规划设计方案的优劣直接关系以后项目实施的效率，因此在这个阶段投资企业最主要参与行为是确保这两个价值行为的完成。其次提出农地整治及农地流转意向、委托相关单位进行土地勘测和规划设计等都是与投资企业因子关系较大的行为。

6）农户的参与行为与其观察变量之间的关系。农户的参与和农户参加村民会议，同意进行农地流转、参加项目规划设计方案听证会及与村委会签订同意土地权属调整协议具有较强的因子关系，路径系数分别为 0.65、0.62 和 0.61。而与参加项目可行性研究论证因子关系相对最弱，路径系数仅为 0.50。究其原因，主要是农户在 PPP 模式下农地整治项目前期阶段的主要任务是了解农地流转相关政策，同意与投资企业签订农地流转的相关合同，这是项目前期阶段最重要的任务，也是项目能实施的前提和基础。之后，在规划设计阶段的主要任务是参加项目规划设计方案听证会并结合农户多年来农业生产的实际提出规划设计意见和要求，以保障 PPP 模式下规划设计能符合农业生产实际要求。因此这些参与行为是农户在前期阶段最重要的参与行为，并且能直接影响前期阶段项目的效率。

7）村委会的参与行为与其观察变量之间的关系。村委会的参与行为和征集农户土地权属调整意见、征集农户农地流转及与投资企业联合申报农地整治意见、召开村民大会征询农户农地整治意见间的因子关系最为强烈，影响因子分别为 0.68、0.67 和 0.63，说明这是村委会在 PPP 模式下农地整治项目前期阶段最重要的参与行为，这与项目前期阶段村委会的参与价值行为实际相符合，其在前期阶段最重要的任务就是召开相应的村民会议，征集农户农地流转和土地权属调整的意见，确保农户同意进行农地流转和土地权属改变的情况下，后续各项工作就可以顺利开展。

8）权属调整方案科学性主要由 5 个效率指标构成，对应的路径系数显示其因子关系都较高，其中与农户意见一致比例因子关系最高；规划设计方案合理性由 8 个效率指标构成，其中与规划设计实际符合率具有最强的因子关系，路径系数为 0.73，与新增耕地率因子关系相对较弱；农业产业体系高效性由 8 个效率指标构成，其中与产业支撑项目多少和土地利用率因子关系最为强烈，与企业利润率情况关系相对较弱。

4.4.4 项目实施阶段分析

（1）验证性因素分析

与 PPP 模式下农地整治项目前期阶段分析一样，对实施阶段的分析首先对实施阶段的两个测量模型进行验证性因素分析，具体方法和分析思路与前期阶段相同。图4-7为项目实施阶段测量模型3的CFA图，其为PPP模式下农地整治项目实施阶段4个核心利益相关者参与行为模型，主要由4个潜变量和24个观测变量所组成，具体名称见表4-4。

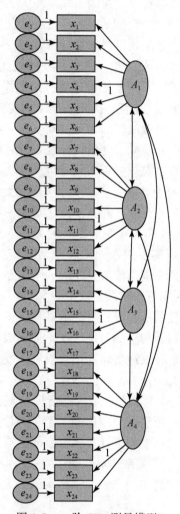

图 4-7　一阶 CFA 测量模型 3

根据模型识别原则，测量模型3共有24个观测变量，模型中的独特样本矩元素的数目，即样本数据点的数目 $=k(k+1)/2=24\times25/2=300$，其中待估计的参数有20个，待估计的协方差参数有6个，待估计的方差参数有28个，因而待估计的总参数 t 有 $20+6+28=54$ 个，所以测量模型3的自由度 $df=561-71=490>0$，

$t=54<300$，满足模型识别的必要条件，且测量模型 3 是过度识别测量模型。

由 AMOS 18.0 Output 输出结果知 $x^2/df=3.143$ 在 1 至 5 之间，模型的整体性显著性指标值 P-value $=0.000<0.05$，RMSEA $=0.079$ 也略小于 0.08，因此我们可以粗略估计模型适配度中等。由输出结果表 4-15 知道绝大多数的潜在测量变量到观察变量的参数估计值的 P 值栏显示"＊＊＊"，说明对应路径的参数估计值达到了 0.001 的显著水平，仅 $A_1 \rightarrow x_1$、$A_1 \rightarrow x_2$、$A_1 \rightarrow x_3$、$A_1 \rightarrow x_4$、$A1 \rightarrow x_6$ 所在的 5 条标准化回归系数估计值和 $A_4 \rightarrow A_1$、$A4 \rightarrow A_3$、$A_3 \rightarrow A_1$ 所在的 3 条路径上协方差参数估计值 P 值栏显示的为直接对应的 P 值，但其临界比值都大于 1.96 小于 2.58，说明这几条路径上的参数估计达到了 0.05 的显著水平。综上所述，所有测量模型 3 的参数估计值都通过了显著性的检验，测量模型 1 通过验证性因素分析。

表 4-15　测量模型 3 的未标准化回归系数和协方差系数表

路　径			estimate	S. E.	C. R.	P	路　径			estimate	S. E.	C. R.	P
x_6	<---	A_1	0.689	0.320	2.152	0.031	x_{14}	<---	A_3	0.861	0.175	4.907	＊＊＊
x_5	<---	A_1	1	—	—	—	x_{13}	<---	A_3	0.982	0.161	6.100	＊＊＊
x_4	<---	A_1	0.721	0.331	2.180	0.029	x_{23}	<---	A_4	1	—	—	—
x_3	<---	A_1	1.145	0.503	2.279	0.023	x_{22}	<---	A_4	0.988	0.152	6.520	＊＊＊
x_2	<---	A_1	1.085	0.479	2.263	0.024	x_{21}	<---	A_4	0.849	0.153	5.546	＊＊＊
x_1	<---	A_1	1.052	0.468	2.250	0.024	x_{20}	<---	A_4	1.003	0.163	6.149	＊＊＊
x_{12}	<---	A_2	1.058	0.161	6.551	＊＊＊	x_{19}	<---	A_4	0.982	0.157	6.247	＊＊＊
x_{11}	<---	A_2	1	—	—	—	x_{18}	<---	A_4	0.979	0.162	6.062	＊＊＊
x_{10}	<---	A_2	0.888	0.146	6.069	＊＊＊	x_{24}	<---	A_4	0.875	0.165	5.312	＊＊＊
x_9	<---	A_2	1.217	0.159	7.656	＊＊＊	A_1	<-->	A_3	0.130	0.062	2.086	0.037
x_8	<---	A_2	1.044	0.154	6.799	＊＊＊	A_1	<-->	A_4	0.179	0.084	2.139	0.032
x_7	<---	A_2	0.897	0.146	6.141	＊＊＊	A_1	<-->	A_4	0.195	0.040	4.922	＊＊＊
x_{17}	<---	A_3	0.898	0.151	5.945	＊＊＊	A_3	<-->	A_4	0.231	0.043	5.413	＊＊＊
x_{16}	<---	A_3	1	—	—	—	A_1	<-->	A_2	0.191	0.088	2.160	0.031
x_{15}	<---	A_3	0.998	0.176	5.667	＊＊＊	A_2	<-->	A_3	0.188	0.036	5.170	＊＊＊

对项目实施阶段测量模型 4 进行一阶验证性因子分析，其对应的 CFA 模型图如图 4-8 所示，潜在变量 C_i 和观察变量 y_i 具体名称参见 4.2.2 小节的表 4-4。

由其一阶 CFA 测量模型图我们可以根据 t 原则对测量模型进行识别，测量模型 4 样本观测变量数目为 18 个，因此样本数据点数目 $= k(k+1)/2 = 18 \times 19/2 = 171$，一阶 CFA 模型中待估计参数有 14 个，待估计的协方差参数有 6 个，待估计的方差参数有 22 个，因此待估计的自由参数 $t = 14+6+22 = 42 < 171$，因此本 CFA 测量模型是过度识别模型，其模型自由度 $df = 171-42 = 129$。

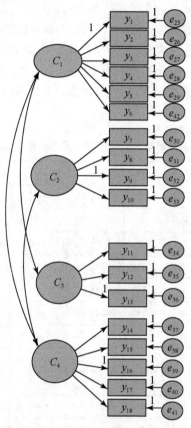

图 4-8　一阶 CFA 测量模型 4

通过 AMOS 的 output 输出结果知 $x^2/df = 2.730$，其值在 1 至 5 之间，其测量模型的显著性 P 值 $= 0.000 < 0.05$，RMSEA $= 0.079 < 0.08$，说明模型的整体适配度符合要求。同样我们可以从 AMOS 软件的输出结果知道，每个潜在变量到观测变量的路径以及潜在变量到潜在变量路径上的参数估计 P 值列显示的都显示为"$***$"（表 4-16），说明所对应的参数估计值都达到了 0.001 的显著效果，路径系数显著不等于 0，实施阶段测量模型 4 通过验证性因素分析。

表 4-16　测量模型 4 的未标准化回归系数和协方差系数表

路　径			estimate	S. E.	C. R.	P	路　径			estimate	S. E.	C. R.	P
y_1	<---	C_1	1	—	—	—	y_{10}	<---	C_2	0.971	0.106	9.151	***
y_2	<---	C_1	1.109	0.149	7.430	***	y_9	<---	C_2	1	—	—	—
y_3	<---	C_1	0.873	0.144	6.064	***	y_7	<---	C_2	0.842	0.099	8.468	***
y_4	<---	C_1	1.052	0.148	7.091	***	y_8	<---	C_2	0.840	0.105	7.997	***
y_5	<---	C_1	1.155	0.163	7.095	***	y_{14}	<---	C_4	1.218	0.222	5.476	***
y_{13}	<---	C_3	1	—	—	—	y_6	<---	C_1	0.949	0.146	6.512	***
y_{11}	<---	C_3	0.934	0.108	8.623	***	C_3	<-->	C_2	0.300	0.048	6.276	***
y_{12}	<---	C_3	1.042	0.113	9.263	***	C_1	<-->	C_3	0.115	0.032	3.625	***
y_{18}	<---	C_4	1.070	0.119	9.021	***	C_4	<-->	C_2	0.285	0.046	6.173	***
y_{17}	<---	C_4	1.076	0.112	9.585	***	C_1	<-->	C_2	0.181	0.036	5.005	***
y_{16}	<---	C_4	1	—	—	—	C_3	<-->	C_4	0.245	0.045	5.502	***
y_{15}	<---	C_4	0.943	0.106	8.880	***	C_1	<-->	C_4	0.129	0.033	3.958	***

（2）整体模型修改及参数分析

通过对 PPP 模式下农地整治项目实施阶段测量模型 3 和测量模型 4 进行验证性因子分析后，就需对实施阶段的整体结构方程模型进行分析。通过运行 AMOS 18.0 软件后，根据 AMOS Output 中的模型修正指标内容（modification indices，MI）对模型进行多次修正和调整，当 MI 值较大时，表示要进行变量间的释放，即建立变量之间的共变系数，变量释放之后加入模型就能对其参数估计产生 MI 值大小的影响，可以使得其卡方值 x^2 相应减少 MI 值大小，即可以修正模型的整体拟合度。修正指标 MI 值越大，表明模型的修正拟合程度也就越大。从 MI 值输出来看，我们发现 $e_{29} \rightarrow e_{30}$、$e_{25} \rightarrow e_{26}$ 和 $e_{11} \rightarrow e_{12}$ 的 MI 值较大，分别为 37.220、36.463、25.890，因此将这三组误差变量间设定为自由参数可以较大的修改完善模型的拟合程度。

对 e_{29} 和 e_{30} 所对应的观测变量 y_5（农户对项目质量满意度）和 y_6（投资企业对项目质量满意度）进行相关性检验分析，理论上来讲，这两个观测变量都是衡量对项目的满意度情况，两者确实存在理论上的一定相关性，实际运用 SPSS 18.0 对两者数据进行相关性分析，求得其相关系数为 0.541**，表示两者数据存在显著相关性，因此将误差变量 e_{29} 和 e_{30} 设定为自由参数符合理论假设。同样的道理对 e_{25} 和 e_{26} 所对应的变量 y_1（分部分项工程质量情况）和 y_2（单体工程运行质量）设定两者之间共线的理论基础是分部分项工程是单体工程的分项，分部分项工程的工程质量好才能保证单体工程的运行质量，因此可认为两者之间确实存在理论上的共线关系。运用 SPSS18.0 对 y_1 和 y_2 对应的样本数据进行分析，其相关系数为 0.608**，表示两者存在着中度共线关系，因此将 e_{25} 和 e_{26} 两者之间设定为共线符合实际。同样 e_{11} 和 e_{12} 所对应的观测变量是 x_{11}（单位工程的验收）和 x_{12}（参加项目的竣工验收），理论上讲单位工程的验收是参加项目竣工验收中的一种，因此可以设定两者数据存在一定共线性，可以将两者之间的误差数据设定为自由参数，而实际上通过 SPSS18.0 计算 x_{14} 和 x_{15} 两者相关系数，其值为 0.532**，表示在 0.01 的水平（双侧）显著相关，因此在模型修正时将 e_{11} 和 e_{12} 设定为自由参数可行。

修正后的各路径系数参数估计值见表 4-17，从表中我们可以得知所有的潜在变量到观测变量的标准化回归系数参数估计值和潜在变量到潜在变量路径上的协方差估计值的临界比绝对值绝大多数都大于 2.58，P 值栏以"***"显示，P 值小于 0.001，说明参数估计值达到 0.001 的显著水平，仅有 5 条路径上的参数估计值的 P 值栏直接显示对应的 P 值，表示其 P 值要大于 0.001，但是其对应的临界比值也均大于 1.96，说明其参数估计至少也达到了 0.05 的显著水平。因此变量和相应的路径参数估计值不存在显著的问题，表明模型与样本数据适配度较好。

表 4-17　整体模型的未标准化回归系数和协方差系数表

路　径			estimate	S. E.	C. R.	P	路　径			estimate	S. E.	C. R.	P
B	<---	A_3	1	—	—	—	x_1	<---	A_1	0.708	0.193	3.658	***
B	<---	A_4	3.805	1.986	1.916	0.049	x_{12}	<---	A_2	1	—	—	—
B	<---	A_2	1	—	—	—	x_{11}	<---	A_2	0.705	0.056	12.575	***
B	<---	A_1	1	—	—	—	x_{10}	<---	A_2	0.593	0.059	10.107	***
C_1	<---	B	0.070	0.023	3.097	0.002	x_9	<---	A_2	0.786	0.050	15.744	***
C_3	<---	B	0.107	0.033	3.277	0.001	x_8	<---	A_2	0.695	0.056	12.353	***
C_4	<---	B	0.111	0.034	3.300	***	x_7	<---	A_2	0.561	0.059	9.548	***
C_2	<---	B	0.130	0.039	3.365	***	x_{17}	<---	A_3	0.930	0.135	6.880	***
x_6	<---	A_1	0.438	0.134	3.260	0.001	x_{16}	<---	A_3	1	—	—	—
x_5	<---	A_1	1	—	—	—	x_{15}	<---	A_3	0.971	0.155	6.252	***
x_4	<---	A_1	0.520	0.149	3.482	***	x_{14}	<---	A_3	0.837	0.155	5.398	***
x_3	<---	A_1	0.799	0.211	3.789	***	x_{13}	<---	A_3	1.015	0.144	7.047	***
x_2	<---	A_1	0.794	0.212	3.753	***	x_{23}	<---	A_4	1	—	—	—

续表

路 径			estimate	S. E.	C. R.	P	路 径			estimate	S. E.	C. R.	P
x_{22}	<---	A_4	0.948	0.130	7.273	***	y_{15}	<---	C_4	0.921	0.097	9.456	***
x_{21}	<---	A_4	0.832	0.134	6.224	***	y_{10}	<---	C_2	0.980	0.095	10.28	***
x_{20}	<---	A_4	0.959	0.141	6.814	***	y_9	<---	C_2	1	—	—	—
x_{19}	<---	A_4	1.021	0.140	7.309	***	y_7	<---	C_2	0.839	0.089	9.378	***
x_{18}	<---	A_4	1.025	0.144	7.123	***	y_8	<---	C_2	0.826	0.095	8.736	***
x_{24}	<---	A_4	0.840	0.143	5.865	***	y_{14}	<---	C_4	1.193	0.206	5.782	***
y_1	<---	C_1	1	—	—	—	y_6	<---	C_1	1.010	0.176	5.745	***
y_2	<---	C_1	1.183	0.135	8.737	***	A_1	<-->	A_3	0.255	0.078	3.275	0.001
y_3	<---	C_1	1.065	0.180	5.925	***	A_1	<-->	A_4	0.342	0.100	3.404	***
y_4	<---	C_1	1.242	0.190	6.524	***	A_2	<-->	A_4	0.419	0.056	7.513	***
y_5	<---	C_1	1.207	0.196	6.145	***	A_3	<-->	A_4	0.277	0.046	6.040	***
y_{13}	<---	C_3	1	—	—	—	A_1	<-->	A_2	0.587	0.158	3.725	***
y_{11}	<---	C_3	0.950	0.102	9.309	***	A_2	<-->	A_3	0.406	0.049	8.322	***
y_{12}	<---	C_3	1.018	0.104	9.823	***	e_{25}	<-->	e_{26}	0.237	0.046	5.147	***
y_{18}	<---	C_4	1.057	0.109	9.703	***	e_{29}	<-->	e_{30}	0.227	0.051	4.483	***
y_{17}	<---	C_4	1.088	0.103	10.53	***	e_{12}	<-->	e_{11}	0.297	0.063	4.726	***
y_{16}	<---	C_4	1	—	—	—							

　　同样与前期阶段一样对实施阶段整体模型进行结构模型的一致性分析，对潜在自变量与潜在因变量之间的关系进行判断，检查模型运行后得到的结果是否与最初提出的概念模型一致，分析运行得到的结构模型中的关系是否与最初的模型设定一致。运用最大似然估计值的方法通过 AMOS 18.0 计算各潜在变量之间的路径系数，求得其标准化的路径系数估计值，标准化参数估计值越大说明潜在因变量与潜在自变量之间的重要性程度越高，模型潜在变量之间的设定与模型的匹配度越高。由表 4-18 知，潜在自变量到潜在因变量之间的路径系数标准化回归参数值在 0.106 至 0.91 之间，并且绝大多数路径的参数估计值都通过了 0.05，甚至大部分是 0.001 显著性检验水平，表明结构模型基本上适配良好。

表 4-18　修正后的模型拟合指标

指标	df	x^2	x^2/df	P	GFI	AGFI	RMSEA	CFI	NFI	NNFI
参考值	—	—	(1, 5)	<0.05	>0.9	>0.8	<0.08	>0.9	>0.8	>0.9
指标值	805	1996.452	2.480	0.000	0.912	0.806	0.075	0.903	0.821	0.913

多次修正完善后的模型图输出图如图4-9所示。修正后的模型整体具体拟合优度结构见表4-18，从表中我们可以知道模型的几大指标基本符合模型拟合良好的参考值，综上所述，我们知道整体模型拟合较好，并且通过了相应的路径系数的显著性检验（表4-17和表4-19），可以接受。

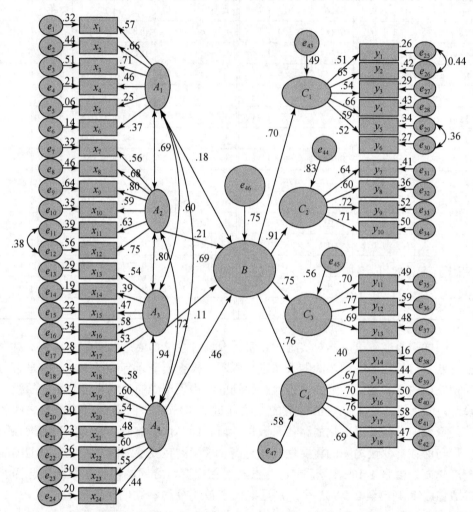

图4-9　调整后的效率影响因素结构方程模型路径系数

（3）结果分析

根据修正后的PPP模式下农地整治项目实施段效率的影响因素结构方程模型路径系数图中各变量之间的路径系数，我们可以对前面的研究假设进行验证，具体见表4-20。

表 4-19　整体模型潜在变量间的标准化回归系数

路　径			estimate	S. E.	C. R.	P	路　径			estimate	S. E.	C. R.	P
B	<---	A_3	0. 106	—	—	—	C_2	<---	B	0. 91	0. 039	3. 365	***
B	<---	A_4	0. 462	1. 986	1. 916	0. 049	A_1	<-->	A_3	0. 596	0. 078	3. 275	0. 001
B	<---	A_2	0. 209	—	—	—	A_1	<-->	A_4	0. 695	0. 100	3. 404	***
B	<---	A_1	0. 177	—	—	—	A_2	<-->	A_4	0. 722	0. 056	7. 513	***
C_1	<---	B	0. 701	0. 023	3. 097	0. 002	A_3	<-->	A_4	0. 943	0. 046	6. 040	***
C_3	<---	B	0. 750	0. 033	3. 277	0. 001	A_1	<-->	A_2	0. 693	0. 158	3. 725	***
C_4	<---	B	0. 760	0. 034	3. 300	***	A_2	<-->	A_3	0. 803	0. 049	8. 322	***

表 4-20　假设检验结果

假设	检验结果
假设 H_1：项目实施阶段核心利益相关者的行为 A_1、A_2、A_3、A_4 对项目核心利益相关者之间的权责利配置（B）有着显著的正向影响	部分成立
假设 H_2：项目实施阶段国土部门的参与行为（A_1）、投资企业的参与行为（A_2）、农户的参与行为（A_3）和村委会的参与行为（A_4）之间有较为显著的正向影响	成立
假设 H_3：项目实施阶段投资企业的参与行为（A_2）和农户的参与行为（A_3）及村委会的参与行为（A_4）存在显著的正向影响	成立
假设 H_4：项目实施阶段农户的参与行为（A_3）与村委会的参与行为（A_4）有显著的正向影响	成立
假设 H_5：项目实施阶段核心利益相关者之间的权责利配置（B）对项目实施阶段的效率目标工程质量（C_1）、工程经济性（C_2）、工程进度（C_3）和生态环保性（C_4）有着非常显著的正向影响	成立

从修正后的路径系数图中，可以看出以下几点。

1）项目实施阶段核心利益相关者的行为（A_1、A_2、A_3、A_4）与项目核心利益相关者间的权责利配置（B）之间影响路径系数分别为 0. 18、0. 21、0. 11 和 0. 46，说明核心利益相关者的参与行为与相互之间的权责利配置存在正向影响关系，但是由于路径系数小于 0. 5，因此这个正向影响关系并不显著，说明假设 H_1 部分支持。

2）项目实施阶段国土部门的参与行为与投资企业和村委会的参与行为因子关系最强，其路径系数都为 0. 69，与农户的参与行为因子关系相对较弱，路径系数为 0. 60。说明国土部门的参与行为与其他核心利益相关者之间的参与行为存在中度显著的正向影响关系，因此假设 H_2 成立。

3）项目实施阶段投资企业的参与行为与农户参与行为存在较为显著的正向影响关系，路径系数为 0.80，而与村委会的参与行为影响关系相对较弱，但路径系数也有 0.72，因此认为其存在较为显著的正向影响关系，假设 H_3 成立。从农户的参与行为到村委会的参与行为，其路径系数为 0.94，说明两者之间存在非常显著的正向影响关系，假设 H_4 成立。

4）项目实施阶段核心利益相关者之间的权责利配置对项目实施阶段的效率目标有着显著的正向影响，路径系数分别为 0.70、0.91、0.75 和 0.76，说明事实阶段核心利益相关者之间的权责利配置越好，之间的参与行为越有效，对项目实施阶段的效率影响就越高，因此假设 H_5 成立。其中核心利益相关者之间的权责利配置 (B) 以对工程经济性 (C_2) 的影响作用最大，其次是工程进度 (C_3)、生态环保性 (C_4) 和工程质量 (C_1)，这也符合 PPP 模式下农地整治项目实际情况，在实施阶段项目具体施工任务由项目区内的农户进行，农户可以根据当地农业作物生产的实际情况而对项目施工进度、具体项目设计变更等问题进行合理安排和控制，而投资企业、村委会和国土部门仅仅是对项目质量、投资和进度等进行监督和管理，因此在实施阶段各核心利益相关者的参与行为对项目的经济性影响程度最大。

5）国土部门的参与和审批项目设计变更申请、管理项目资金拨付施工进度款及对项目质量的监控因子关系相对较强，而与对农地权属调整登记备案和组织项目因子关系相对较弱。说明在 PPP 模式下农地整治项目实施阶段，国土部门最主要的参与行为是审批项目设计变更申请、管理项目资金拨付施工进度款和对项目质量的监控，这三项行为是国土部门作为核心利益相关者影响四者间权责利配置最重要的因素，并继而影响实施阶段的具体项目效率。

6）投资企业的参与和组建施工质量监督小组、组织施工图纸会审及参加项目的竣工验收因子关系相对较强，而与委托相应施工单位、协调处理项目各参与方的关系等因子关系相对较弱；农户参与行为与施工单位签订劳务合同、保证项目施工质量等有较强的因子关系，而与检验施工入场材料设备、配合土地权属调整等因子关系则相对较弱。配合施工方协调处理争议、村委会就设计变更征求农户意见、调整土地权属及参与项目质量监督等与村委会的参与行为有着较强的因子关系，而与对项目生态环境保护和参加项目的竣工验收等因子关系相对较弱。这些与核心利益相关者行为因子关系较强的参与价值活动是核心利益相关者在 PPP 模式下项目实施阶段最重要的参与行为，这些价值活动是影响整个实施阶段项目效率最为重要的因素。

7）项目整体运行质量、单体工程运行质量、分部分项工程质量情况等效率指标影响是影响工程质量最重要的三个效率指标；项目建成后日常管理费用的减少率、项目建成后设施修理费用减少率和项目实施阶段投资控制率是影响工程经济性最重要的因素，其间的因子关系最高；工程进度与项目单体工程进度控制率、施工准备的进度控制率和项目整体进度控制率间的路径系数都较高，说明三者是影响工程进度最重要的因素；项目自然资源的节约利用情况、项目污染控制情况、生态效果持续情况以及项目的景观质量等是影响生态环保性最为重要的因素，其间的路径系数都较高。

4.5　PPP 模式提升农地整治项目效率的机理分析

4.5.1　PPP 模式下项目核心利益相关者的行为动因分析

第 3 章运用结构方程模型对核心利益相关者的主要参与价值行为及其对项目前期阶段和实施阶段效率目标的影响路径和影响效果进行了分析，明确了各核心利益相关者影响项目效率的最重要的参与行为。在明确影响项目效率的影响因素后，就要进一步分析这些主要参与行为产生的动机，继而与传统模式下农地整治项目核心利益相关者的行为动因进行差异分析，从而揭示两种不同模式下的农地整治项目由于核心利益相关者的行为差异而导致的效率差异，进而论证 PPP 模式下农地整治项目比传统模式更有效率。

社会心理学中认为：当满足个体对象的需求条件具备时，需求就可以转化为动机，动机进而转化为个体对象的行为，为实现自己的动机而采取满足具体需求的行为。因此动机是产生具体行为的直接推动力，需求是产生具体行为的潜在动力，通过直接推动力和潜在动力的共同作用，个体对象最终产生具体的行为实现自己的需要。因此要分析对象的具体行为就必须先研究其产生该行为的动机，也就是本书的行为动因分析。

（1）政府国土部门的行为动因分析

通过在问卷调查过程中与部分土地管理部门的领导和专家交谈得知了国土部门在 PPP 模式下农地整治项目中的主要参与行为动因。

由前面分析知道在 PPP 模式下农地整治项目前期阶段国土部门的主要参与行为是组织专家评审规划设计和预算、审核申报项目和与投资企业签订相关的投资协议。PPP 模式下项目前期阶段国土部门的主要任务是项目立项和与投资企业签订相关的投资协议，国土部门根据联合申报的农地整治项目具体情况以及农地整治项目立项的原则等对项目进行审核，为确保项目实施后发挥项目的最大好处，必定结合项目建设的具体内容与投资企业协商，并就项目投资具体分配以及相互之间的权责利关系签订协议，以保证项目所需资金和明确项目的管理监督责任等。国土部门作为农地整治项目农村公共产品的主要供给方，如何有效保证项目供给效率，是国土部门需考虑的问题，因此需要项目具体规划设计任务符合农地整治规范要求，其解决的办法就是组织专家评审规划设计和预算，通过专家的意见和建议来检验校核规划设计的优劣，同时实地核查规划设计方案，详细了解规划设计是否符合项目要求和满足当地实际情况，确保项目规划设计的有效性，为后期项目实施阶段提供有保障的技术资料，尽量减少后期项目设计变更次数。

在项目实施阶段，由于国土部门与投资企业签订的相关协议中明确了相互间的权责利关系，两者都对项目负有监督和管理任务，鉴于国土部门的领导地位，对决定性的关键任务（设计变更审核、进度款拨付、竣工验收通过）则必定由国土部门决定，因此在项目实施过程中项目设计变更申请、项目施工进度款的拨付等都是国土部门的重要参与行为，并且决定了后续工作的效率。

（2）投资企业的行为动因分析

投资企业在 PPP 模式下农地整治项目前期阶段最重要的参与行为是提出农地整治及农地流转意向、联合农户和村委会申报农地整治项目和实地核查规划设计方案。这三项行为之所以会严重影响项目前期阶段效率，主要是因为这三项行为是投资企业在前期阶段最重要的工作内容，是后续行为进行和项目立项的基础。首先必须由投资企业选定合适的区域来发展企业的农业产业规划，通过与当地农户和村委会主动联系并提出流转农地和进行农地整治的初步意向，经过相互之间的博弈讨论协商确定同意条件后，再联合农户和村委会申报农地整治项目。项目能否立项是整个项目价值创造的开始，因此在这关键任务上投资企业的参与行为极其重要。规划设计方案是项目价值创造的基础，规划设计好坏决定了投资企业未来规模经营的效果，规划设计做得好，后期规模经营和农业产业化建设就越顺利，因此为保证后期项目价值的实现和增值，投资企业对规划设计的内容会重点审核并实地核查，以确保项目规划设计符合当地实际和未来的发展目标。

在 PPP 模式下农地整治项目实施阶段投资企业的重要参与行为主要有组建施工质量监督小组、委派合适的施工单位和参加项目的竣工验收。实施阶段是项目价值的重要创造阶段，施工质量得到保证是项目价值实现的关键任务，因此投资企业会在实施阶段组建相应的施工质量监督小组来对项目施工过程中的具体工程质量等进行监督和管理，对于出现问题的工程返修重做，以保证项目价值不受损害。委派合适的施工单位是投资企业的一项重大任务，不通过招投标程序而直接通过委派选定合适的施工单位，简化程序的同时减少了相应的交易费用，同时也能获得自己满意的施工单位。参加项目竣工验收是对项目质量的一次检验和确认，通过投资企业和国土部门等单位的竣工验收来检验项目的施工内容和施工质量，以保证实施阶段项目价值的实现。

（3）农户的行为动因分析

在 PPP 模式下农地整治项目前期阶段和实施阶段农户参加村民会议同意进行农地流转、参加规划设计听证会、与村委会签订同意土地权属协议、与施工单位签订劳务合同，保证项目施工质量是农户的主要参与行为。农户为实现自己的利益目标，希望通过农地整治改善当地的生产条件，为了与投资企业的合作实现双赢，农户参加村民会议，同意进行农地流转是项目进行的前提和基础。要实现后期农地流转和规模经营，农地权属界线必会改变，因此农户需与村委会签订同意土地权属变更协议，才能更好地进行统一规划设计和后期农业产业化建设。农户与投资企业签订了一定年期的农地流转合同，但是合同到期之后，农地的承包经营权仍然属于农户，因此在项目进行规划设计时农户也会根据自己耕作的经验参与项目的规划设计并提出相应的意见，以保证后期进行农业耕种时符合自己的预期目标。

由于以往传统模式下施工单位组织的施工队伍参差不齐、偷工减料的事情常有发生，农地整治项目施工质量较差，项目质量很难得到保证。因此 PPP 模式下农户为项目质量得到保证，施工后的项目能切合当地实际便于农业生产，主动要求与施工单位签订劳务合同负责项目区内的具体施工任务，通过自己施工阶段的实际参与来保障项目质量，从源头上避免以往施工单位为追求利润而进行的项目低质量建设的问题。农户参与施工建设一方面能有效地保证农地整治项目质量，有利于改善当地农业生产条件，另一方面通过参与施工建设，转移了部分农村劳动力，农户获得一定的非农收入，提高了当地农户的生活水平。因此以上的各项行为都符合当地农户的利益需求，通过这些行为的参与促进了整个农地整治项目的实施和建设，为项目的高效率奠定基础。

（4）村委会的行为动因分析

村委会在 PPP 模式下农地整治项目前期阶段最主要的参与行为有召开村民大会征询农户农地整治意见、征集农户农地流转和与投资企业联合申报农地整治的意见和征集农户土地权属调整意见，实施阶段的主要参与行为有配合施工方协调处理争议、村委会就设计变更征求农户意见、调整土地权属及参与项目质量监督等。之所以会产生这些影响项目前期阶段和实施阶段效率关系重大的行为，主要是与村委会的价值目标相一致。PPP 模式下村委会的任务需求导致其行为动向，村委会作为农村基层自治组织，其代表的是当地农户的意志和需求，在项目前期阶段要实现投资企业与农户联合申报农地整治项目及其农地流转行为，必须通过村委会的统一安排，召开全村的村民代表大会，通过当地村民的讨论和决定后方能进行后续行为。农户讨论会上的行为决定了村委会的行为，村委会的行为是农户行为的多方集合，PPP 模式下农地整治项目必须通过召开村民代表会议同意各项事宜之后才能进行。这些事宜主要有征询农户的农地整治意见、征集农户农地流转和与投资企业联合申报农地整治意见、征集农户土地权属调整的意见、征集农户规划设计的意见。同时村委会作为当地农户的自治组织，通过农户自由选举产生相应的领导团体，村委会在农户间有一定的权利和威望，在项目实施过程中可以调解项目参与各方之间的利益纠纷或争议，使项目顺利进行。由于村委会的独特性，其也是投资企业组织的施工质量监督小组成员，因此他可以作为项目实施中的第三方对项目施工质量进行监督和管理。村委会多方面的参与行为保证了项目的高效率进行。

4.5.2 政府主导模式与 PPP 模式下核心利益相关者行为动因差异分析

(1) 国土部门的行为动因差异分析

国土部门在传统模式和 PPP 模式下行为差异主要在于两种模式下国土部门的权责利之间的变化。在传统模式下，农地整治项目是由国土部门结合各地农地整治项目需求的急迫性和当地实际统一安排和决策的，农地整治项目的实施过程自上而下，国土部门占主导地位，当地农户和村委会只能是被动接受。在 PPP 模式下，农地整治项目是由当地农户通过召开村民代表大会多数表决同意与投资企业进行农地流转、实行农地整治后，再与投资企业联合向国土部门申报农地整治项目，申报模式自下而上，农地整治项目由当地农户主动提出，而国土部门的主要任务是负责申报项目的审核批准。由于投资企业的参与项目投资，且与国土部门签订了相关的投资协议，也明确了相互之间的权责利关系包括投资企业对项目的监督控制作用，因此国土部门在整个农地整治实施中项目管理的重任不再是对项目质量的全过程管控，而是对施工过程中项目资金的共同管理和施工进度款的拨付及项目施工后工程结果的验收和管理。两者比较之下，PPP 模式下国土部门的参与行为比传统模式下的要相对较少，管理的责任也相对较小，主要是 PPP 模式下的投资企业肩负了部分责任，并承担了项目的部分风险，因此在 PPP 模式下国土部门一方面拓宽了项目的融资渠道，保证了项目实施所需的资金，另一方面减轻了自身的工作任务，转移了项目建设的部分风险，使国土部门有更多的时间和精力投入到项目资金的管理和质量的监督上，从而保证项目实施比传统模式下的更有效率。

(2) 投资企业的行为动因差异分析

传统模式下农地整治项目没有投资企业的参与，在 PPP 模式下农地整治项目中投资企业鉴于其农业产业化龙头企业的核心定位——发展自身的农业产业化建设，实现农地的规模经营，因此会主动要求与农户等联合申报农地整治项目，并承担部分项目建设所需资金，导致项目申报模式与传统模式不一样，自下而上的申报模式有助于信息的沟通、了解与合作，避免了传统模式下自上而下的项目立项模式导致的由于信息不对称、不公开而出现的一系列问题。由于投资企业参与项目的投资，项目建成后也主要是投资企业实行农业产业化建设，项目建设可以类比为自建自用，农地整治项目质量可以得到保证，因此可以认为投资企业的参与很大程度上提高了项目的实施效率和后期运行效率。另外，由于投资企业的参与，其可以利用自身企业的管理水平对项目资金和项目质量进行监督和管理，有利于发掘资金的最优运用和控制，合理规避项目施工过程中的风险，保证项目顺利进行。由于项目建成后的农地整治设施具体是由投资企业负责规模化农地经营，农地整治项目后期运营管护阶段管护主体明确，管护的权责明晰，避免了以往只重建设轻管护，严重制约农地整治项目效益发挥的现象，有利于实现项目价值的最大化。同时由于投资企业与当地农户签署了一定年期的农地流转合同，农地整治项目实施后由投资企业实行农业产业化的规模经营，投资企业可以利用企业自身的经营模式带动当地农户发展现代农业、实行产业化经营，从而实现双赢的局面，提高农地整治项目利用价值的同时，也提高了当地农户的收入水平，也为农村经济的快速发展提供了一条新的途径，这是传统模式下农地整治项目无法比拟的。通过投资企业的参与行为，可以减少部分农地整治项目中繁杂的行政手续，利用自身企业的优势保证项目价值创造的同时实现项目价值的增值，从而提高整个项目实施过程中的项目效率。

（3）农户的行为动因差异分析

传统模式下的农地整治项目是自上而下的行政式指令模式，一切行动听上级国土部门的指挥，项目立项由政府领导拍板决定，认为哪里适合进行项目就在哪里立项，而大多数情况下规划设计也是按领导的要求进行，很少顾及当地的实际情况，施工过程中更是忽略了当地农户的意见，导致建成后的项目往往与当地实际不相符合，施工后的单体工程难以运行，以致遗弃不用的现象时有发生。传统模式下农户的参与度很低，农户的意愿表达和利益诉求很难实现，项目实施过程中困难重重、问题重重，农户对农地整治项目热情不高甚至产生怨言。

PPP 模式下农地整治项目前期阶段项目立项采取投资企业联合农户和村委会自下而上的申报模式，农户之间的参与行为由以前的被动接受变为现在的主动申请，参与形式发生了本质变化，有助于信息的沟通、了解与合作，避免了传统模式下自上而下的项目立项模式之间导致的信息不对称、不公开而出现的一些问题，如农户立项阶段的"被同意"、农户规划设计阶段的"被规划设计"等。改善当地的农业生产条件是农地整治项目建设的重要目的之一，但传统模式施工阶段农地整治项目由国土部门通过招投标确定相应的施工队伍进行开发，而施工队伍良莠不齐，有的通常为了赶工期和进度、节约成本，追求项目利润，施工质量很难得到保证，当地农业生产条件的改善也非常有限。而 PPP 模式下农地整治项目农户主动申请项目，参与度极大提高，并主动参与项目的具体施工任务，使得建成后的项目能真正落到实处，极大地改善了当地农业生产条件，施工质量也大大提高，保障了项目后期发挥更好的效益。因此 PPP 模式下农户参与行为及参与动机的不同，使得农地整治项目效率比传统模式高很多。

（4）村委会的行为动因差异分析

通常情况下在农地整治项目中村委会的主要作用是项目信息的上传下达，把上级部门关于本村农地整治项目信息向下传递给当地农户，让其知晓相关信息，同时也把相应的农户意愿和需求向上传递给国土部门，以便在项目实施过程中逐步改进。在传统模式农地整治项目实施的实际过程中，村委会很少尽职尽责，信息传递往往存在不对称的现象，如农地整治项目立项决策阶段没有考虑当地农户是否迫切需求农地整治项目的意愿或是项目区域的划定没有听取当地农户的意见，导致项目实施过程中出现不同程度的问题。但在 PPP 模式下，农地整治项目中由于项目的实施是自下而上由农户联合投资企业自主申报，农户的意愿和各方面的诉求都能得到很好的体现，村委会体现的是当地农户的要求，通过村委会的行为向上反映到国土部门，而国土部门对整个项目的立项申报意见或监管意见亦可通过村委会向农户传达，双方之间的信息沟通良好，有助于提高整个项目的效率。PPP 模式下信息之间的有效传达和沟通，有利于项目参与各方之间的权责利配置，为提高项目的实施效率奠定坚实基础。

传统模式下农地整治项目实施阶段村委会的一大职责是处理项目施工过程中施工单位和当地农户之间的争议和纠纷，这个争议和纠纷主要是来自项目规划设计未能显示当地农户的意愿，不贴合当地实际导致的施工不合理而引发的施工单位与农户之间的矛盾，这个争议和纠纷通常导致项目实施阶段效率低下，严重的甚至影响整个项目实施的进度等。在 PPP 模式下农地整治项目实施阶段由于农户的参与度很高，规划设计符合当地的实际，满足了绝大多数农户的需求，项目施工任务也是由当地农户具体操作，所以项目实施过程中争议较少，因此有利于整个项目的快速推进，从而提高了农地整治项目的效率，为后期项目价值的实现创造最优条件。村委会在 PPP 模式项目实施阶段的工作重心不在于调解纠纷，而在于对项目质量的监督以及实施过程中为实现规模经营而进行的土地权属调整方案的执行和相关利益的划分，因此有更多的参与方参与项目的监督更有利于项目的高效率执行。

5 PPP 模式下农地整治项目组织设计研究

5.1 PPP 模式下农地整治项目组织分析

5.1.1 项目组织环境分析

（1）外部环境分析

1）政治环境。农地整治作为实现耕地总量动态平衡的重要手段，自开展以来，受到了国家的高度重视。"十一五"期间，全国通过土地整治新增农用地160.03 万 hm^2，新增耕地 150.35 万 hm^2。2010 年 5 月 19 日，财政部、国土资源部与河北等 10 个省份签订了整体推进农村土地整治示范协议，根据协议，今后三年内，中央财政将安排资金 260 亿元用于示范项目，并带动示范省区统筹各项土地整治资金 300 亿元左右配套投入，预计可新增耕地约 66.67 万 hm^2。另一方面，为了解决政府财政资金的不足，国土资源部 2008 年 176 号文《关于进一步加强土地整理复垦开发工作的通知》中明确提出：积极探索市场化运作模式，引导公司、企业等社会资金参与土地整理复垦项目。2011 年 6 月，国土资源部在《全国土地整治规划（2011～2015 年)》（征求意见稿）中再次强调：要积极探索土地整治市场机制，按照"谁投资，谁受益"原则，鼓励和引导社会资金参与项目建设，调动社会投资主体、土地权利人以及地方政府等参与项目建设的积极性和主动性。

2）经济环境。经济环境对农地整治项目也有深远的影响。一方面随着我国经济的发展，社会对建设用地的需求增加，越来越多的耕地转化为建设用地。2004～2008 年，全国建设占用耕地面积 83.09 万 hm^2。随着经济的发展，国民生产总值的增加，实际建设占用耕地面积也不断增加。为了保障耕地总量的动态平衡，就需要大力开展农地整治，从而促进农地整治项目的实施。另一方面，当宏观经济发展良好时，国家以及社会企业有更多资金投入农地整治项目中，使农地整治事业蓬勃发展。

3）社会环境。社会环境主要包括人口、教育水平、社会风俗习惯和文化价值观念等因素。一方面，随着我国城镇化进程的发展，大量农民工进入城市，留守农村的大部分是年迈的老人，其劳动力有限，易出现土地抛荒现象。另一方面，由于人们思想价值观念的转变，农民对土地的依赖心理减弱，更多农民愿意进行土地流转。在这双重影响下，实施农地整治，进行土地权属调整，对促进耕地流转，实现土地规模经营，促进农业的发展有重要的意义。

4）技术环境。农地整治项目的技术环境主要是指与农地整治有关的科学技术水平以及相关规程。随着网络技术的发展以及管理信息技术的日趋成熟，"3S"（遥感技术、地理信息系统、全球定位系统）技术在农地整治中的运用，使得农地整治项目的实施更加科学有效。同时，我国出台了一系列农地整治项目实施的技术规程和规范，保障了农地整治项目科学地开展。

（2）内部环境分析

PPP模式下农地整治项目组织设计所考虑的内部环境因素有项目规模、技术、实施阶段和文化等。

1）农地整治项目的规模分析。项目的规模是影响项目组织设计的一个重要因素，与组织结构有着密切的关系。项目规模越大，其涉及的参与主体越多，项目的组织结构越复杂，为了保证项目的良好运行，要求组织行为的规范程度也越高。例如，春华镇宇田蔬菜基地第一期项目规模为 $80hm^2$，总共投资 2606 万元，相比于传统模式农地整治项目的投资规模，PPP模式的项目组织结构更具有复杂性、工作的专业性和职权的分散化程度等特征。

2）农地整治项目的技术分析。农地整治项目的技术是指项目组织的投入（资源、人力和信息等）转换为产出（产品和服务）的各种工具和方法等，既包括农地整治项目实施过程中所采用的机器设备，同时也包括项目开展整个流程中组织沟通和协调的手段。项目技术和项目组织结构相互作用，因此，有关组织结构的决策也影响和限定了技术的选择和使用。

3）农地整治项目的实施阶段分析。农地整治项目的实施阶段是指项目立项、规划设计、组织施工到运营管护的全过程。随着项目实施阶段的演进，项目的参与主体不同，涉及的工程内容也各异。因此，项目的组织设计要适应农地整治项目实施的阶段特征，遵循项目实施的演进规律，使项目的结构和管理系统也因此按照一定的规律演进。

4）农地整治项目的文化分析。项目组织文化深刻影响着项目的实施，不管组织设计如何进行，都是以组织文化为背景的。PPP模式下的农地整治项目，参与方众多，涉及投资企业、政府部门、村委会、农户以及其他设计施工单位等，各参与主体的知识背景差异较大，其交流沟通能力参差不齐，组织效率也会受到影响。因此，在进行组织设计时，需充分考虑文化因素。

5.1.2　项目组织界面分析

项目组织界面是指项目参与各方之间的相互连接，包括项目从开始策划到项目运行管护整个建设过程中的个人和组织之间的关系（张悦颖等，2008）。PPP模式下的农地整治项目参与方众多，而各参与主体存在于不同的组织体系中。由于每个组织都有其各自的目标、管理方式和组织文化，这些差异给组织之间的沟通带来很大障碍，若各参与方协调、沟通不良，就会在组织界面上产生大量问题，从而影响项目的实施。

（1）项目工作分解结构

工作分解结构，即 WBS（work breakdown structure），是将项目行为系统分解成相互独立、相互影响和互相联系的工程活动，以满足对项目进行观察、设计、计划、目标和责任分解、成本核算、质量控制、信息管理、组织管理动的需求。本书通过对 PPP 模式下农地整治项目的工作结构进行分解，明确项目的组成，以此作为进行项目分标、建立项目组织、落实组织责任、协调各部门与各专业的依据。按照实施过程，PPP 模式下农地整治项目可划分为项目立项、规划设计、组织施工和运营管护阶段，其具体工作分解结构如图 5-1 所示。

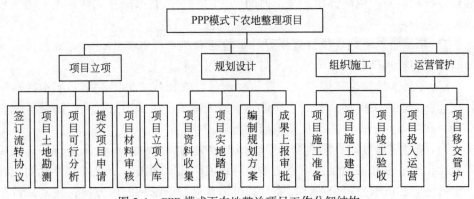

图 5-1　PPP 模式下农地整治项目工作分解结构

1）签订流转协议。投资企业通过分析农产品市场需求情况并考察项目区状况，确定投资的农业产业项目。随后，投资企业同项目区村委会洽谈，提出开展农地整治，实行土地流转，发展现代农业的意向，并由村委会组织、投资企业和全体村民参与讨论大会，就农地整治和农地流转具体事项进行商议，最后投资企业与村委会、村民签订农地流转及农地整治协议。

2）项目土地勘测。土地勘测是开展农地整治的基础工作。勘测单位通过实地界定项目区土地使用范围、测定界址位置、计算用地面积并调绘土地利用现状图，为开展农地整治提供科学、准确的基础资料。

3）项目可行分析。项目可行性分析是在实地调研的基础上，对项目相关技术经济进行研究；通过分析项目的各个不同方面，设计成可供选择的不同方案，分析各个方案的优缺点，并推荐最优方案；对最优方案进行深入详细分析，做出项目的经济财务分析和评价，并通过敏感性分析来论证成本、价格和进度等发生变化时，可能给项目的效益带来的影响；最后结合项目区和农业产业项目的实际情况，编制项目可行性研究报告。

4）提交项目申请。投资企业向乡（镇）政府递交农地整治联合开发项目申请报告书，并附有村民同意农地整治的书面意见、土地权属调整方案、项目可行性研究报告等。

5）项目资料审核。投资企业经乡（镇）政府同意后，向当地县（区）国土部门提出立项申请。县（区）国土部门对申请资料进行初审确认，县（区）政府并组织相关部门实地考察项目区，审核申报材料是否合格，并下达审核意见。审查合格后，由县（区）国土部门报市国土部门审核，并递交县（区）政府组织项目可行性论证的文件以及相关的审查意见。

6）项目立项入库。市国土部门审查通过后，与投资企业签订投资协议，明确双方权利义务、风险分担、竣工时间等，同时下达立项批复文件并纳入市级项目库。

7）项目资料收集。项目规划设计单位在有关部门的协助下，完成相关资料的收集，包括基础资料、土地资源与土地利用资料。

8）项目实地踏勘。规划设计单位在项目区农民代表的陪同下，实地勘察项目现场，结合有关资料，全面了解掌握项目区情况，包括项目社会经济条件调查和项目立项条件核查，并出具实地踏勘报告。

9）编制规划方案。规划设计单位根据收集的资料和调研情况进行多方案规划设计，形成多方案的项目规划文本、规划说明和规划图件。通过召开规划设计方案听证会，征求投资企业、村委会和村民意见并讨论和评议方案，规划设计单位对方案进行修改完善并编制预算，形成图件、文本、预算、附件等成果。

10）成果上报审批。规划设计成果报县（区）国土部门会同财政部门初审后，经市国土部门会同财政部门审查后下达评审意见，规划设计单位根据审核意见，修改完善，并将规划成果在项目区向公众公布。

11）项目施工准备。施工单位依据规划设计及预算，编制施工图预算和施工预算，县国土部门、投资企业、设计单位进行施工图纸会审，对于会审过程中出现的问题和争议进行协调处理；施工单位组建项目施工部，与农户签订劳务合同，做好施工作业管理人员、作业人员的准备，并由施工单位主管技术领导向参与施工的农户进行技术性交代，使农户详细了解项目的工程特点、技术质量要求、施工方法与措施和安全等方面；做好施工前的准备工作，方便施工材料、设备的入场。

12）项目施工建设。施工单位按照农地整治项目建设标准和有关规定要求组织项目的施工建设；投资企业和县国土部门按照实施计划到现场检查，听取阶段性成果汇报；由村委会联合组织建立农民质量监督小组，监督规划设计的落实及项目工程建设质量，确保建设任务按质按量完成。

13）项目竣工验收。项目施工完成后，由投资企业和村委会联合提出竣工验收申请，县（区）国土部门组织相关部门进行工程验收，县（区）财政评审部门对项目决算进行审计，对项目投资额度进行核定。初审通过后，由县（区）国土部门向市国土部门申请项目验收，由市国土部门会同财政部门负责对项目进行总体验收和评估，市国土部门对新增耕地进行审查后报省国土资源厅确认。

14）项目投入运营。投资企业与村委会按照之前签订的相关协议，确定项目设施运营主体，各主体按照生产需要，进行工程设施运营。

15）项目移交管护。按照流转协议，运营期满后，投资企业将农地整治项目移交给农民集体，通过建立健全的各项运行管护制度，明确管护责任，保证项目正常运行，长期发挥效益。

（2）项目组织界面的性质

PPP模式下农地整治项目参与主体众多，易出现组织界面问题。其界面性质有以下几个。

1）交互性。组织界面的出现是由于各参与单位的相互接触而产生，这就表明界面必然是存在于两个或两个以上的独立个体或单位相互交流和接触的过程中，因此，单一的个体或单位无法形成界面。

2）内驱关联性。界面的产生来源于交互各方的交流，而交互各方的交流行为是由其内部需要所驱动的。项目参与方为其自身需求的实现，必须与其他相关联的个体或单位相互交流。因此，组织界面的产生有其内驱关联性。

3）动态性。界面存在于交互各方的交流关系中，由于组织环境是变化的，不同环境下，交流的个体或单位间的关系也是变化的，由此变化的交流主体间关系必然影响主体间的接触状况，即影响界面的形状。因此，组织界面不是静态的，而是随着环境的变化及因此导致的交互各方内在特征和行为的变化而变化。

（3）项目组织界面的层次

1）远外层组织界面。远外层组织界面虽然对项目没有直接作用，但间接地会对项目前景产生较大影响。远外层组织界面一般没有合同关系，主要指政府和社区环境之间的界面。PPP模式下的农地整治项目在项目立项阶段，政府部门审核申请的项目资料，进行农地整治项目选址时，县（市、区）政府根据土地利用总体规划、土地开发整理专项规划，组织相应的部门及个人进行协商，提出建议意向。作为项目整个过程最重要的基础环节，远外层组织界面主要存在于县（市、区）政府与上级政府及部门，县（市、区）政府与项目所在社区之间。

2）近外层组织界面。近外层组织界面是指项目全寿命周期中涉及的与项目开发建设密切相关的各参与主体之间，并形成于各相关参与主体任务/责任的边界处，可以直接影响到项目的组织界面。PPP模式下农地整治项目中的近外层组织界面见表5-1。从表5-1可以看出，政府部门与投资企业之间的界面存在于农地整治项目的全过程中，而组织施工阶段包含的近外层组织界面最复杂。

表5-1　PPP模式下农地整治项目各阶段包括的近外层组织界面

项目阶段	近外层组织界面
项目立项	投资企业与村委会、村委会与农户、投资企业与农户、投资企业与勘测单位、投资企业与可研设计单位、政府部门与投资企业
规划设计	投资企业与设计单位、政府与设计单位、设计单位与农户、政府部门与投资企业
组织施工	投资企业与施工单位、投资企业与设计单位、投资企业与农户、施工单位与农户、施工单位与材料设备供应商、施工单位与设计单位、施工单位与政府部门、政府部门与投资企业
运行管护	投资企业方与农户、政府部门与投资企业

3）项目组织职能管理界面。项目组织职能管理界面是指投资企业职能部门之间、项目组成成员个人之间由于目标差异或信息不对称导致的界面，该界面是投资企业能够直接控制和掌握的界面，具备能够成功管理的先天性有利条件。在项目组织内部，各职能部门有其明确的职责分工及任务目标，若各部门仅仅关注本部门的运作而忽略项目这一整体目标，易产生界面矛盾。缓解这一矛盾，需要营造良好的组织文化，保证各职能部门之间信息沟通的顺畅，促进组织各部门之间沟通的深入。

（4）项目组织界面障碍分析

组织界面障碍是指客观上对界面双方交互过程有消极影响的既有状态的总和（王禹杰，2009）。PPP模式下农地整治项目中，由于各参与主体的专业差异，且不同组织由于组织目标与文化背景存在差异，形成了组织边界，会产生组织界面沟通的障碍。通过分析PPP模式下农地整治项目的特点，其项目组织界面障碍形成的原因主要有以下三方面。

1）信息不对称。在项目信息收集、传递、处理与分析、分送的过程中，由于信息黏滞、信息延迟和信息失真导致信息耗损、变形，使信息不对称，形成组织界面双方障碍（范红伟，2010）。

信息黏滞即组织间产生的各类信息常常滞留于其自身的信息源周围，使信息无法顺畅流通，导致界面双方信息不对称。例如，农地整治项目施工单位比设计单位更了解其自身的建造方法和技术，但由于设计单位和施工单位无合同关系，若投资企业缺乏协调能力，极有可能导致施工单位关于农地整治项目的施工建设信息滞留在施工单位组织内部而不能和设计单位共享。在这种情况下，设计单位在规划设计时，就可能出现设计不合理的现象，导致施工过程经常出现设计变更。

信息延迟即由于 PPP 模式下农地整治项目的管理层次众多，组织结构复杂，导致项目信息传送渠道过长，信息传递效率偏低，从而造成决策失误。例如，农地整治项目在组织施工过程中，农户作为项目受益主体，其意见和需求往往不能及时得以反馈解决，从而导致影响农地整治项目的施工。

信息失真是指由于界面双方既有知识的不足导致信息传递时发生错误，从而造成信息不对称的结果。一方面，PPP 模式下农地整治项目参与主体众多，各参与主体知识结构、理解能力存在差异，对收到的项目信息有时不能完全理解，在译码的过程中就可能出现失真；另一方面，信息发送者由于知识的不完备，编码能力不足，存在描述不准确，表达不清楚等问题，由此造成界面双方信息的不对称。

2）界面双方目标差异。PPP 模式下农地整治项目的参与主体众多，各参与主体追求的利益不同，各自的管理目标也不尽相同。政府部门作为农地整治项目的供给者，剥离了项目的生产职能，但仍然承担项目的供给责任。一方面，政府部门对作为生产者的投资企业实施必要的管制，使其按照合同提供满意的物品或服务；另一方面，政府作为民众的最终诉求对象，对民众的需求做出回应。因此，政府的目标是在满足民众效用最大化的前提下，尽量提高项目的社会效益和生态效益。投资企业的目标则是如何以最少的投资取得最有效的、满足功能要求的农地整治项目使用价值。勘测单位、可研设计单位、规划设计单位、施工单位等参与单位追求的目标是如何保证买方（项目投资企业）使用要求的条件下获得最大利润，这是一种效益性目标，这些参与主体对农地整治项目竣工使用价值的关心只是作为手段而不是目的。而项目区农户则关心农地整治项目是否能改善其生产条件、生活居住环境等。由于各方的目标差异，PPP 模式下农地整治项目在开展的过程中，组织间的协同、合作阻力重重，易出现组织界面障碍。

3）工作任务和管理职能分工不明确。将 PPP 模式引入到农地整治项目中还处于初步研究阶段，因相关法规及制度还不是很健全，投资企业工作任务和管理职能分工不明确，政府部门和投资企业的工作界面划分无科学依据，政府部门与投资方的界面协调难度大，影响到农地整治项目的质量与效率。一方面，PPP 模式下农地整治项目众多参与组织之间的工作任务及职能分工不明确，导致有些工作没有单位负责，出现管理缺位的现象，尤其是在项目竣工后的后期管护中，由于缺乏管理单位，使得项目的使用年限大大缩短，从而降低了农地整治项目的投资效率。另一方面，有些工作任务出现多单位负责，出现问题后又会导致相互推诿责任的事件发生。

5.1.3 项目组织界面管理

组织界面障碍产生的主要原因是各参与组织信息的缺乏以及对信息的误解。Carder（1997）引入"业绩金字塔"协助界面管理，使组织之间更容易交流，从而增加组织的附加值。Pavitt 和 Gibb（2003）认为要实现界面的有效管理，需要进行信息共享和监控，实现资源与信息的流动。Kelly 和 Berger（2006）认为项目关键点上，负责人对信息的掌控极为重要，需确保项目经理或业务主管在各个重大决定上，随时与各执行方保持良好的沟通。随着界面管理研究的深入，Chua 和 Godinot（2006）提出通过建立 WBS 矩阵，能够精确定义工作并明晰责任分配，提高组织间的透明度，从而减少组织界面的产生。依赖结构矩阵（DSM）是一种新的项目管理工具，它能反映工序间的搭接和时间窗口式等复杂依赖关系，明确了系统各部分潜在的循环和返工等复杂序列特性（褚春超等，2006）。通过绘制依赖结构矩阵（DSM），能够清晰反映项目中的信息流动情况，通过对信息的控制，实现对组织界面的管理（Senthilkumar et al.，2010）。

从已有研究看，进行组织界面管理主要从以下两方面着手：一是项目界面识别，划清界面界限，明确工作任务和管理职能；二是分析项目各阶段涉及的参与组织，探究各参与方的关系，促进界面双方的信息沟通。本书通过利用 WBS 矩阵与 DSM 的集成，对农地整治项目的组织界面进行管理，减少项目中的非价值活动，简化项目过程，增加项目的透明度，提高项目的效率。

（1）项目的 WBS 矩阵

WBS 矩阵有利于形成清晰的组织结构，确定具体工作的分配，落实岗位责任。图 5-2 是由 PPP 模式下农地整治项目的活动分解结构（ABS）与工程分解结构（PBS）相结合构成的 WBS 矩阵，WBS 矩阵的行代表农地整治项目的通用步骤，列表示农地整治项目的子系统，并对适用于各子系统的通用步骤作"X"标志，这样有助于对农地整治项目的各个子系统工序进行充分确认。

项目阶段		项目立项						规划设计				组织施工			运营管护	
子系统	通用步骤	签订流转协议	项目土地勘测	项目可行研究	提交项目申请	项目材料审核	项目立项入库	项目资料收集	项目实地踏勘	编制规划方案	成果上报审批	项目施工准备	项目施工建设	项目竣工验收	项目投入运营	项目移交管护
土地平整工程	田面平整	X	X		X	X	X	X	X	X	X	X	X	X	X	X
	表土剥离与回填		X	X		X	X	X	X	X	X	X	X	X		
	土地翻耕		X	X		X	X	X	X	X	X	X	X	X		
农田水利工程	灌溉工程	X	X		X	X	X	X	X	X	X	X	X	X	X	X
	排水工程	X	X		X	X	X	X	X	X	X	X	X	X	X	X
	水工建筑物	X	X		X	X	X	X	X	X	X	X	X	X	X	X
	线路架设	X	X		X	X	X	X	X	X	X	X	X	X	X	X
道路工程	田间道	X	X		X	X	X	X	X	X	X	X	X	X	X	X
	生产路	X	X		X	X	X	X	X	X	X	X	X	X	X	X
	其他道路	X	X		X	X	X	X	X	X	X	X	X	X	X	X
	桥梁工程	X	X		X	X	X	X	X	X	X	X	X	X	X	X
防护工程	农田防护林	X	X		X	X	X	X	X	X	X	X	X	X	X	X
	其他工程	X	X		X	X	X	X	X	X	X	X	X	X	X	X

图 5-2　PPP 模式下农地整治项目的 WBS 矩阵

通过 WBS 矩阵，可将农地整治项目中所有的工作任务都以矩阵的形式表示，避免项目工作范围缺漏的出现。根据工作任务的大小，可对工作任务进行分解和合并，形成工作包。农地整治项目的参建单位众多，关系复杂，各参与方对本职工作范围通常认识不清，导致在界面之间存在灰色地带。WBS 矩阵通过工作包可以明确工作职责，消除界面处含糊不清的问题（图 5-3）。通过对界面的清晰定义，及时覆盖灰色地带，进而对任务进行分工，明确各参与方的工作范围和各单位或部门间所承担的不同管理职能，使参建单位有明确的责任分工，避免有些工作没有单位负责、管理缺位的现象发生。

(a)没有WBS矩阵的界面定义　　　(b)有WBS矩阵时的界面定义

图 5-3　WBS 矩阵在界面定义的作用

（2）项目的依赖结构矩阵（DSM）

DSM 是 Steward 于 1981 年提出来，通过反映项目过程中各要素间的信息交互作用，有利于对项目进行可视化分析，提高项目的透明度（郭云涛等，2008）。若用 A 表示 DSM，矩阵中非对角线上 A_{ij} 上有"X"则表示矩阵中 i 行对应的工作任务需要 j 列对应的任务提供信息，才能开展工作；A_{ij} 处为空，表示 i 行对应的任务不需要 j 列对应的工作提供信息，就能开展工作。图 5-4 是依据 PPP 模式下农地整治项目工作过程得到的 DSM。

		项目立项						规划设计				组织施工			运营管护	
		签订流转协议 A	项目土地勘测 B	项目可行研究 C	提交项目申请 D	项目材料审核 E	项目立项入库 F	项目资料收集 G	项目实地踏勘 H	编制规划方案 I	成果上报审批 J	项目施工准备 K	项目施工建设 L	项目竣工验收 M	项目投入运营 N	项目移交管护 O
项目立项	签订流转协议 A															
	项目土地勘测 B	X							X							
	项目可行研究 C		X													
	提交项目申请 D	X		X												
	项目材料审核 E				X											
	项目立项入库 F					X										
规划设计	项目资料收集 G						X									
	项目实地踏勘 H		X				X									
	编制规划方案 I							X	X				X			
	成果上报审批 J									X			X			
组织施工	项目施工准备 K										X					
	项目施工建设 L									X		X				
	项目竣工验收 M												X			
运营管护	项目投入运营 N	X												X		
	项目移交管护 O	X													X	

图 5-4　PPP 模式下农地整治项目实施过程的 DSM

从图 5-4 可以看出，PPP 模式下农地整治项目的工作步骤存在三种关系：顺接、并行和耦合关系（图 5-5）。在顺接关系中，"项目可行研究"必须在"项目土地勘测"工作完成后才能够开展。勘测单位在接受了投资企业委托后，对项目区进行土地勘测，绘制项目区土地利用现状图。可研设计单位在勘测单位提供资料以后，才能进行项目可行性研究分析，也就是 B 提供信息给 C，否则 B 无法开始工作。在并行关系中，"项目资料收集"与"项目实地踏勘"相互独立，可以同时进行。在耦合关系中，"项目施工建设"需要依据工作 I 编制的规划方案开展工作，而当工作 L 执行后，发现项目设计存在不可行之处，也会反馈信息给 I，对设计成果进行修改，也就是进行设计变更。从图 5-5 所显示的三种关系看，PPP 模式下农地整治项目 DSM 中，两个任务组成的二元矩阵所反映的是工作信息流，信息由"X"所在列的工作任务逆时针向相邻的行工作任务传递。

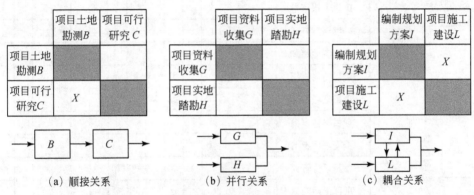

图 5-5 PPP 模式下农地整治项目 DSM 中的三种关系

(3) 项目 WBS 矩阵与 DSM 的集成

农地整治项目是一个复杂的综合系统，包括土地平整、灌溉工程、道路工程和防护工程等，而且各工程任务间相互关联，若某个任务在实施中发生变更，会导致其他任务的重新规划设计而延误项目的施工进度。例如，在项目规划时，设计单位考虑不全，规划设计成果在项目实施中发生变更，需多增加一条水泥路。由于水泥路的工程量增加，使道路工程和防护工程的资金投入增加，而为了资金控制，可能就会减少其他工程的预算，需对原有规划设计进行修改。施工单位将农户的意见反馈到投资企业，申请项目施工变更，投资企业与规划设计单位协调，设计单位对规划预算进行修改，并上报相关政府部门备案。但由于农户、施工单位、投资企业以及规划设计单位之间的工作不协调，导致项目设计变更工作往往拖延得很长，延误工期，影响施工进度。

上述问题是由于工作任务之间的交互作用，不能形成及时系统化的信息传递机制，导致农地整治项目中各参与组织成员间的信息不能有效传递。将 WBS 矩阵和 DSM 结合，通过采用矩阵形式表达各种相互关联，既能反映项目实施过程各步骤间的相互关系，又能反映项目各分项工程的内部关联。WBS 矩阵与 DSM 的集成，利于项目运行的透明化，便于及早发现项目中的相互交互信息，从而有助于项目的界面管理。由图 5-6 可以得出，WBS 矩阵与 DSM 的集成包括三个部

（图中左侧标注：PPP模式下农地整理项目过程DSM；分项工程DSM；WBS矩阵）

PPP 模式下农地整治项目过程 DSM（■ 表示对角线灰色单元格，X 表示关联标记）：

过程	签订流转协议	项目土地勘测	项目可行研究	提交项目申请	项目材料审核	项目立项入库	项目资料收集	项目实地踏勘	编制规划方案	成果上报审批	项目施工准备	项目施工建设	项目竣工验收	项目投入运营	项目移交管护
项目移交管护	X													X	■
项目投入运营	X												X	■	
项目竣工验收													■		
项目施工建设										X		■			
项目施工准备											■				
成果上报审批									X	■					
编制规划方案							X	X	■		X				
项目实地踏勘		X						■							
项目资料收集							■	X							
项目立项入库					X	■		X	X						
项目材料审核				X	■										
提交项目申请	X		X	■											
项目可行研究		X	■												
项目土地勘测	X	■						X							
签订流转协议	■														

分项工程 DSM 与 WBS 矩阵（分项工程行 × 15 个过程列）：

分项工程	防护工程	道路工程	农田水利工程	土地平整工程
土地平整工程				■
农田水利工程	X		■	X
道路工程		■	X	X
防护工程	■	X		

分项工程	签订流转协议	项目土地勘测	项目可行研究	提交项目申请	项目材料审核	项目立项入库	项目资料收集	项目实地踏勘	编制规划方案	成果上报审批	项目施工准备	项目施工建设	项目竣工验收	项目投入运营	项目移交管护
土地平整工程	X	X			X	X	X	X	X	X	X	X	X	X	X
农田水利工程	X	X			X	X	X	X	X	X	X	X	X	X	X
道路工程	X	X			X	X	X	X	X	X	X	X	X	X	X
防护工程	X	X			X	X	X	X	X	X	X	X	X	X	X

图 5-6　PPP 模式下农地整治项目的 WBS 矩阵与 DSM 的集成

分：农地整治项目的分项工程 DSM、农地整治项目过程的 DSM 以及农地整治项目的 WBS 矩阵。从农地整治项目分项工程 DSM 可以看出，在土地平整工程后，可同时开展农田水利工程和道路工程建设，且农田水利工程和道路工程存在耦合关系，当农田水利工程或道路工程发生变更后，会导致另一工程的变动。当农地整治项目某一单项工程发生变更时，从农地整治项目的分项工程 DSM 中，可以清晰查看与其存在界面接口的其他分项工程，这些分项工程可能也会因此发生变更，从而引起相关步骤的变更。通过农地整治项目 WBS 矩阵，设计变更的信息传递到农地整治项目的过程 DSM，由 DSM 表所反映的农地整治项目实施过程间的迭代、交互耦合的关系，可以将变更信息准确有效地传递给相关过程参与的组织或个人，从而提高组织界面管理的效能。

5.2　PPP 模式下农地整治项目的组织设计

PPP 模式下的农地整治项目，参与单位和人员众多，建设周期长，组织设计作为项目实施及其管理计划的重要组成部分，是非常必要和重要的。项目的组织设计就是把项目作为一个系统，对项目的组织结构、项目实施的各项工作流程进行设计（孙继德和高冠华，2003）。

5.2.1　项目组织结构设计

组织结构是组织内部各组成部门的相互关系状态的反应，是界定组织成员分工与协作关系的架构。通过组织结构的构建，能够明确组织内各组成部分的相互关系，引导组织内的各类业务流程，从而使组织有效运作并实现组织的战略目标。

由于项目的独特性、动态性和复杂性，传统的组织结构无法适应项目复杂的任务使命，需要新的方法和思路构建组织结构（周国华等，2005；修保新等，2007）。一种更为灵活、成功率更大的，从而实现项目最优化的组织结构设计方法，就是模仿物种发展过程中的基因组来构建项目组织结构模型（戴维·穆尔，2004）。

5.2.1.1　项目组织结构模型

项目组织结构模型是以遗传性项目管理知识为基础，根据项目组织的需求和组织的环境特点，将项目中学习到的，能够应对外部环境中的机遇与威胁的优良特性应用到新项目中的一种仿生物基因遗传特性的方法，它所设计的结构具有良好的适应性和创新性（薛晓芳等，2008；纪凡荣，2008）。通过编制项目组织结构形成的密码表，我们可以设计出与环境相适应、与行动过程相匹配的组织结构。

（1）项目组织结构组成元素的描述

任务、资源和主体是项目组织结构的基因组成，组织结构设计就是通过这三种基因构成的有机联系，将项目的任务序列化，并确定主体如何运用资源执行任务，从而使项目生存的几率达到最大化。

1）任务：任务是指依据组织功能将项目使命进行分解得到的任务集。任务集 $T = \{T_1, T_2, \cdots, T_N\}$，$N$ 为分解的任务数量。每一个任务 T_i $(1 \leqslant i \leqslant N)$ 包括以下属性：第一，处理任务 T_i 所需时间 t_i；第二，任务 T_i 对资源需求向量 $TC_m = \{TC_{i1}, TC_{i2}, \cdots, TC_{im}\}$，其中 TC_{im} 表示成功处理任务 T_i 所需的资源 C_m 的数量。

2）资源：资源是主体功能的载体，项目组织资源集合为 $C = \{C_1, C_2, \cdots, C_M\}$，$M$ 为组织拥有的资源种类数量。

3）主体：主体是指对组织信息进行处理，具有一定能力控制必要的资源来执行任务的实体。项目组织主体集合为 $A = \{A_1, A_2, \cdots, A_k\}$，$k$ 为项目中参与的决策实体数量。每一个主体 $A_j (1 \leqslant j \leqslant k)$ 包括以下属性：

主体 A_j 控制的资源向量 $AC_m = \{AC_{j1}, AC_{j2}, \cdots, AC_{jm}\}$，其中 AC_{jm} 表示主体 A_j 拥有资源 C_m 的数量。

（2）项目组织结构设计机制

任务、资源和主体作为项目组织结构的基因组，通过相互之间的联系，构成了项目的组织结构。组织实体间结构关系包括：主体与资源的控制关系 R_{A-C}；资源与任务的分配关系 R_{C-T}；主体与任务的执行关系 R_{A-T}；主体与主体间的协作交流关系 R_{A-A}。其中主体与任务的执行关系 R_{A-T} 是通过主体与资源的控制关系 R_{A-C} 和资源与任务的分配关系 R_{C-T} 确定的，即 $R_{A-T} = f(R_{A-C}, R_{C-T})$。组织结构的构建就是通过对主体与资源的拥有关系和资源与任务的分配关系的求解，实现项目任务的实施，从而保障项目的成功。下面分别对组织结构构建的两个子问题建立算法描述。

1）资源–任务的分配模型。任务完成的必要条件是分配给这一任务的资源组所拥有的功能不小于任务的需求。在这一阶段，通过资源到任务的分配，确定组织结构中资源–任务的配置以及执行任务的时间和序列，实现完成组织使命的时间最短的目标。对该问题的求解，需要定义的变量见表5-2。

表 5-2　资源–任务分配模型的变量定义

变量名	变量属性	变量定义
TC_{im}	资源–任务分配变量	资源 C_m 分配给任务 T_i，$TC_{im}=1$；否则，$TC_{im}=0$
X_{ijm}	资源–任务转移变量	资源 C_m 执行任务 T_i 后分配给任务 T_j，$X_{ijm}=1$；否则，$X_{ijm}=0$
S_{ij}	任务执行的顺序变量	执行任务 T_j 必须先完成任务 T_i 时，$S_{ij}=0$；否则 $S_{ij}=1$
B_i	任务 T_i 开始执行时间	—
H'	任务过程时间的上界	—
H	整个使命过程完成时间	—

则资源与任务的分配关系模型可表示为

$$\min \quad H$$

$$\sum_{j=1}^{N} X_{ijm} - TC_{im} = 0 \qquad i, j = 1, 2, \cdots, N;\ m = 1, 2, \cdots, M$$

$$\tag{5-1}$$

$$\sum_{i=1}^{N} X_{ilm} = \sum_{j=0}^{N} X_{ljm} = 0 \qquad i, j = 1, 2, \cdots, N;\ m = 1, 2, \cdots, M$$

$$\tag{5-2}$$

$$B_i - B_j \leqslant S_{ij} * H' - t_i \qquad i, j = 1, 2, \cdots, N \tag{5-3}$$

$$\sum_{m=1}^{M} TC_{im} * FC_{ml} \geqslant TF_{il} \qquad i, j = 1, 2, \cdots, N;\ m = 1, 2, \cdots, M$$

$$\tag{5-4}$$

$$B_i - H \leqslant -t_i \qquad i, j = 1, 2, \cdots, N;\ B_i \geqslant 0 \tag{5-5}$$

$$TC_{im},\ X_{im},\ X_{ijm},\ S_{ij} \in [0, 1] \qquad i, j = 1, 2, \cdots, N;\ m = 1, 2, \cdots, M$$

$$\tag{5-6}$$

2）主体–资源的控制模型。项目主体通过对资源的控制，来执行相应的任务。有些任务是由单一主体对资源的控制来完成；而有些任务则需要主体相互配合来完成。其中主体 A_k 对资源的控制管理数量定义为主体 A_k 的内部协作；主体与 A_k 其他主体相互合作完成的工作量定义为主体 A_k 的外部协作。组织结构执行使命的性能测度为 M_{os}，该阶段的目标是最小化组织中各主体负载的均值和方差，即最小化 M_{os} 值，度量值越小，组织结构匹配使命的效果越好。模型建立所需变量见表 5-3。

表 5-3　主体–资源控制模型的变量定义

变量名	变量属性	变量定义
AC_{km}	主体–资源控制变量	主体 A_k 控制资源 C_m，$AC_{km}=1$；否则，$AC_{km}=0$
AT_{ki}	主体–任务执行变量	主体 A_k 执行任务 T_i，$AT_{ki}=1$；否则，$AT_{ki}=0$
AAT_{kni}	主体间的协作变量	主体 A_k 和 A_n 在任务 T_i 上存在协作，$AAT_{kni}=1$；否则，$AAT_{kni}=0$
P^I	所允许的内部协作量	—
P^E	所允许的外部协作量	—
P^T	主体任务的约束量	—
W^I	内部工作负载权重	—
W^E	外部工作负载权重	—
TC_{im}	上阶段求得资源–任务分配变量	—
AW_k	主体 A_k 的工作负载	—
M_{os}	组织结构的适应性测度	—

该模型的目标是最小化 M_{os} ，主体–资源的控制关系模型可表示为

$$\min \quad M_{os}$$

$$AT_{ki} = AC_{km} * TC_{im} \qquad k = 1,\ 2,\ \cdots,\ K;\ m = 1,\ 2,\ \cdots,\ M;\ i = 1,\ 2,\ \cdots,\ N \tag{5-7}$$

$$AAT_{kni} = \max\{AT_{ki} + AT_{ni} - 1,\ 0\} \qquad k,\ n = 1,\ 2,\ \cdots,\ K;\ i = 1,\ 2,\ \cdots,\ N \tag{5-8}$$

$$\sum_{i=l}^{N} AT_{ki} \leqslant P^T \qquad k = 1,\ 2,\ \cdots,\ K \tag{5-9}$$

$$\sum_{m=l}^{M} AC_{km} \leqslant P^I \qquad k = 1,\ 2,\ \cdots,\ K \tag{5-10}$$

$$\sum_{n=l,\ n \neq k}^{K} \sum_{i=l}^{N} AAT_{kni} \leqslant P^E \qquad k = 1,\ 2,\ \cdots,\ K \tag{5-11}$$

$$AW_k = W^I * \sum_{m=l}^{M} AC_{km} + W^E * \sum_{n=l,\ n=k}^{K} \sum_{i=l}^{N} AAT_{kni} \qquad k = 1,\ 2,\ \cdots,\ K \tag{5-12}$$

$$M_{os} = \sqrt{\frac{1}{K} \sum_{k=l}^{K} AW_k^2} \qquad k = 1,\ 2,\ \cdots,\ K \tag{5-13}$$

（3）混合遗传算法求解项目模型流程

上述构建的项目组织结构模型，属于多目标优化问题。遗传算法是模仿自然界生物进化机制发展起来的随机搜索和优化方法，具有良好的全局优化性能，在

优化方面具有适应性和稳健性。但由于局部搜索功能方面的不足，易产生早熟收敛等缺点。本书通过将遗传算法与现有的优化算法相结合，基于混合遗传算法求解项目组织项目结构问题。利用混合遗传算法求解项目组织结构模型流程如图 5-7 所示。

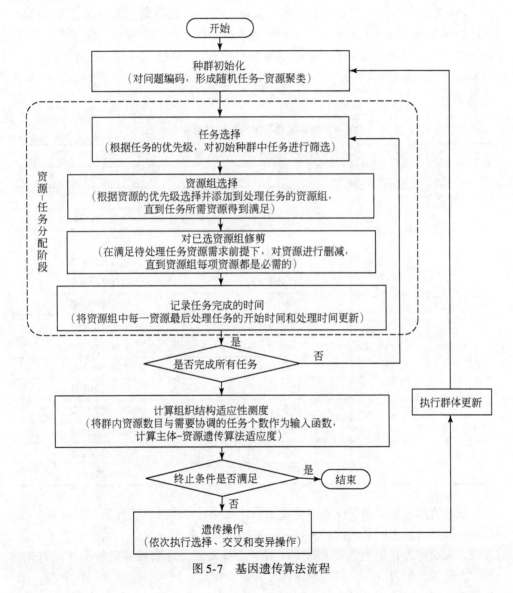

图 5-7　基因遗传算法流程

5.2.1.2 项目任务–资源分析

项目任务–资源分析，也就是项目的任务规划，依据项目使命，明确各项任务内容，分析执行项目任务所需资源，并明确项目的任务模型。

PPP 模式下的农地整治项目通过引进社会资金，由投资企业与农户自行商议土地流转事项，开展农地整治，实行土地规模经营，促进农业现代化生产，其项目使命是最大限度地提高农地整治的经济社会效益。根据项目使命，结合 5.1.2 小节的项目工作分解结构，PPP 模式下农地整治项目包括 15 项工作任务，具体见表 5-4。

表 5-4　PPP 模式下农地整治项目的任务表

工作阶段	任务序号	任务名称
项目立项	任务 1（T_1）	签订流转协议
	任务 2（T_2）	项目土地勘测
	任务 3（T_3）	项目可行分析
	任务 4（T_4）	提交项目申请
	任务 5（T_5）	项目资料审核
	任务 6（T_6）	项目立项入库
规划设计	任务 7（T_7）	项目资料收集
	任务 8（T_8）	项目实地踏勘
	任务 9（T_9）	编制规划方案
	任务 10（T_{10}）	成果上报审批
组织施工	任务 11（T_{11}）	项目施工准备
	任务 12（T_{12}）	项目施工建设
	任务 13（T_{13}）	项目竣工验收
运营管护	任务 14（T_{14}）	项目投入运营
	任务 15（T_{15}）	项目移交管护

项目资源是完成项目任务的重要手段，是项目目标得以实现的重要保证。项目资源即执行任务所必须的各种投入，包括人员、物资、设备、资金、技术、信息等。人员作为其他生产要素的支配者，是基因遗传算法模型中的主体，因此，不将人员作为项目资源，只考虑物资、设备、资金、技术、信息等物化资源。项目资源分配是影响项目进度的关键因素，有效的资源分配可以缩短项目进度，通过对任务所需资源分析，将资源进行适时、适量的优化配置，使投入项目的各种

资源在满足任务需求的前提下，合理节约使用资源。

1）签订流转协议（T_1）。执行任务 T_1 所需的信息有市场农产品需求信息、地方产业政策信息；所需的技术包括市场调研技术、谈判技术；所需的资金有市场调研费和谈判费用。

2）项目土地勘测（T_2）。执行任务 T_2 所需的技术包括 1984 年全国农业区划委员会制定的《土地利用现状调查技术规程》，1992 年国家监督局颁布的《国家基本比例尺地形图分幅编号》，1993 年国家技术监督局颁发的《1：5000、1：10 000 比例尺地形图图式》《地籍测绘规程》《全球定位系统（GPS）测量规范》等技术规程；执行任务 T_2 所需的设备有 GPS、全站仪、计算机；所需的资金主要是指土地清查、勘测费。

3）项目可行分析（T_3）。执行任务 T_3 所需的物资包括当地土地利用总体规划、基本农田保护区规划、农业发展规划、水利综合规划等相关规划资料以及当地土地资源调查报告、农用地分等定级报告、统计年鉴以及土地利用现状图等相关基础资料；所需的技术包括《土地开发整理规划编制规程》《土地开发整理项目规划设计规范》《灌溉与排水工程设计规范》《渠道防渗工程技术规范》以及当地土地开发整理工程建设标准等技术规程；执行任务 T_3 所需的信息包括相关法律法规以及国家政策等；完成任务 T_3 需要一定的资金，即项目可行性研究费。

4）提交项目申请（T_4）。完成任务 T_4 必须提供的物资有项目申请报告书、项目产业规划报告、村民同意农地整治的书面意见、土地权属调整方案和项目可行性研究报告等；执行任务 T_4 需要密切关注当地关于项目申报时间、材料、地点等详细信息；执行任务 T_4 需要的资金属于项目报批审查费。

5）项目资料审核（T_5）。执行任务 T_5 所需的物资有项目申请报告、现场踏勘报告、项目可行性研究报告文本和图件以及群众参与意见等；为保证项目审核的科学性，必须收集各部门关于项目的审核意见，即执行任务 T_5 必须有各部门对项目的审核信息执行；执行任务 T_5 所需要的资金属于项目报批审查费。

6）项目立项入库（T_6）。执行任务 T_6 所需物资包括项目申请报告、项目可行性研究报告和项目产业规划报告等；执行任务 T_6 涉及签订投资协议，因此需要一定的谈判技术，所需的费用主要是项目立项费。

7）项目资料收集（T_7）。执行任务 T_7 的技术依据有《土地开发整理标准》《土地开发整理规划编制规程》；完成任务 T_7 需要的物资有当地土地利用总体规划、土地整理专项规划、农业区规划报告、统计年鉴及统计报表、土地资源调查报告和土地利用现状变更资料、土地志、水利志、土地整理复垦的情况及经验、农田水利工程建设标准或规定、土地开发整理项目领导小组文件、当地土地开发整理项目土地权属调整领导小组文件等资料；执行任务 T_7 所需资金属于项目规划设计与预算费。

8）项目实地踏勘（T_8）。执行任务 T_8 所需要的物资包括土地勘测图件数据、土地利用现状表、项目区农业生产资料、项目区的设施及构建物情况及分布图；所需的信息包括专家、基层干部及民众等关于项目的规划意见；执行任务 T_8 所需资金属于项目规划设计与预算费。

9）编制规划方案（T_9）。执行任务 T_9 所需物资包括县（区）及乡镇土地利用总体规划和土地整理专项规划等区域资料、项目区内现有道路情况及其分布图和水利工程（沟渠、竖井、提灌、涵洞等）的现有实测数据资料及其分布图等项目区资料；所需的技术包括《土地开发整理项目规划设计规范》《灌溉与排水工程设计规范》《水利水电工程制图标准》《公路桥涵设计通用规范》等工程技术标准；所需信息包括相关法律法规和政策与各利益相关者关于规划方案的意见；所需资金属于项目规划设计与预算费。

10）成果上报审批（T_{10}）。执行任务 T_{10} 所需物资包括项目规划设计报告及图件成果、项目预算编制书、各种附表和各项成果的电子文件（文字、表格、图件）；所需资金属于项目报批审查费。

11）项目施工准备（T_{11}）。执行任务 T_{11} 所需物资包括项目规划设计成果与布置工地现场的砂石、水泥等施工材料、机具和构件；所需的设备包括测量放线用的经纬仪和水准仪；所需的信息有各个专业工序间的配合关系、施工工期和具体要求等信息；执行任务 T_{11} 所需的资金属于项目工程施工费。

12）项目施工建设（T_{12}）。执行任务 T_{12} 所需物资包括项目施工图、用于项目建设的水泥、钢筋、结构钢材、电焊条、砖、砂、石和防水材料等施工材料；所需的设备包括挖掘机、推土机、装载机、自卸汽车等机械设备，全站仪、经纬仪等测量仪器和泵站、启闭机等水利设备；所需的信息包括专业工序间的配合关系、各分部分项工程间的工期进度衔接等信息；所需的技术有工种流水交叉、循序跟进等施工技术；所需的资金属于项目工程施工费。

13）项目竣工验收（T_{13}）。执行任务 T_{13} 所需物资包括项目竣工验收申请、项目竣工报告、项目建设情况表和项目经费收支情况表等附表、竣工验收图及土地开发整理后的土地利用现状图或地籍图、项目财务决算与审计报告、项目工程监理总结报告等；所需的技术标准为《土地开发整理项目资金管理暂行办法》《土地开发整理项目预算定额标准》等；所需资金为项目竣工验收费。

14）项目投入运营（T_{14}）。执行任务 T_{14} 所需物资包括土地流转协议、化肥、农药、种子等农业生产资料；所需设备为收割机、耕田机等农业生产机械；为了提高项目运营收益，需要依托现代农业生产技术，并收集市场农产品需求信息、地方产业政策信息，来调整农业生产结构；执行任务 T_{14} 的资金主要用于农业现代化生产成本。

15）项目移交管护（T_{15}）。执行任务 T_{15} 所需物资主要指项目后期管护合同，所需资金为后期管护资金。

基于前文对项目的依赖结构矩阵的分析，PPP 模式下农地整治项目的 15 项工作任务并不是相互独立，而是存在一定关系。通过绘制项目的任务图，各个任务之间的相互关系如图 5-8 所示。

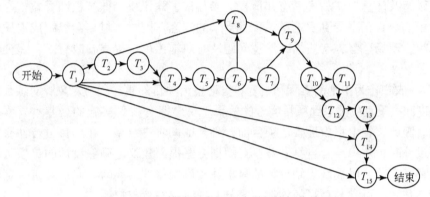

图 5-8　PPP 模式下农地整治项目的任务关系

5.2.1.3　项目主体–资源分析

项目主体通过资源的管理控制来执行使命任务，各主体间通过资源在任务上的协作构成了组织结构。PPP 模式下农地整治项目涉及投资、融资、建设、运营和移交管护等一系列活动，因此参与主体众多，这些参与主体通过协调、沟通和合作，保障农地整治项目的顺利运行。PPP 模式下农地整治项目的参与主体包括政府部门、投资企业、村委会、农户、咨询服务单位、工程承包商和非政府组织。

1）政府部门在 PPP 模式中，主要是作为项目建设标准的制定者，依据法律和法规对农地整治项目进行行政管理，提供服务和执行监督工作，履行社会管理的职能，从宏观上调控农地整治的供给，维护社会公共利益。PPP 模式下农地整治项目涉及的政府部门众多，包括省级人民政府、市人民政府、县（区）人民政府、乡（镇）人民政府等政府机构和国土局、财政局、农业局、水利局、林业局、环保局、交通局等职能部门。政府部门所拥有的资源包括有关农地整治、农业产业的相关法律法规及政策的信息，项目竣工验收后予以投资企业的补助资金，项目规划设计所需的区域基础资料和项目区基础资料等物资。

2）投资企业是农地整治 PPP 项目的发起人，在项目中处于中心地位。投资企业直接参与农地整治项目的投资和管理，负责项目的筹资、建设、运营等事项，承担着项目债务责任和项目风险。投资企业拥有先进的现代农业生产技术和管理水平，通过投资农地整治项目，实现土地规模经营，发展特色农业、现代农业，并获得投资回报。

3）村委会是村民自我管理、自我教育、自我服务的基层群众性自治组织。村委会在农地整治项目中应当尊重村民权利，通过组织村民大会，宣传农地整治相关政策及信息，使村民享有知情权、参与权、建议权、监督权和受益权，让当地村民群众真正享受到农地整治项目带来的实惠。同时，村委会组织成立质量监督小组，现场监督施工质量，发现问题及时向施工单位提出整改意见，保证项目的质量。

4）农户作为土地的实际利用者和农地整治项目的直接受益对象，对项目的参与程度和决策直接关系到项目实施的效果。农户拥有项目实施的最基本要素——土地，因此，在申报农地整治项目前，必须征询农户意见。在项目可行性研究与规划设计时，农户结合自身利益，对规划方案提出建议，确保设计的单项工程符合项目区实际，以提高规划设计的科学性和可操作性。同时，农户具有一定的项目施工技术，可参与项目的施工，充分实现农户的参与权。

5）咨询服务单位是指为项目提供工程咨询服务的企业，PPP 模式下农地整治项目的咨询机构包括土地勘测单位、可研设计单位、规划设计单位等。这些咨询服务机构具备专业技能，能够为农地整治项目提供科学决策依据，优化建设方案，降低成本，保证建设进度，提高项目质量等。

6）工程承包商是指有一定生产经营或服务能力，能提供一定形态建筑产品或服务的企业，PPP 模式下农地整治项目的工程承包商包括施工单位和材料设备供应商。施工单位是农地整治项目的建设单位，具备专业的土地整理施工技术，计划、组织、协调和控制项目的实施；材料设备供应商能够提供农地整治建设所需要的材料和设备，保障项目的物资设备供应。

7）非政府组织。在 PPP 模式下的农地整治项目中，还涉及环境保护团体、学术科研团体等非政府组织。这些非政府组织通过整合自身资源，参与到农地整治项目相关立法和政策制定中，并与其他参与主体沟通、合作，为项目的科学开展提供一定的技术支持。

PPP 模式下的农地整治项目参与主体众多，各参与主体因执行任务而形成复杂明确的协作关系。通过这些参与主体的有效合作，能够顺利完成项目的各项任务，从而实现项目的总体目标。

5.2.1.4   项目组织结构的构建

项目组织结构研究就是对各参与主体在项目中所处地位情况的分析，分析各主体在项目中扮演的角色和发挥的作用，保证项目所需资源能够及时获得。通过对 PPP 模式下农地整治项目任务–资源和主体–资源的分析，研究各主体在任务上的协作关系，从而构建了立足于整个参与方的项目组织结构，如图 5-9 所示。

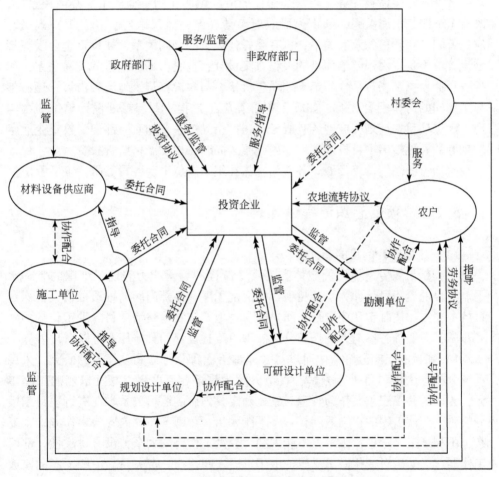

图 5-9   PPP 模式下农地整治项目的组织结构

PPP 模式下的农地整治项目参与方众多，参与主体间交流与协作频繁，信息量大，传统的组织结构模式已经不适用于 PPP 项目的管理。PPP 模式下农地整治项目的组织结构应立足于项目全局，综合集成各个参与主体的新型项目组织结构。从图5-9看，这种组织结构模式是以投资企业为核心管理者，而其他参与主体则是处于地位平等的项目实施者。这种组织结构模式具有高度的灵活性，投资企业可以根据项目的任务需要，重新选配参与主体，调整各参与主体的协作，以适应新的环境，体现了项目组织的高度柔性。同时，在这种组织模式下，信息流动性的能力增强，各组织间的信息壁垒被打破，各参与主体间的信息沟通加强，从而实现资源的共享，提高管理效率。

各个参与主体在任务上相互合作，形成组织协作网，构成了复杂的关系网，既有上下级的隶属关系，如市人民政府、县（区）人民政府、乡（镇）人民政府三者间存在严格的隶属关系；也有委托代理下的合同关系，如投资企业委托规划设计单位负责农地整治项目的工程方案设计；也有市场环境下的交易关系，如投资企业根据市场行情，确定土地承包价格，与农户签订土地流转协议；还有参与主体间的协作配合关系，如施工单位在施工过程中，与规划设计单位多次沟通，确保项目按计划完成；还有服务/监管/指导关系，如政府部门为投资企业营造良好的农地整治项目投资环境，做好服务同时，也要严格监管投资企业，保证农地整治行业健康持续发展。各参与主体在组织岗位上，各司其职，各尽所长。

5.2.2　项目组织流程设计

（1）流程设计的目的和任务

流程是组织传递能力的载体和工具，流程的运营能力表现了组织的管理水平。项目的流程设计即为了避免项目的混乱无序和各部门间的推诿扯皮，确保项目的各项工作按既定程序进行，而科学合理地安排农地整治项目各项工作的顺序和步骤，并明确各参与方的任务分工。项目流程设计的具体任务有以下几个。

1）项目的工序分解，即通过对农地整治项目总目标和总任务的研究，采用系统分析方法将项目进行分解，直至分解为许多相互联系、相互依赖的工序单元，并以这些工序单元作为管理对象，确定其先后的逻辑关系。在进行项目工序分解时，要使工序的粗细适度，工序不能太粗，否则工序的内容与操作方式太复杂，不利于工序管理；工序也不能太细，否则工作范围太窄，没有挑战性，部门工作僵化，妨碍对变化做出反应。由于工序之间存在一定关系，一些工序的完成是另一些工序开始或完成的必要条件，因此，为了确定一项工序的开始和完成时间，必须先要分析其相关工序有哪些，将相关工序一一罗列，并确定各工序间的逻辑关系。

2）构建责任分配矩阵。责任分配矩阵（responsibility assignment matrix, RAM），是一种将所分解的工作任务落实到具体的参与主体，并明确表示各个参与主体在组织中的任务、责任和地位的工具，它结合项目组织结构和工作分解结构，不仅确保项目每项工作都有相关负责人，也清楚地反映出项目各参与主体间的工作责任和相互关系（余健俊，2004）。在农地整治项目工序分解的基础上，通过构建项目工作流程中的责任分配矩阵，确定项目参与主体之间的职责关系、权利界限和工作联系，从而对项目流程进行控制，保证各项职能的实施。

3）绘制项目管理流程图。在项目工序分解、责任矩阵构建的基础上，绘制农地整治项目的管理流程图。项目管理流程图就是通过一定的图形符号将流程的要素按照一定顺序与结构描述出来，从而反映出流程的信息处理过程。通过管理流程图的绘制，明确关键子流程，并清楚表述出各个关键流程与战略目标的关系。

依据项目生命周期维度，PPP 模式下农地整治项目的组织流程设计可划分为项目立项流程、规划设计流程、组织施工流程和运行管护流程设计。

（2）项目立项流程

PPP 模式下农地整治的项目立项阶段主要包括农业产业化信息的收集和分析、农地整治项目可行性分析和项目申报审批等内容。

1）工序分解。PPP 模式下农地整治的项目立项阶段包括签订流转协议、项目土地勘测、项目可行性分析、提交项目申请、项目资料审核和项目立项入库等任务，而各项任务又由若干工序构成。因此，项目前期决策阶段包括的工序如下：

①项目目标系统的建立与分析；②提出农地流转及农地整治意向；③召开民主会议，征求相关意见；④确定农地流转与农地整治的具体事项；⑤签订农地流转及农地整治协议；⑥签订土地权属调整协议；⑦项目土地勘测；⑧可行性研究并提出报告；⑨提交项目申请报告；⑩审核项目申报材料；⑪实地勘察项目区；⑫确定项目区；⑬签订投资协议；⑭申请项目备案；⑮项目立项入库。

2）构建责任分配矩阵。PPP 模式下农地整治的项目立项阶段，涉及的参与主体有投资企业、村委会、农户、勘测单位、可研设计单位和政府部门。在工序分解的基础上，明确各项工序的主办、协办和配合单位，对项目前期策划阶段的各参与主体进行管理职能分工，并通过构建责任分配矩阵，使项目的职能分工更清晰严谨，见表5-5。

表5-5　PPP 模式下农地整治项目立项流程的责任分配矩阵

工序代码	工序内容	投资企业	农户	村委会	勘测单位	可研设计单位	政府部门
1	项目目标系统的建立与分析	DP	—	—	—	—	I
2	提出农地流转及农地整治意向	DP	—	A	—	—	—

续表

工序代码	工序内容	投资企业	农户	村委会	勘测单位	可研设计单位	政府部门
3	召开民主会议，征求相关意见	DA	A	P	—	—	—
4	确定农地流转与农地整治的具体事项	DP	DP	AT	—	—	—
5	签订农地流转及农地整治协议	DP	DP	AT	—	—	—
6	签订土地权属调整协议	—	A	DP	—	—	C
7	项目土地勘测	DC	TS	TS	DP	—	—
8	可行性研究并提出报告	DC	TS	TS	DP	—	T
9	提交项目申请报告	DP	A	A	—	—	—
10	审核项目申报材料						DP
11	实地勘察项目区	A	A	A			DP
12	确定项目区						DP
13	签订投资协议	DP	A				DP
14	申请项目备案						DPC
15	项目立项入库						DPI

注：D 为决策；P 为执行；A 为参加；T 为协作；S 为监督；C 为审查；I 为信息

从表 5-5 看，投资企业在项目立项阶段，通过建立并分析农地整治项目的目标系统，向村委会提出农地流转及农地整治的意向，并参加由村委会组织的村民大会，与项目区的农户就农地流转与农地整治的具体事项展开讨论，签订相关协议。协议签署后，投资企业与可研设计单位签订可行性研究合同，由可研设计单位对农地整治项目进行可研设计，并向投资企业提交可研报告。投资企业与农户在可研方案达成一致后，由投资企业和农户联合向政府部门递交项目申报材料。政府部门对递交的申请材料进行审查，并组织有关部门到申请项目区进行实地勘察，依据项目区选择原则，确定项目区，并与投资企业签订投资协议，并向上级主管部门申请项目立项入库。

3）绘制管理流程图。PPP 模式下农地整治的项目立项流程图如图 5-10 所示。

（3）规划设计流程

项目规划设计阶段主要包括项目资料收集、项目实地踏勘、编制规划方案和成果上报审批等内容。

1）工序分解。PPP 模式下农地整治项目的规划设计阶段包括的工序如下：①选择规划设计单位；②部署项目资料收集的准备工作；③收集项目有关资料；

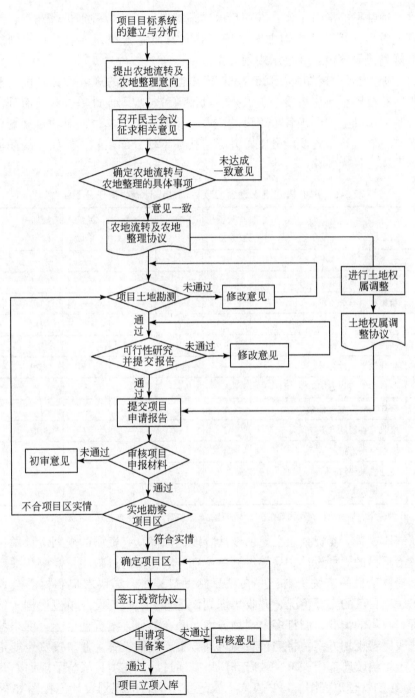

图 5-10 PPP 模式下农地整治的项目立项流程图

④部署实地踏勘的准备工作；⑤项目区实地踏勘；⑥收集规划设计意见；⑦制订多个规划方案；⑧召开规划方案听证会；⑨修改完善规划方案；⑩规划成果上报；⑪规划成果评审；⑫公示规划方案。

2）构建责任分配矩阵。PPP模式下农地整治项目的规划设计阶段，涉及的参与主体有投资企业、村委会、农户、勘测单位、规划设计单位和政府部门。在工序分解的基础上，明确各项工序的主办、协办和配合单位，对项目规划设计阶段各参与主体进行管理职能分工，并通过构建责任分配矩阵，使项目的职能分工更清晰严谨，见表5-6。

表5-6 PPP模式下农地整治项目规划设计流程责任分配矩阵

工序代码	工序内容	投资企业	农户	村委会	勘测单位	规划设计单位	政府部门
1	选择规划设计单位	DP	—	—	—	—	—
2	部署项目资料收集的准备工作	—	—	—	—	AT	DPI
3	收集项目有关资料	—	—	—	—	DP	TI
4	部署实地踏勘的准备工作	—	AT	PI	T	DP	—
5	项目区实地踏勘	—	DP	AT	—	—	—
6	收集规划设计意见	TI	TI	TI	—	DP	TI
7	制订多个规划方案	I	—	—	—	DP	—
8	召开规划方案听证会	A	A	T	—	DP	—
9	修改完善规划方案	C	—	—	—	DP	—
10	规划成果上报	DP	—	—	—	—	—
11	规划成果评审	T	—	—	—	T	DPI
12	公示规划方案	D	T	T	—	P	—

注：D为决策；P为执行；A为参加；T为协作；S为监督；C为审查；I为信息

从表5-6看，投资企业在规划设计阶段，选择具有资质的规划设计单位进行农地整治项目的规划设计。规划设计单位在开展工作的过程中，需要相关政府部门为其提供项目的有关资料，并在项目踏勘过程中，需要农户和村委会积极配合，了解项目区的实际情况，并收集规划设计意见。规划设计单位根据实地踏勘以及资料收集的情况，制订多个规划方案，并在规划方案听证会上，征求各方意见，修改完善规划方案，将完善后的规划方案递交给投资企业。投资企业审查无误后，上报给政府部门评审，政府部门审查通过后，在项目区公示规划方案。

3）绘制管理流程图。PPP模式下农地整治项目的规划设计流程图如图5-11所示。

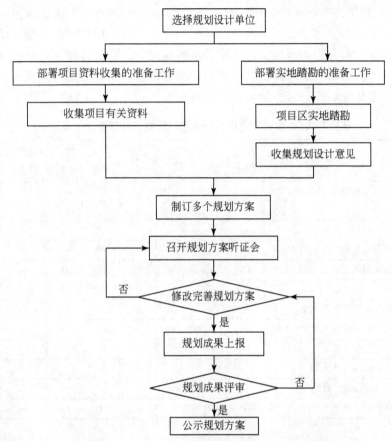

图 5-11　PPP 模式下农地整治项目规划设计流程图

（4）组织施工流程

项目组织施工是农地整治项目的重要阶段，直接产生项目的最终产品。组织施工分施工准备、施工建设和竣工验收三个任务，每个任务又由若干子任务构成。

1）工序分解。PPP 模式下农地整治项目的组织施工阶段包括的工序如下：①选择材料供应商和施工单位；②成立项目指挥部；③编制施工图预算施工预算；④施工图纸会审；⑤组建施工队伍；⑥施工现场控制网测量；⑦临时设施搭建；⑧施工物资准备；⑨施工材料设备入场；⑩制订项目进度计划；⑪项目进度检查；⑫项目进度计划调整；⑬建立项目质量责任制；⑭完善质量监督机制；⑮加强质量问题整治；⑯制订项目成本开支计划；⑰项目成本核查；⑱项目成本校正；⑲施工变更申请；⑳施工变更审核；㉑变更项目实施；㉒提交竣工验收申请；㉓项目竣工材料审核；㉔现场踏勘验收；㉕项目总体验收。

2）构建责任分配矩阵。PPP 模式下农地整治项目的组织施工阶段，涉及的参与主体有政府部门、投资企业、村委会、农户、施工单位、规划设计单位、材料设备供应商和非政府部门。在工序分解的基础上，明确各项工序的主办、协办和配合单位，对项目组织施工的各参与主体进行管理职能分工，并通过责任分配矩阵，使项目的职能分工更清晰严谨，见表 5-7。

表 5-7 PPP 模式下农地整治项目组织施工流程责任分配矩阵

工序代码	工序内容	投资企业	政府部门	农户	村委会	施工单位	规划设计单位	材料设备供应商	非政府部门
1	选择材料设备供应商和施工单位	DP	—	—	—	—	—	—	—
2	成立项目指挥部	—	—	—	—	DP	A	A	—
3	编制施工预算和施工图预算	—	I	—	—	DP	—	—	I
4	施工图纸会审	AC	AC	—	—	DP	AC	—	—
5	组建施工队伍	—	—	A	—	DP	—	—	—
6	施工现场控制网测量	—	—	AT	—	DP	—	—	—
7	临时设施搭建	—	—	ATS	—	DP	—	—	—
8	施工物资准备	—	—	S	S	DT	—	DP	—
9	施工材料设备入场	—	—	S	S	DT	—	DP	—
10	制订项目进度计划	T	—	—	—	DP	—	—	—
11	项目进度检查	DP	DP	T	—	T	—	—	—
12	项目进度计划调整	TI	TI	—	—	DP	—	—	—
13	建立项目质量责任制	DP	DP	—	—	A	—	A	—
14	完善质量监督机制	DP	DP	AT	AT	—	—	—	—
15	加强质量问题整治	DP	—	T	T	A	—	A	—
16	制订项目成本开支计划	D	—	A	—	P	—	P	—
17	项目成本核查	DP	DP	—	—	—	—	—	—
18	项目成本校正	DI	DI	—	—	P	—	P	—
19	施工变更申请	—	—	AT	—	DP	—	—	—
20	施工变更审核	DP	DP	—	—	—	AT	—	—
21	变更项目实施	I	I	A	—	DP	—	—	—
22	提交竣工验收申请	—	—	—	—	DP	—	—	—
23	项目竣工材料审核	DP	DP	—	—	—	—	—	—
24	现场踏勘验收	DP	DP	T	T	—	A	—	—A
25	项目总体验收	—	DPI	—	—	—	—	—	—

注：D 为决策；P 为执行；A 为参加；T 为协作；S 为监督；C 为审查；I 为信息

3）绘制管理流程图。PPP 模式下农地整治项目的组织施工流程图如图 5-12 所示。

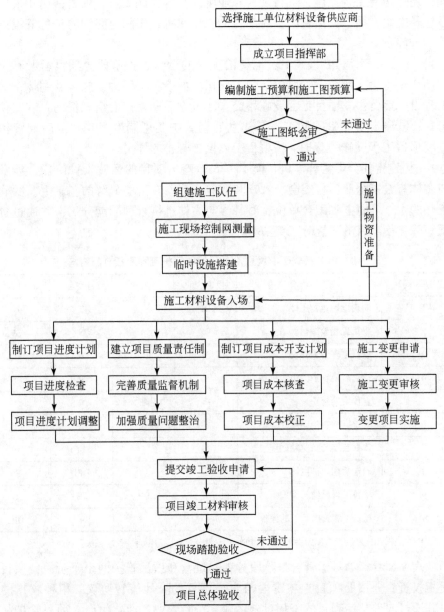

图 5-12　PPP 模式下农地整治项目组织施工流程图

（5）运营管护流程

项目运营管护阶段主要是指农地整治项目建设后，投资企业依据当初签订的合同，通过运营工程设施，进行现代农业生产。合同期满后，项目区内相应的基础设施转交给村委会，由村委会对项目的农田水利、田间道路和防护林等设施进行管理和养护。

1）工序分解。PPP 模式下农地整治项目的运营管护阶段分项目运营和项目管护两个子阶段，两个子阶段包括的工作任务如下：①明确设施运营主体；②项目工程设施运营；③项目工程设施移交；④成立后期管护的组织机构；⑤宣传后期管护；⑥制定后期管护制度；⑦建立后期管护奖惩制度；⑧确定后期管护主体；⑨项目工程设施的管护；⑩项目工程设施管护的评价。

2）构建责任分配矩阵。PPP 模式下农地整治项目的运营管护阶段，涉及的参与主体有投资企业、村委会、农户和政府部门。在工序分解的基础上，明确各项工序的主办、协办和配合单位，对各参与主体进行管理职能分工，并通过责任分配矩阵，使项目的职能分工更清晰严谨，见表5-8。

表 5-8　PPP 模式下农地整治项目运营管护流程责任分配矩阵

工序代码	工序内容	投资企业	农户	村委会	政府部门
1	明确设施运营主体	DP	—	T	D
2	项目工程设施运营	DP	A	S	SI
3	项目工程设施移交	DP	—	P	C
4	成立后期管护的组织机构	—	—	P	D
5	宣传后期管护	—	AT	P	D
6	制定后期管护制度	—	A	DP	DS
7	建立后期管护奖惩制度	—	A	AT	DP
8	确定后期管护主体	—	AT	DPI	S
9	项目工程设施的管护	—	DP	TS	SC
10	项目工程设施管护的评价	—	—	A	DP

注：D 为决策；P 为执行；A 为参加；T 为协作；S 为监督；C 为审查；I 为信息

从表5-8看，项目运营管护阶段分项目运营和项目管护两个子阶段，项目运营是指投资企业按照项目立项阶段与农户签订的农地流转协议，租种农户的土地，并通过农地整治项目的工程设施运营，进行农业产业化生产。项目管护是指投资企业与农户签订的农地流转租期到期时，将农地整治的工程设施移交给村委会，由村委会确认后期管护主体，对工程设施进行监督管理。

3）绘制管理流程图。PPP 模式下农地整治项目的运营管护流程图如图 5-13 所示。

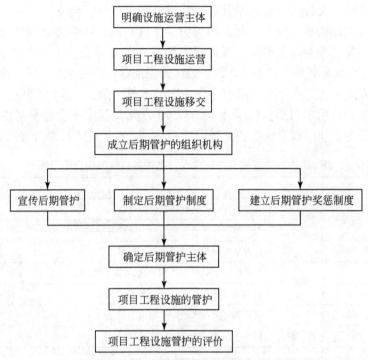

图 5-13 PPP 模式下农地整治项目管护运营流程图

5.3 实例分析——以长沙县春华镇宇田蔬菜基地为例

5.3.1 项目基本概况

（1）项目背景

为加快实施城乡"菜篮子"工程，调整产业结构，保障市场供应，增加农民收入，中共长沙县委、县政府于 2011 年提出了《关于加快蔬菜产业发展的意见》（长县发〔2011〕10 号）。该文件指出要以市场需求为导向，以基地建设为基础，以品牌打造为重点，以产品质量为核心，引导产业规模化、标准化发展，不断提高产业化水平。长沙县从 2011 年起，连续三年县财政每年用于发展蔬菜产业的基金不低于 2000 万元，预计到 2013 年，长沙县建成常年蔬菜基地面积为 6666.67hm^2，其中新建标准化基地 1333.33 hm^2（2011 年新建 466.67 hm^2，2012

年新建 466.66 hm^2，2013 年新建 400.00 hm^2），对新建的标准化蔬菜基地，比照
市级标准，给予对等补贴；对新建钢架大棚、喷滴灌等生产设施按实际造价的
50% 予以补贴。文件指出要鼓励社会力量投资蔬菜产业，建立以龙头企业、合作
组织投资为主体的多元投入机制，积极引导支持农民和社会力量以资金、土地等
多种形式入股，参与蔬菜产业的基地开发和龙头企业建设。文件中要求县国土局
对蔬菜批发交易市场和蔬菜基地建设，要优先保证建设用地指标，同时按照"先建
后补"的方式，将蔬菜标准化基地建设纳入国土整理项目。2011 年度，长沙市级
农村土地综合整治项目总投资预计 10 051.00 万元，其中用于蔬菜基地土地整理
项目的投资为 2300.00 万元，占总投资额的 22.88%，具体投资情况见表 5-9。

表 5-9　2011 年度长沙市级农村土地综合整治项目汇总表

项目类型	序号	县（市）	项目名称	预算上限/万元
一般农村土地综合整治项目	1	长沙县	开慧县开明村土地综合整治项目	1 012.00
	2		果园镇红花村、杨泗庙村土地综合整治项目	600.00
	3		江背镇金洲村土地综合整治项目	300.00
	4	望城区	白箬铺镇胜和村（二期）土地综合整治项目	602.00
	5		靖港镇农溪村（二期）土地综合整治项目	964.00
	6	浏阳市	龙伏镇坪上村土地综合整治项目	800.00
	7		镇头镇跃龙村土地综合整治项目	544.00
	8		北盛镇乌龙社区居委会土地综合整治项目	300.00
	9	宁乡县	宁乡县打成桥镇水盛等三个村土地综合整治项目	1 965.00
	10	先导区	岳麓区莲花镇大华村土地综合整治项目	664.00
	小计			7 751.00
蔬菜基地土地整理项目	1	长沙县	春华镇武塘村、金鼎山村蔬菜基地土地整理项目	590.00
	2		黄花镇长丰村蔬菜基地土地整理项目	300.00
	3	望城区	白箬铺镇龙塘村蔬菜基地土地整理项目	220.00
	4		高塘岭镇原佳村蔬菜基地土地整理项目	50.00
	5	浏阳市	普迹镇双洲村蔬菜基地土地整理项目	260.00
	6		达浒镇金石村蔬菜基地土地整理项目	390.00
	7	岳麓区	坪塘镇白泉等三个村蔬菜基地土地整理项目	190.00
	8	开福区	捞刀河镇汉回村蔬菜基地土地整理项目	300.00
	小计			2 300.00
合计				10 051.00

资料来源：长沙市国土资源局《关于 2011 年市级农村土地综合整治项目立项的通知》（长国土资办发
〔2011〕11 号）

（2）项目概述

长沙县宇田蔬菜基地是由长沙县宇田蔬菜专业合作社承建并自主经营管理的叶类菜标准化生产基地。合作社成立于 2007 年 11 月，注册资金 100 万元，入社成员 311 户。合作社在 2008 年启动了"春华标准化蔬菜基地建设及蔬菜产业化开发项目"，宇田蔬菜基地分三期，完成时间为 5 年，即 2009~2013 年。第一期蔬菜基地项目于 2009 年 3 月启动，总面积为 80hm²，涉及春华山村高台组、向阳组等 6 个村民小组；第二期项目于 2009 年 11 月启动，项目总面积 100hm²，涉及春华山村雅雀组、荷湖垅组等 7 个村民小组。截至目前为止，宇田蔬菜基地项目已完成一、二期建设，并已投入使用。宇田蔬菜专业合作社于 2011 年 7 月向长沙县国土资源局递交了《关于对宇田蔬菜武塘、金鼎山土地整理项目自行组织施工的请示》，准备将长沙县春华镇武塘村 72.06 hm² 和金鼎山村 140.25 hm² 纳入第三期蔬菜基地土地整理项目中，并按照以补代投，由项目单位自筹资金，自行组织施工，按照"整理一片、验收一片、补助一片"的模式迅速组织施工。目前，该项目已获得长沙市相关部门批准，被列入 2011 年度长沙市级农村土地综合整治项目计划中。

宇田蔬菜基地第三期项目规模为 212.31hm²，涉及春华镇武塘村和金鼎山村两个行政村。其中武塘村位于长沙县春华镇东部，现辖 38 个村民小组，全村共有 1279 户，人口总数 4585 人。村内耕地面积 325.27hm²，地势较为平坦。村内有 S207 线和开元东路延线两条主道通过，具有极为明显的交通优势；村内水资源丰富、土壤肥沃，是农业产业发展的优势区域。金鼎山村位于长沙县春华镇中部，现辖 25 个村民小组，全村共有 1002 户，人口总数 3549 人。村内耕地面积 216.53 hm²，土壤肥沃，地势较为平坦。由于历史原因，武塘村和金鼎山村内耕地尚未整理，田块高低不平、大小不一；排灌沟渠设计不合理，灌排不畅；无机耕道路，不适宜农业机械化耕作。为改变村内农业耕作条件，促使产业发展，提高土地综合利用效率，促进集约化生产和规模化经营，促进农业增产和增效，将武塘村 72.06 hm² 和金鼎山村 140.25 hm² 的土地纳入到宇田蔬菜基地第三期项目中。

5.3.2　宇田蔬菜基地土地整理项目组织设计

（1）项目数据采集

任务、资源和主体是项目组织的构成要素，基于混合遗传算法进行项目组织设计时，必须确定初始输入数据，包括任务集、资源集和主体集的各具体属性。根据宇田蔬菜基地第三期项目——春华镇武塘村、金鼎山村蔬菜基地土地整理项目的工作任务、涉及的参与主体和所需的各种资源，确定相关属性数据。

　　1）项目任务属性数据。PPP 模式下农地整治项目划分为项目立项、规划设计、组织施工和运营管护四个阶段。其中运营管护阶段是指农地整治项目竣工验收后，相关主体使用项目工程设施进行生产经营，并在使用过程中，对设施进行管护。由于运营管护阶段并未涉及农地整治项目的建设内容，因此，在本案例研究中不考虑运营管护阶段的任务，只考虑项目立项、规划设计和组织施工三个阶段的任务，包括签订流转协议、项目土地勘测、项目可行性分析、提交项目申请、项目资料审核、项目立项入库、项目资料收集、项目实地踏勘、编制规划方案、成果上报审批、项目施工准备、项目施工建设和项目竣工验收等 13 项工作任务。根据春华镇武塘村、金鼎山村蔬菜基地土地整理项目情况，任务的属性参数见表 5-10。

表 5-10　春华镇武塘村、金鼎山村蔬菜基地土地整理项目任务属性表

任务编号	任务名称	资源需求									任务时间/d
		物资		设备	资金	技术		信息			
		C_1	C_2	C_3	C_4	C_5	C_6	C_7	C_8	C_9	
T_1	签订流转协议	0	0	0	2	1	2	1	1	0	15
T_2	项目土地勘测	0	0	3	2	5	0	0	0	1	14
T_3	项目可行分析	8	0	0	1	5	0	1	1	0	14
T_4	提交项目申请	4	0	0	1	0	0	3	0	0	7
T_5	项目资料审核	6	0	0	1	0	0	0	0	1	30
T_6	项目立项入库	3	0	0	1	0	2	0	0	0	10
T_7	项目资料收集	13	0	0	1	2	0	0	0	0	7
T_8	项目实地踏勘	5	0	0	1	0	0	0	0	3	7
T_9	编制规划方案	16	0	0	1	5	0	1	1	1	14
T_{10}	成果上报审批	2	0	0	1	0	0	0	0	0	10
T_{11}	项目施工准备	2	4	2	1	0	0	0	0	3	7
T_{12}	项目施工建设	2	15	10	1	2	0	0	0	2	120
T_{13}	项目竣工验收	10	0	0	1	3	0	0	0	0	10

　　基于文章 5.1.2 部分的分析，执行农地整治项目的任务所需资源包括物资、设备、资金、技术和信息。从表 5-10 看，物资包括 C_1 和 C_2，C_1 是执行任务所需的各种文本物资，如项目区土地利用现状图等相关基础资料；C_2 是执行任务所需的各种建筑物资，如砂石等建筑材料。技术包括 C_5 和 C_6，C_5 是执行任务所需的具体操作技术；C_6 是执行任务所需的管理协调技术。信息包括 C_7、C_8 和 C_9，C_7 是执行任务所需的政策信息；C_8 是执行任务所需的市场信息；C_9 是执行

任务所需的工序信息。由于现实生活的各种资源具有不同量纲，为了便于在计算机中表示，将资源数量进行归一化处理。任务所需时间是执行任务的计划处理时间，以天为单位表示。

2）项目主体属性数据。春华镇武塘村、金鼎山村蔬菜基地土地整理项目涉及的参与主体有长沙市国土资源局、长沙县人民政府、长沙县国土局、长沙县土地整理中心、长沙县春华镇人民政府等政府部门，湖南省第一测绘院、长沙格方土地规划咨询有限责任公司、湖南骥征工程建设监理有限公司等咨询服务单位，长沙县宇田蔬菜专业合作社，春华镇武塘村村民委员会、金鼎山村村民委员和武塘村、金鼎山村的村民。各参与主体属性见表 5-11。

在表 5-11 中，主体 A_1 是指项目在开展过程中所涉及的相关政府部门，A_2 是指宇田蔬菜专业合作社，A_3 是指项目所在的村委会，A_4 表示项目区的农户，A_5 指服务咨询单位，包括可研设计单位、规划设计单位、勘测单位和监理单位等，A_6 指材料供应商。

表 5-11　春华镇武塘村、金鼎山村蔬菜基地土地整理项目主体属性表

序号	主体类型	资源能力								
		物资		设备	资金	技术		信息		
		C_1	C_2	C_3	C_4	C_5	C_6	C_7	C_8	C_9
1	A_1	10	0	0	8	0	0	5	0	0
2	A_2	2	0	8	8	2	3	0	5	3
3	A_3	2	0	0	1	0	0	0	0	3
4	A_4	0	0	0	1	0	0	0	0	0
5	A_5	20	0	3	0	5	2	0	5	1
6	A_6	0	15	5	0	0	0	0	0	0

（2）混合遗传算法求解

1）编码。根据组织设计的具体问题，需进行有效编码。在进行染色体编码时要注意两个问题，一是要反映研究问题的性质，二是要便于计算机处理。在本案例中，对于任务的资源需求分配直接采用基于划分结果的整数编码。

2）生成初始种群。混合遗传算法求解模型的精度不仅取决于初始种群中个体数目，且与初始种群在取值域上的分布状态也有较大关系，所以应使初始种群在取值域上尽量均匀分布。初始种群的数量通常取 50～200，在本案例中，初始种群数量 ZN 设为 200。

3）适应度值的评价检测。适应度值反映了个体或解的优劣性。对适应度值的求解，因问题的不同，所定义的适应度函数也会有所差异。本书中群体的适应

度值取决于 M_{os} 的值，M_{os} 的值越小，表示染色体被选中的概率越大。

$$f = 1/M_{os} = 1 \Big/ \sqrt{\frac{1}{K} \sum_{k=1}^{K} AW_k^2} \qquad (5\text{-}14)$$

4）选择。选择操作作为混合遗传算法的基本操作之一，是指按照一定的规则和方法从当前群体中选出优秀的个体，并将其作为父代，进行下一代繁殖。

5）交叉。交叉是指将群体的各个个体随机搭配成对，并以某个概率交换他们之间的染色体，得到新一代个体。交叉概率 PC 一般取值为 0.5 ~ 1.0，在本案例中交叉概率 PC 取值为 0.9。

6）变异。变异操作首先在群体中随机选择一个个体，以某一概率（称为交叉概率）改变某一个或一些基因座上的基因值为其他的等位基因。变异概率 PM 一般取值为 0.0001 ~ 0.1，在本案例中变异概率 PM 取值为 0.01。

7）算法终止条件。采用规定最大迭代次数作为算法终止条件，一般最大迭代次数 GN 取值为 100 ~ 500，在本案例中 GN 取值为 200。

通过利用 Matlab2010b 进行编程，实现对算法的运行。

（3）结果分析

通过程序运行，得到适应度最佳结果出现在第 75 代种群，当迭代次数为 75 时，混合遗传算法逐渐收敛，执行项目使命的性能测度最优，完成项目的 13 项任务所需的时间为 229d，具体如图 5-14、图 5-15 和图 5-16 所示。针对任务对资源的需求和主体对资源的控制，通过混合遗传算法求解这一问题，得到参与主体通过资源在任务上的协作图，如图 5-17 所示。

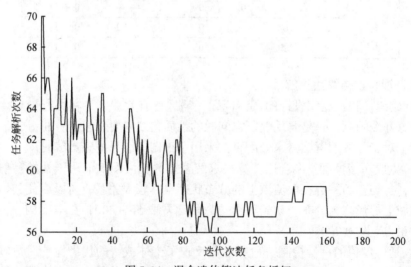

图 5-14　混合遗传算法任务拆解

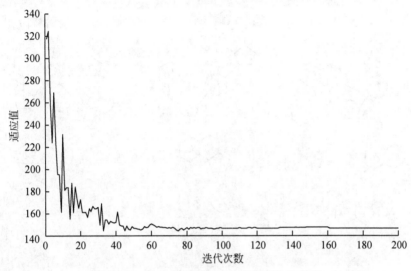

图 5-15　混合遗传算法运算过程的收敛程度

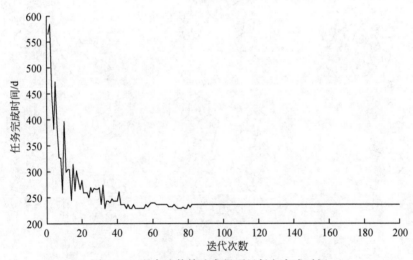

图 5-16　混合遗传算法求得项目任务完成时间

图 5-17 反映了春华镇武塘村、金鼎山村蔬菜基地土地整理项目在实施过程中，各个任务所需资源的分配以及主体通过执行任务而相互之间的协作关系。在图中可以看出，主体 A_2，即宇田蔬菜专业合作社几乎参与了项目的全过程。宇田蔬菜专业合作社在长沙县大力加强蔬菜产业发展的宏观政策环境下，通过市场调研，掌握蔬菜产业信息，考察并选定开展蔬菜产业生产的基地，通过与春华镇武

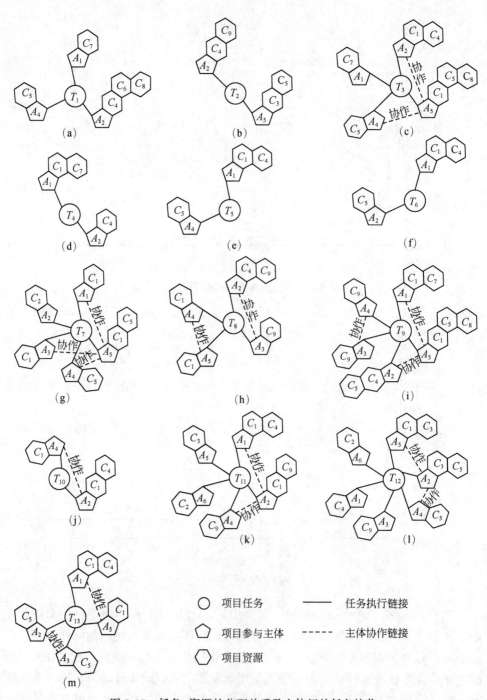

图 5-17 任务–资源的分配关系及主体间的任务协作

塘村、金鼎山村村委会和农户商讨协议，确定土地流转及开展土地整理的具体事宜。相关协议签订后，宇田蔬菜专业合作社向长沙县国土局递交开展蔬菜基地土地整理项目申请。长沙市政府部门审核通过，项目立项批复下达后，由宇田蔬菜专业合作社组织蔬菜基地土地整理项目的施工，施工完毕后，政府部门组织相关单位进行竣工验收。

5.4　结论与讨论

5.4.1　研究结论

本书通过分析 PPP 模式下农地整治项目的组织环境，根据计算机组织理论和业务流程理论，对 PPP 模式下农地整治项目的组织设计进行了研究，得到以下结论。

1）PPP 模式下的农地整治项目，通过引入投资企业参与到项目中，改变了传统模式下农地整治项目投资主体与受益主体分离、投资效益低下的状况，实现了从政府选择项目区到农民群众自愿主动申请实施农地整治项目的转变，激发了群众实施农地整治的积极性和主动性，从体制上改变了农地整治工作的被动局面。

2）从政治、经济和社会等外部环境看，PPP 模式在农地整治实践中具有广泛的应用空间。但 PPP 模式下农地整治项目的内部组织环境较为复杂，参与主体众多，而各参与主体存在于不同的组织体系中，且每个组织都有各自不同的目标、管理方式和组织文化，这些差异给各组织之间的沟通带来很大障碍，容易在组织界面上产生问题。

3）PPP 模式下农地整治项目组织界面障碍的形成，主要是由于信息黏滞、信息延迟和信息失真使得界面处各组织间的信息不对称，以及工作任务和管理职能分工不明确，影响组织间协同集成。因此，主要从以下两方面对组织界面进行管理：一是项目界面识别，划清界面界限，明确工作任务和管理职能；二是分析项目各阶段涉及的参与组织，探究各参与方之间的关系，促进界面各方的信息沟通。

4）WBS 矩阵更有利于形成清晰的组织结构、确定具体工作的分配、落实岗位责任；DSM 通过反映项目过程中各要素间的信息交互作用，有利于对项目进行可视化分析，提高项目的透明度。通过 WBS 矩阵与 DSM 的集成，既能反映农地整治项目实施过程中各工作步骤之间的相互关系，又能反映农地整治项目各分项工程的内部关联，便于及早发现农地整治项目中的相互交互信息，有助于项目的界面管理。

5）PPP 模式下农地整治项目所面临的环境具有动态性和复杂性，需要新的方法和思路构建组织结构来适应项目复杂的任务使命。混合遗传算法所设计的结构具有良好的适应性和创新性，能够与环境相适应、行动过程相匹配。

6）项目组织结构研究就是通过对各参与主体在项目中所处地位的考察，分析各主体在项目中扮演的角色和发挥的作用，保证项目所需资源能够及时获得。通过对 PPP 模式下农地整治项目任务-资源和主体-资源的分析，研究各主体在项目任务上的协作关系，从而构建立足于整个参与方的项目组织结构。

7）通过项目流程设计，能够避免项目的混乱无序和各部门间的推诿扯皮，确保项目的各项工作按既定程序进行。通过对 PPP 模式下农地整治的项目立项、规划设计、组织施工和运营管护等 4 个阶段的流程进行分析，明确项目各阶段的工作任务、各参与主体在各个任务中的职责，并通过绘制项目管理流程图，使组织流程易于解读和理解，便于项目的有效管理。

5.4.2　讨论

项目组织设计是项目管理领域重要且相对薄弱的环节，项目组织设计对项目的绩效有重大影响。针对 PPP 模式下农地整治项目的环境，设计与之相匹配的组织结构是提高农地整治项目效率的重要手段之一。由于笔者能力和研究条件有限，同时由于组织设计领域的研究内容较多，本书在研究过程中仍然存在以下不足，有待进一步研究。

1）本研究依据计算机组织理论，通过分析项目任务对资源需求情况和主体对资源的控制拥有情况，构建项目组织结构模型，并采用混合遗传算法来求解模型。因此，在建模过程中对部分因素进行简化处理，未能全面反映现实问题，对现实捕捉不完善，可能影响组织设计结果的实际运行效能。因此，将计算机组织理论运用到实际项目中，要根据项目实际情况进一步完善。

2）本书研究主要是从 PPP 模式下农地整治项目组织内部的工作流程及各参与主体的沟通协调角度进行组织设计，并假定在项目进程中，任务及参与主体预先确定，所有的任务必须分配到特定的参与主体。但在实际情况中，项目具有动态和不可预见性，有些项目的任务是根据前面任务完成情况来决定的。因此，在今后的研究中，要考虑这种动态工作流程，在任务中要加入一些随机任务。

3）组织绩效反映了项目组织实现项目目标的程度，是组织各项机能的成绩和效果，是评判组织设计合理与否的重要指标。因此，研究组织绩效评价具有重要意义。

6 PPP 模式下农地整治项目投资博弈研究

6.1 PPP 模式下农地整治项目投资主体及博弈关系

6.1.1 PPP 模式下农地整治项目投资主体及运作

在有关农地整治项目的理论与实践中，私人资金的参与形式多样（邹利林，2011）。本书选择重庆市某县区社会资金参与农地整治项目为例，根据该案例农地整治项目的运行程序提炼总结出一种较为常见的且适合我国多数区域目前发展状况的 PPP 模式。为了研究的需要，本书根据政府、投资企业、农村合作（集体）组织与农户这四大核心利益相关者在不同阶段参与投资的特点，将 PPP 模式农地整治项目的规划设计与组织施工阶段统一为规划建设期，将运营管护阶段分为企业承租经营期与农户生产经营期两个大的阶段（图 6-1）。

为更好地解释 PPP 模式农地整治项目的投资运行机制，本书将分不同阶段对各参与主体的投资行为进行分析描述，为更好地研究不同主体间的利益关系打下基础。

1）立项决策期。是从项目选址开始一直到项目立项这段时间，这一时期的参与主体是地方政府、投资企业、项目区域内的农村合作（集体）组织与农户。第一，企业受投资区域农村合作（集体）组织的委托，结合该区域的社会经济条件、农地现状与整理潜力等因素，表示有意向在此区域与其他投资主体一起出资实施农地整治项目建设，并愿意承包一定年期一定面积的农用地用于发展现代农业。第二，企业向当地政府与农村合作（集体）组织提出申请，在收到企业提出的申请后，政府结合项目区的特点及上级的要求，针对项目政府补贴的高低与企业进行谈判；同时在政府的组织下，由农村合作（集体）组织代表本村村民，与投资企业进行谈判，谈判的焦点主要集中在以下几个方面：项目政府补贴（S）；项目规划建设期投入的项目建设成本（C_k）；农户在规划建设期与企业承租经营期投工投劳量（I）；企业承租经营期（N）；农地转租费（R_t）；企业承租经营期内的农地承租面积（H_w）；企业根据农户参与项目程度分配的股息与红利

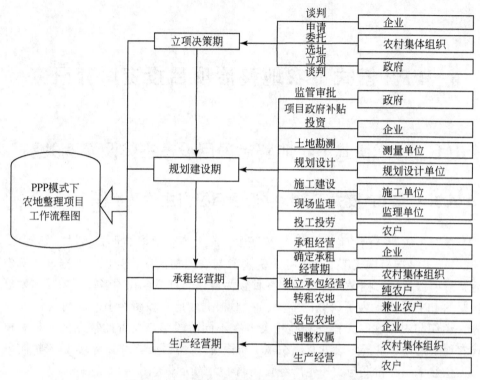

图 6-1　PPP 模式下农地整治项目运行程序图

(R_f)。第三，在各投资参与方对谈判的焦点达成一致后，将分别签订合作合同，明确各方承担的权利、责任与利益。

2）规划建设期。在投资企业与政府、农村合作（集体）组织及当地农户达成一致后，企业通过招投标的形式选择符合条件的测量单位与规划设计单位参与项目的测量与规划设计，报上级政府部门审批。在上级政府部门审批通过后，投资企业通过招投标的形式组织选择施工单位及当地农户进行施工建设。这一阶段的投资参与主体主要由投资企业、项目区内农户与地方政府构成。投资企业将会根据设计概算投入一定的资金用于项目建设；同时，企业将会根据合同规定吸收一部分农村劳动力参与项目施工建设。在项目建设过程中，由当地政府与企业分别委派专门技术人员共同参与项目协调指挥工作，项目竣工后，当地政府将会对项目进行检查验收。另外，根据《土地管理法》的规定，土地整理产生新增耕地面积的 60% 可以用作折抵建设用地指标或占补平衡指标，政府将折抵的建设用地指标或占补平衡指标在土地一级市场上交易，可以获得建设用地指标交易额。此间，根据 2010 年中央一号文件加大对农业基础设施建设投入力度的要求及投资协议的规定，政府将会对企业参与项目建设给予一定的优惠政策，其中包括：新增耕地的补偿费、贴息贷款、免税政策等形式，为研究方便，本书将其统称为项目政府补贴。

3）企业承租经营期。在政府验收工作完成以后，项目将交由投资企业与农户共同管护经营。投资企业根据与农村合作（集体）组织谈判确定的企业承租经营期选择一定面积的农地承租耕种。企业耕种的农地一方面来源于农地整治以后增加的耕地面积；另一方面来源于转包兼业农户的农地。纯农户将继续耕种原来面积的农地，兼业农户将根据家庭情况转包一定面积的农地由企业经营，同时转移一部分劳动力参与到企业中来。

4）农户生产经营期。在投资企业的承租经营期结束以后，企业将耕种的农用地返包给农户耕种，农村合作（集体）组织将重新进行权属调整划分农地。

6.1.2 PPP 模式下农地整治项目投资的基本博弈关系

根据前文分析可得，PPP 模式下农地整治项目投资中存在着以下几种博弈关系（图6-2）。

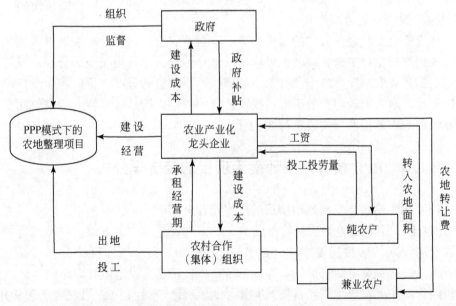

图 6-2　PPP 模式下农地整治项目利益相关者的博弈关系图

（1）政府与投资企业

政府与投资企业的博弈焦点是针对项目规划建设期而形成的。在政府与投资企业的博弈中，政府的战略决策是根据项目区的特点确定给予企业项目政府补贴（S）的高低；投资企业的战略决策是根据项目政府补贴的大小选择是否接受项目，进而决定项目建设成本（C_k）的高低。为了研究方便，这里用 $\bar{S}$ 代表项目政府补贴较高时的情形，用 $\underline{S}$ 代表项目政府补贴较低时的情形；用 $\overline{C_k}$ 表示企业投入的项目建设成本较高时的情形，用 $\underline{C_k}$ 表示企业投入的项目建设成本较低时的情形。

（2）投资企业与农村合作（集体）组织

在投资企业与农村合作（集体）组织的博弈中，由于我国农村土地属于农村集体所有，所以双方博弈的焦点体现在企业承租经营期（N）上。农村合作（集体）组织的战略决策是确定企业承租经营期（N）的长短；而企业承租经营期的长短直接影响着企业在项目竣工后的农地经营效益，企业只有通过控制项目建设成本（C_k）来实现自身的经济目标。

（3）投资企业与纯农户

投资企业与纯农户的博弈发生在项目规划建设期内。在投资企业与纯农户的博弈中，纯农户的战略决策是在选择项目规划建设过程中投工投劳（I）的多少；投资企业的战略决策是根据纯农户的参与程度确定给予纯农户的工资（R_f）。

（4）投资企业与兼业农户

在投资企业与兼业农户的投资博弈中，兼业农户可以将自家农地以入股的形式加入到投资企业中来，同时也可以出一部分劳动力以获得相应的分红；投资企业则根据兼业农户投入农地及劳动力的多少给予相应的分红。所以兼业农户的战略决策是确定农地转租费的高低；投资企业的战略决策是选择转入的农地面积与兼业农户的农地租赁费或股息与红利（R_t）。

6.1.3　PPP 模式下农地整治项目的经济学分析

（1）PPP 模式下农地整治项目的成本路径分析

PPP 模式下农地整治项目的总成本（C_t）可以分为两大方面：一是投资主体在规划建设期的项目建设成本（C_k），如项目勘测费、规划设计费、工程施工费、施工监理费及后期管护成本等；二是在项目竣工后设施经济寿命期（即企业承租经营期加上农户生产经营期）内的农地经营成本（C_u），如农地承包费用、劳动力投入、农业生产的资本投入等。在项目总投入成本一定的条件下，项目运行效率的高低主要表现在项目运行质量上，如规划设计中预算编制的精确程度、规划图单体图的可实施性，项目施工过程中沟路渠建设的稳固程度、设施经济寿命期的长短，项目施工过程中风险的规避程度等。一般来讲，在项目运行中各阶段造成的损失越小、资金使用率越高，设施经济寿命期越长、项目产生的效益越明显，则认为项目的建成质量越高、项目运行效率越高。现假定，在必要的建设成本范围内，投资主体投入的项目建设成本（C_k）越高，项目设施的建成质量越高，说明项目竣工后对农业生产条件的改善程度越大、越有利于农业生产，那么农地经营成本就越低，但随项目建设成本投入的逐渐增加，农地经营成本会逐渐下降，这与边际递减规律是相符的。所以农地经营成本（C_u）是项目建设成本（C_k）的函数，即 $C_u = C_u(C_k)$；且 $\mathrm{d}C_u/\mathrm{d}C_k < 0$，$\mathrm{d}^2 C_u/\mathrm{d}C_k^2 < 0$。综上，

$$C_t(C_k) = C_k + C_u(C_k) \tag{6-1}$$

（2）PPP 模式下农地整治项目的收益路径分析

农地整治项目的经济学分析是项目评价中一个重要的研究课题，很多学者根据研究的需要针对农地整治项目的效益测算从不同角度做出了解释与评价（张正峰和陈百明，2003；张正峰和赵伟，2011）。从现有文献可以得到，学者们在评价农地整治项目综合效益时主要集中在经济效益、社会效益、生态效益与景观效益这四大方面。从农地整治项目的经济可持续、社会可持续与生态可持续三方面考虑，同时结合不同效益对不同投资主体带来的影响，本书将 PPP 模式下农地整治项目的总效益划分为经济效益、社会效益与生态效益三方面。

为便于研究，笔者首先将 PPP 模式下农地整治项目的总效益（R_t）简要分为经济效益（R_m）和非经济效益（R_n）两大类。经济效益（R_m）主要来源于两个方面：一是在农地整治项目建设过程中通过开发荒草地、整理废弃坑塘沟渠及凌乱的田坎等增加的耕地。根据《土地管理法》的规定，土地整理产生新增耕地面积的 60% 可以用作折抵建设用地指标与占补平衡指标，为表述方便，本书将折抵的建设用地指标和占补平衡指标的市场交易额统称为建设用地指标交易额（R_0）。出于加强企业投资积极性及提高资金使用效率的考虑，政府会将建设用地指标交易额的一部分用作项目政府补贴（S）。二是在项目竣工后通过经营新增耕地与原有农地产生的农地经营收益（R_u），这部分收益一方面是新增耕地经营产生的经济效益，另一方面是竣工后由于耕地质量提高、生产条件改善等引起耕地产能提高而产生的经济效益。所以，农地经营收益（R_u）也与农地产能有关，它是由项目建成质量决定，根据前文的分析，项目建成质量是由项目建设成本（C_k）决定的。因此，项目的经济效益（R_m）也是项目建设成本（C_k）的函数。综合以上分析，可将项目经济效益函数表示为

$$R_m(C_k) = R_0 + R_u(C_k) \tag{6-2}$$

当项目建设成本增加时，项目建成质量随之提高，这意味着农业生产条件得到了改善，耕地质量得到了提高。因此在经营农地时产生的经济效益（R_u）也

会相应增加；但边际效益是递减的，故有 $dR_u/dC_k > 0$，$d^2R_u/dC_k^2 < 0$。

农地整治项目运行的非经济效益（R_n）是指社会群体对项目实施的满意程度与认可程度，及其对生态环境的影响，可以将其理解为农地整治项目运行的社会效益（R_s）与生态效益（R_e）。其中，社会效益（R_s）可解释为项目竣工后耕地面积的增加在对人地矛盾的缓解上所起到的作用、农业综合生产能力的提高对粮食安全保障所起到的作用，此外还包括整理区域农民因生产与生活条件改善所增加的对项目的满意程度与认可程度等；生态效益（R_e）是指农地整治项目的实施对整理区域农业生态环境的影响。为了简化分析，本书假定农地整治项目的非经济效益与经济效益具有可传递性，所以假设 $R_s = \alpha R_m$，$R_e = \beta R_m$，即

$$R_n = (\alpha + \beta)R_m \tag{6-3}$$

式中，α、β 分别为农地整治项目的经济效益对社会效益与生态效益的贡献系数。所以项目总收益的表达式为

$$R_t(C_k) = (1 + \alpha + \beta)\big[R_0 + R_u(C_k)\big] \tag{6-4}$$

6.2　政府与企业投资分摊的博弈分析

PPP 模式下农地整治项目利益相关者的博弈关系可以用图 6-2 表示，从图中可以看出，投资企业作为项目建设运营的核心利益主体，与政府、农村合作（集体）组织、纯农户与兼业农户都存在着权利分配关系。在农地整治项目所有的成本投入中，项目建设成本的大小是决定项目运行效率高低的关键；在农地整治项目所有的收益中，给予企业的项目政府补贴对项目是否高效运行有重要影响，而这两个因素都是在政府与企业的谈判中确定下来的。所以政府与企业之间的博弈均衡结果是决定项目能否运行与运行效率高低的关键。本章则首先以政府与投资企业的博弈为研究对象，弄清楚二者的得益与战略决策满足的条件，为保证项目的顺利运行及两者做出科学决策提供参考。

6.2.1　政府与企业的博弈要素

在政府与企业的谈判中，他们的信息是公开的，即双方互相知道对方的信息，并且也知道对方清楚自己的信息，二者是完全信息条件下的动态博弈。其博弈构成的三要素见表 6-1，本书首先假定博弈的参与人、战略集合与博弈得益等要素，然后构建了一个完全信息的动态博弈模型，最后进行均衡分析。

表 6-1　政府与企业博弈三要素

参与人	政府	企业
战略集合	S	C_k
博弈得益	$U_g\ (S,\ C_k)$	$U_p\ (S,\ C_k)$

（1）参与人的界定

PPP 模式下的农地整治项目中，政府与投资企业的博弈结果直接影响着项目能否顺利实施以及资金使用效率。政府既是项目组织者、监督者与管理者，又是农村合作（集体）组织与农户等相关参与主体的代理人，既要维护本地区的经济发展需要又要维持社会和谐稳定及保护生态环境不受破坏，具体讲，政府投入一定的资金要保证当地的经济效益不受损失，同时也要使得当地的社会效益与生态效益不受破坏；企业作为市场经济主体，企业参与农地整治项目投资一方面可以提高资金使用效率，另一方面可以通过发展农业产业化带动当地农村经济发展，所以企业的直接投资会对当地政府、农村合作（集体）组织、农户等众多相关利益主体产生直接影响。因此，本书首先选择政府与企业作为农地整治项目投资参与主体，分析政府与企业投资决策的博弈过程。假设政府为有限理性的"社会经济人"，其行为目标是经济效益与社会效益整体最优化；企业作为市场经济的主体，符合理性"经济人"假设，以最大化自己的经济效益为目标，且具有权衡利弊得失及基本的利益行为选择能力。

（2）参与人的战略集合

据前文可知，项目政府补贴主要表现形式有新增耕地补偿费、贴息贷款、免税政策等优惠政策。为对企业投资产生激励效应，政府给予企业项目政府补贴的高低主要根据项目产生的新增耕地折抵建设用地指标的交易额确定。实际上，对政府来讲，项目政府补贴大小主要也是根据项目产生的新增耕地折抵的建设用地指标交易额的大小决定的，所以，本书在研究确定项目政府补贴时，认为它全部来自于建设用地指标交易额，暂且不考虑其他优惠政策①。那么，政府的战略决策是确定项目政府补贴（S）的高低，投资企业的战略决策是根据政府给予的项目政府补贴的高低选择接受（Y）或者拒绝（N）该项目。如果企业接受项目，企业则根据自身经济利益最大化的原则继续选择项目建设成本（C_k）的高低；如果企业拒绝项目，则得到相应的保留得益（保留得益是指如果企业拒绝该项目的投资而从事其他投资，从其他投资那里得到的收益）。

---

① 本书假定项目政府补贴全部来自于建设用地指标交易额，但建设用地指标交易额并不全部用作项目政府补贴，即项目政府补贴是建设用地指标交易额的充分不必要条件。

为研究方便，这里用 $\bar{S}$ 代表政府给予企业的项目政府补贴较高时的决策，用 $\underline{S}$ 代表项目政府补贴较低时的决策；用 $\overline{C_k}$ 表示企业选择投入较高的项目建设成本，用 C_k 表示企业选择较低的项目建设成本。一般认为，政府选择给予企业的项目政府补贴越高，政府的收益越低；反之，政府选择给予企业的项目政府补贴越低，政府的收益越高。所以政府的战略集合 $S_g = \{\bar{S}, \underline{S}\}$；投资企业的战略集合 $S_p = \{\overline{C_k}, \underline{C_k}\}$。

（3）参与人的博弈得益

对企业来讲，企业的收益来源于政府分配的项目政府补贴（S）及企业承租经营期内经营农地的收益（R_p）；企业投入的成本则是项目规划建设期的项目建设成本（C_k）加上企业承租经营期内的农地经营成本（C_p）①。根据前文分析，企业在企业承租经营期内的农地经营成本（C_p）与经营收益（R_p）都是由项目质量（与 C_k 有关）决定的，所以企业的得益函数是项目政府补贴（S）与项目建设成本（C_k）的函数，即 $U_p = U_P(S, C_k)$。

综合以上分析可以得到企业得益函数的表达式为

$$U_p(S, C_k) = S + R_p(C_k) - C_p(C_k) - C_k \tag{6-5}$$

从政府的角度讲，本书将农地整治项目带来的所有新增耕地折抵的建设用地指标交易额（R_0）作为政府的收益，其次是项目产生的社会效益（R_s）②；政府的支出成本则是其分配给投资企业的那一部分项目政府补贴（S）。所以，政府的得益函数也是项目政府补贴与项目建设成本（C_k）的函数，即 $U_g = U_g(S, C_k)$。

综合上述分析，政府的得益函数可表示为

$$U_g(S, C_k) = (1 + \alpha)R_0 + \alpha R_u(C_k) - S \tag{6-6}$$

式中，α 为农地整治项目的经济效益对社会效益的贡献系数；R_u 为项目竣工后农地经营收益。

6.2.2 政府与企业博弈模型的构建与求解

（1）博弈过程

根据本书前文描述的 PPP 模式下农地整治项目的运行程序，可以对政府与企业的博弈过程做简要描述。

---

① 本书不考虑在谈判过程中产生的交易成本。
② 本书未将生态效益划归政府所得，而是归为农村合作（集体）组织所得。

1) 在企业选定某一项目决定与政府进行谈判时，首先由政府确定给予企业的项目政府补贴（S）的高低，项目政府补贴专款专项用于项目建设。

2) 投资企业观察政府给予的项目政府补贴值后，决定接受或拒绝接受项目的建设经营。企业若表示愿意接受，则选择在项目规划建设期投入的项目建设成本为 C_k（$C_k \geqslant C_0$）；若选择拒绝，则将得到保留得益（U_0）。

3) 政府与企业会就项目政府补贴（S）与项目建设成本（C_k）的高低展开博弈，以确保各自在项目投资中的效用最优化。

（2）博弈模型的构建

本书分别用博弈的战略式和扩展式表述政府与企业之间的博弈关系及其效用（图 6-3、图 6-4），根据图 6-3 和图 6-4 可以看出，政府在选择任一策略时企业都会有相应的策略使之达到最终的子博弈精炼纳什均衡。

根据图 6-3 和图 6-4 所示的结果，可以得到，在政府提供的项目政府补贴确定后，企业拒绝项目的建设经营，此时企业的得到效用是其保留效用 U_0[①]；在政府分配给企业的项目政府补贴确定的条件下，如果企业表示愿意接受，那么：

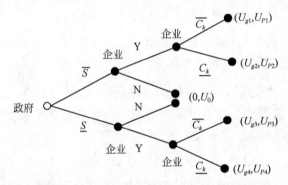

图 6-3　PPP 模式下农地整治项目政府与企业投资博弈扩展式

U_{g1} 表示政府提供项目政府补贴较高时，企业表示愿意接受，且选择高项目建设成本时政府的得益，可将其表示为

$$U_{g1}(\overline{S}, \overline{C_k}) = (1 + \alpha)R_0 + \alpha \overline{R_u}(\overline{C_k}) - \overline{S} \tag{6-7}$$

U_{p1} 表示政府提供项目政府补贴较高时，企业表示愿意接受，且选择高项目建设成本时企业的得益，可将其表示为

---

① 即使政府给予企业项目政府补贴较高时，企业也会拒绝项目，这主要是由企业与农村合作（集体）组织和农户的谈判结果决定的，这将在下一节做进一步探讨。

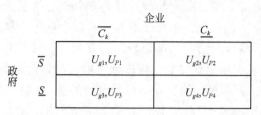

图 6-4 PPP 模式下农地整治项目政府与企业投资博弈战略式

$$U_{p1}(\bar{S}, \ \overline{C_k}) = \bar{S} + \overline{R_p}(\overline{C_k}) - \overline{C_p}(\overline{C_k}) - \overline{C_k} \tag{6-8}$$

U_{g2} 表示政府提供项目政府补贴较高时，企业表示愿意接受，且选择低项目建设成本时政府的得益，可将其表示为

$$U_{g2}(\bar{S}, \ \underline{C_k}) = (1 + \alpha)R_0 + \alpha \underline{R_u}(\underline{C_k}) - \bar{S} \tag{6-9}$$

U_{p2} 表示政府提供项目政府补贴较高时，企业表示愿意接受，且选择低项目建设成本时企业的得益，可将其表示为

$$U_{p2}(\bar{S}, \ \underline{C_k}) = \bar{S} + \underline{R_p}(\underline{C_k}) - \underline{C_p}(\underline{C_k}) - \underline{C_k} \tag{6-10}$$

U_{g3} 表示政府提供项目政府补贴较低时，企业表示愿意接受，且选择高项目建设成本时政府的得益，可将其表示为

$$U_{g3}(\underline{S}, \ \overline{C_k}) = (1 + \alpha)R_0 + \alpha \overline{R_u}(\overline{C_k}) - \underline{S} \tag{6-11}$$

U_{p3} 表示政府提供项目政府补贴较低时，企业表示愿意接受，且选择高项目建设成本时企业的得益，可将其表示为

$$U_{p3}(\underline{S}, \ \overline{C_k}) = \underline{S} + \overline{R_p}(\overline{C_k}) - \overline{C_p}(\overline{C_k}) - \overline{C_k} \tag{6-12}$$

U_{g4} 表示政府提供项目政府补贴较低时，企业表示愿意接受，且选择低项目建设成本时政府的得益，可将其表示为

$$U_{g4}(\underline{S}, \ \underline{C_k}) = (1 + \alpha)R_0 + \alpha \underline{R_u}(\underline{C_k}) - \underline{S} \tag{6-13}$$

U_{p4} 表示政府提供项目政府补贴较低时，企业表示愿意接受，且选择低项目建设成本时企业的得益，可将其表示为

$$U_{p4}(\underline{S}, \ \underline{C_k}) = \underline{S} + \underline{R_p}(\underline{C_k}) - \underline{C_p}(\underline{C_k}) - \underline{C_k} \tag{6-14}$$

（3）博弈模型的均衡分析

本书采用逆向归纳法来解决这个动态博弈的均衡问题，首先考察企业的选择。U_{p1}、U_{p3} 分别表示企业投入高项目建设成本时获得的得益，而 U_{p2}、U_{p4} 分别表示企业投入低项目建设成本时获得的得益。在政府分配的项目政府补贴一定的条件下，由于企业投入高项目建设成本得到的得益小于企业投入低项目建设成本得

到的得益，所以企业选择接受项目的条件是企业在投入高项目建设成本时得到的得益不小于其保留得益，即：$U_{p1} \geqslant U_0$ 或 $U_{p3} \geqslant U_0$，否则放弃项目。即

$$S + \overline{R_p}(\overline{C_k}) - \overline{C_p}(\overline{C_k}) - \overline{C_k} \geqslant U_0 \tag{6-15}$$

式（6-15）表明，无论政府给予企业的项目政府补贴是高还是低，只要在企业投入高项目建设成本时的得益不小于其保留得益时，企业才会接受该项目，否则拒绝项目。

如果企业愿意接受项目的建设经营，即在式（4-11）成立的条件下，企业则继续确定投入高项目建设成本还是低项目建设成本，如果 $U_{p1} \leqslant U_{p2}$ 或 $U_{p3} \leqslant U_{p4}$，企业则选择低项目建设成本。即

$$\overline{S} + \overline{R_p}(\overline{C_k}) - \overline{C_p}(\overline{C_k}) - \overline{C_k} \leqslant \overline{S} + \underline{R_p}(\underline{C_k}) - \underline{C_p}(\underline{C_k}) - \underline{C_k} \tag{6-16}$$

或

$$\underline{S} + \overline{R_p}(\overline{C_k}) - \overline{C_p}(\overline{C_k}) - \overline{C_k} \leqslant \underline{S} + \underline{R_p}(\underline{C_k}) - \underline{C_p}(\underline{C_k}) - \underline{C_k} \tag{6-17}$$

化简得

$$\overline{R_p}(\overline{C_k}) - \underline{R_p}(\underline{C_k}) \leqslant \overline{C_p}(\overline{C_k}) - \underline{C_p}(\underline{C_k}) + \overline{C_k} - \underline{C_k} \tag{6-18}$$

由式（6-18）可知，与投入低项目建设成本时相比，如果企业投入高项目建设成本得到的农地经营收益的增加值不大于其建设经营时增加的成本之差时，企业会选择投入低项目建设成本，否则将选择高项目建设成本。

对于政府来讲，在达到政府自身利益最大化的同时使企业能够接受项目且使项目的质量与效益得到保障。政府给出的项目政府补贴需要满足的条件是：①其制定的最低项目政府补贴在企业投入高建设成本时的得益至少不低于他的保留得益（$U_{p3} \geqslant U_0$）；②企业投入低建设成本时的得益不能达到其保留得益（$U_{p2} \leqslant U_0$ 且 $U_{p4} \leqslant U_0$），即使政府给出较高的项目政府补贴（$U_{p2} \leqslant U_0$）；③企业投入高项目建设成本的得益至少不少于其投入低项目建设成本的得益（$U_{p1} \geqslant U_{p2}$ 或 $U_{p3} \geqslant U_{p4}$）。即满足：

$$\underline{S} + \underline{R_p}(\underline{C_k}) - \underline{C_p}(\underline{C_k}) - \underline{C_k} \leqslant U_0 \leqslant \underline{S} + \overline{R_p}(\overline{C_k}) - \overline{C_p}(\overline{C_k}) - \overline{C_k} \tag{6-19}$$

$$\overline{R_p}(\overline{C_k}) - \underline{R_p}(\underline{C_k}) \geqslant \overline{C_p}(\overline{C_k}) - \underline{C_p}(\underline{C_k}) + \overline{C_k} - \underline{C_k} \tag{6-20}$$

（4）博弈结果分析与讨论

上文得出的博弈均衡是根据投资主体战略选择的高低来得到两者可以实现的理想范围，得到的均衡结果是一个投资区间，并未得出政府与企业之间具体投资的数量关系或分摊比例。实际上，在双方选择了 S 与 C_k 之后，政府获得的得益水平为 $U_g(S, C_k)$，企业获得的得益水平为 $U_p(S, C_k)$。政府的目标是给定企业行动的战略，选择 S 使得 $U_g(S, C_k)$ 取得最大值；而企业的目标是给定政府选择的项

目政府补贴 S，选择 C_k 使得 $U_p(S, C_k)$ 取得最大值。按照政府企业之间的博弈顺序，根据逆向归纳法，在政府给定企业项目政府补贴的情况下，企业则选择确定一定的项目建设成本以最优化自己的得益。但是，根据式(6-5) 可知，企业的得益水平不仅受到项目政府补贴(S) 与农地经营成本(C_u) 与收益(R_u) 的影响，而且还受到企业在承租经营期内农地经营成本与收益影响，然而企业经营农地产生的农地经营成本(C_p) 与收益(R_p) 是由企业承租经营期(N) 和设施经济寿命期农地经营成本(C_u) 与收益(R_u) 决定的。由图 6-1 知，企业承租经营期的长短是农村合作(集体) 组织的战略决策①，所以为使得企业自身得益最大化，企业在选择项目建设成本时，不仅要考虑项目政府补贴的大小，更要综合考虑企业承租经营期的长短，项目建设成本具体值的确定将在 6.2.3 小节做进一步详细研究。在企业选择了项目建设成本以后，政府则选择项目政府补贴，根据式 (6-6) 可知，政府的得益水平是项目政府补贴 (S) 的线性函数，企业选择的项目建设成本的大小并不直接影响项目政府补贴的高低，但是它却决定着项目竣工后的农地经营收益，进而影响政府的得益水平，所以作为理性"社会人"的政府不仅仅要考虑自身利益最大化，其更大程度上是使得项目能够顺利实施，以增加自己的社会影响力。

6.2.3　案例分析

(1) 数据来源及参数确定

为使论证结果有说服力，本国家自然基金项目课题组组织本专业的教师、在读博士生、硕士生和本科生 10 余人，自 2010 年 3 月以来，先后到湖北、江苏、湖南、重庆等地进行实地问卷调查、案例资料收集等工作。湖北省地处我国中部，是我国重要的商品粮生产基地，有"湖广熟，天下足"的民谚。受气候条件与地形的影响，该区域的农地整治的需求较大，近年来也开展了较为广泛的农地整治项目。湖北省包含江汉平原和丘陵山区，地貌类型的差异也使得该地区的土地整理项目类型多样，目前来看，该省已具备了较为成熟的农地整治项目开展经验，也形成了一批业务素质良好的市场化主体，这已走在了全国各省的前列。所以本书以湖北省某地的农地整治项目为例进行分析，根据实地调研及资料收集情况，案例素材来自课题组调研的数据。为保守商业机密，本书隐去了该农地整治项目的县市、乡镇及企业的名称。

该农地整治项目建设规模 1333.33hm²，属于低丘岗地改造项目，共分 3 个

---

① 农村合作(集体) 组织的战略选择行为将在 6.3 节做详细分析。

片区涉及 5 个行政村，计划投资总额约 6000 万元。经现场踏勘及规划设计文书资料显示，该项目一方面通过降低田坎系数使低效的林地和园地改为耕地或高效园地以提高土地质量；另一方面经整理废弃园地、灌木林地及荒草地增加的有效耕地面积约为 479.11hm²。根据当地的种植结构及种植习惯，农地经整理后种植的粮食作物为水稻和小麦，经济作物①主要包括西瓜、冬瓜、核桃等。若投入较低的项目建设成本（2.25 万～3.75 万元/hm²），即在能够满足农地基本的灌排需求及生产要求时，农户除了种植一定面积的粮食作物之外，更愿意根据整理后的农地质量及生产条件种植传统的水果蔬菜等经济作物；若投入较高的项目建设成本（3.75 万～5.00 万元/hm²），即在保证整理区所有田块平整、路沟渠及水工建筑物等基础设施完全满足生产需要时，农户除种植一定面积的粮食作物外，更愿意种植经济效益更高的核桃等作物。所以，在投入较高项目建设成本（$\overline{C_k}$）时，笔者将整理后农地经营的成本（$\overline{C_p(\overline{C_k})}$）收益（$\overline{R_p(\overline{C_k})}$）用核桃种植的投入产出表示；在投入较低项目建设成本（$\underline{C_k}$）时，将整理后农地经营成本 $[\underline{C_p(\underline{C_k})}]$ 与收益 $[\underline{R_p(\underline{C_k})}]$ 用水果蔬菜种植的投入产出表示（表 6-2）。项目投入高建设成本竣工后每公顷农地经营净收益为 3.60 万～4.20 万元/年；项目投入较低建设成本竣工后每公顷的农地经营净收益为 2.55 万～3.60 万元/年。

表 6-2 某镇农地整治项目成本与收益的数据

高政府补贴 /万元	高建设成本 /（万元/hm²）	核桃种植收益 /（万元/hm²）	核桃种植成本 /（万元/hm²）	保留得益 /万元
1500～2000	3.75～5.00	7.75～7.95	3.75～4.15	18000

低政府补贴 /万元	低建设成本 /（万元/hm²）	水果蔬菜种植收益 /（万元/hm²）	水果蔬菜种植成本 /（万元/hm²）
1000～1500	2.25～3.75	2.65～2.85	1.15～1.45

（2）博弈分析

当地农业产业化龙头企业"投资企业 A"选择某一区域准备项目投资与建设，在获得村委会同意后，村委会委托该企业向当地政府部门申请项目立项，同时该企业与国土资源局②、村委会及农户进行谈判。在国土资源局、村委会及农

---

① 指广义的经济作物，既包括棉花、油料、糖料等传统经济作物，又包括茶、桑、水果、橡胶、核桃等木本经济作物。

② 案例中认为国土资源局作为土地行政主管部门，与政府具有利益一致性，在与"投资企业 A"谈判中行使政府权力。

户协商同意下，农村合作（集体）组织将新增耕地中的 333.33hm² 无偿承租给企业经营，承租经营期为 18 年。在国土资源局与企业间的投资博弈中，国土资源局会有两种选择，给予企业较高的项目政府补贴（1500 万~2000 万元）和较低的项目政府补贴（1000 万~1500 万元）。当国土资源局给予企业较高的项目政府补贴，企业投入较高的项目建设成本时，根据当地种植结构选择经济效益较高的核桃种植，由式（6-8），企业此时得到的得益为 18 100 万~20 533 万元；当国土资源局给予企业较高的项目政府补贴，企业投入较低的建设成本时，企业会选择种植水果蔬菜等作物，由式（6-10），企业得到的得益为 4240 万~5740 万元；当国土资源局给予企业较低的补贴，企业投入较高的项目建设成本时，由式（6-12）企业选择种植核桃的得益为 17 600 万~20 034 万元；当国土资源局给予企业较低的项目补贴，企业投入较低的建设成本时，由式（6-14），企业选择种植水果蔬菜的得益为 4240 万~5740 万元。

由以上结果可以看出：企业投入高项目建设成本的得益要大于其保留得益；根据式（6-16）可得，企业投入高项目建设成本得到的得益增加值大于其投入低项目建设成本增加的成本值。所以，国土资源局为使得企业接受项目并投入较高的项目建设成本，在经过与企业反复谈判后，最后决定给予企业的项目补贴为 1800 万元，确保了"投资企业 A"对项目投资得到的得益大于其保留得益；由于该项目投入高项目建设成本得到得益的增加值大于投入低项目建设成本得到得益的增加值，所以"产业化龙头投资企业 A"最终选择投入高项目建设成本（4.5 万元/hm²）。这与本书得到的博弈均衡结果是吻合的。

6.3　企业与农村合作（集体）组织企业承租经营期的博弈分析

在 PPP 模式下农地整治项目投资的众多相关利益主体中，企业作为重要的投资参与主体之一，它是否参与及其投入项目建设成本的大小直接决定着项目能否实施及其建成质量，所以本书首先分析了企业在进入农地项目投资中需要满足的条件。实际上，在政府确定了项目补贴、企业表示愿意接受项目投资的情形下，企业只是出于利益趋向的考虑对投入项目建设成本的高低做了初步判断，并没有对项目建设成本的大小做出具体承诺。然而，作为理性"经济人"的投资企业来讲，其投资目标就是为达到自身经济效益最大化。根据式（6-5）可知，企业的得益水平不仅与项目政府补贴有关，而且还要根据企业承租经营期的长短来决定，而企业承租经营期是由农地所有者与使用者决定的。农村合作（集体）组织作为拥有农村土地所有权与承包经营权的主体，具有理性"经济社会人"的特征，会根据集体效益的最大化，确定企业承租经营期的年限。所以投资企业与农村合作（集体）组织之间的博弈结果对于 PPP 模式下农地整治项目的投资分摊机理研究具有重要意义。因此，本小节将会从各投资主体利益最大化的角度详细分析企业与农村合作（集体）组织之间的博弈过程，以期得到子博弈精炼纳什均衡，为双方做出准确的战略决策寻找切实可行的突破口。

6.3.1 企业与农村合作（集体）组织的博弈要素

博弈由参与人、参与人的战略集合及参与人的得益等基本要素构成，在企业与农村合作（集体）组织的谈判中，该三要素见表6-3。

表6-3 企业与农村合作（集体）组织博弈三要素

参与人	企业	农村合作（集体）组织
战略选择	C_k	$N(\gamma)$
博弈得益	$U_p(\gamma, C_k)$	$U_c(\gamma, C_k)$

（1）参与人的界定

企业是农地整治项目的投资建设者之一，项目竣工后企业承租经营期的长短是影响其确定项目建设成本具体值的重要因素。若企业承租经营期越长，则企业通过发展高效农业获得的收益越大，企业会投入更高的项目建设成本；相反，若企业承租经营期越短，则企业获得经营农地的总收益就会越小，那么企业将会投入较低的项目建设成本。作为农地所有者，农村合作（集体）组织决定着企业承租经营期的长短。而从农村合作（集体）组织角度讲，项目建成质量的好坏不仅影响其在农户生产经营期内农地经营的效益，而且还会对项目区的生态环境产生影响。所以二者关于企业承租经营期与项目建设成本之间存在一个博弈过程，本小节则选取二者为例，进一步探讨项目建设成本的影响因素，为企业确定投资分摊比例提供参考。假定企业具有"理性经济人"的特征，以自身经济效益最大化作为其期望得益；我国《农村土地承包法》将农村集体土地的所有权主体界定为"村民集体""村内两个以上农村合作（集体）组织的农民集体"[①]，而农村合作（集体）组织作为农村集体土地所有权的主体，在我国农村土地所有权制度下是一种虚位的状态（曾初云和杨思留，2005），因此，本书将农村合作（集体）组织作为农户的代理人，在与企业谈判过程中，农村合作（集体）

---

① 引自《中华人民共和国农村土地承包法》第十二条。

组织将根据所在区域多数农户的意见来行使农户农地转租的权利与义务，也是以本集体经济效益与生态效益最大化为博弈目标，符合理性"经济社会人"的假设。企业与农村合作（集体）组织的博弈均衡结果不仅决定两者的利益，而且还会影响政府与各类型农户的得益，所以本小节在对博弈均衡结果分析的同时也会进一步测度在纳什均衡时政府的博弈得益。

（2）参与人的战略集合

在政府确定了合理的项目政府补贴、企业选择接受项目的条件下，企业会与农村合作（集体）组织就项目建设成本与企业承租经营期的长短进行博弈。农地整治项目建设成本是企业在项目中投入总成本的重要组成部分①，项目建设成本的高低直接决定企业的经济效益，同时也对设施经济寿命期内农地经营的成本与收益产生影响，进而间接影响企业的经济效益。一般地，项目建设成本的投入越高，项目竣工后农业生产条件与农地产能都会有所提高，农地经营收益也随之提高。所以在企业与农村合作（集体）组织的博弈中，为达到经济利益最大化，企业必须确定合理的项目建设成本值。另外，项目建设成本直接决定着项目竣工后建成设施经济寿命，影响着高产能农地的使用持续性，而农村合作（集体）组织作为农地所有者，项目设施的寿命期对其收入增长起决定性作用。对双方而言，企业承租经营期的长短会直接影响各自的经济效益，而农村合作（集体）组织则根据企业投入项目建设成本的大小选择企业承租经营期限，以达到自身效益最大化的目标。综上可知，在企业与农村合作（集体）组织的博弈过程中，企业的战略决策是确定项目建设成本的取值；而农村合作（集体）组织的战略决策是确定企业承租经营期的大小。

（3）参与人的博弈得益

根据 6.1.3 小节可知，企业的收益一方面来源于项目政府补贴（S），另一方面来源于企业承租经营期内经营农地的收益（R_p）；企业的成本一方面是项目建设期内的项目建设成本（C_k），另一方面是企业承租经营期内的农地经营成本（C_p）。为研究方便，假定在项目竣工后农地经营成本和收益均衡的条件下，用 γ 表示在企业承租经营期内企业的农地经营成本与收益占项目竣工后农地经营总成本与总收益的比例；γ 也可以理解为企业承租经营期占设施经济寿命期的比例。所以在企业承租经营期内企业的农地经营成本与收益可分别表示为 γC_u、γR_u。据上文分析，企业的成本与收益是由项目建设成本与企业承租经营期决定的，所以企业的得益函数是 C_k 与 γ 的函数，即 $U_p = U_P(\gamma, C_k)$。综上所述，企业得益

---

① 项目总成本还包括设施经济寿命期内的农地经营成本。

函数的表达式为

$$U_p(\gamma, C_u) = S + \gamma R_u(C_k) - \gamma C_u(C_k) - C_k \tag{6-21}$$

农村合作（集体）组织的成本主要源于农户生产经营期投入的农地经营成本（$(1-\gamma) C_u$）。收益主要来源于三个方面：一是在农户生产经营期内经营农地得到的收益，在项目竣工后农地经营收益均衡的假设条件下，这部分收益可以表示为（$(1-\gamma) R_u$）。二是在企业承租经营期内由于农地的转出得到的机会成本，这部分收益可以理解为如果农地未承租给企业经营而是由农村集体经营带来的收益，或者说在农地承租给企业耕种的情况下，农村集体将其拥有的劳动力资本等其他生产要素投入到其他产业而带来的收益，如地租、农业机械带来的收益等。为分析方便，本书将其认为是企业承租经营期内的农地经营成本（γC_u）。三是通过项目的实施对整理区域农业生态环境带来的影响，即农地整治的生态效益（R_e），则有

$$R_e = \beta(R_0 + R_u(C_k)) \tag{6-22}$$

所以，农村合作（集体）组织的得益函数也是企业承租经营期占设施经济寿命期的比例（γ）与项目建设成本（C_k）的函数，可将其表示为

$$U_c(\gamma, C_k) = \beta R_0 + (1 + \beta - \gamma)R_u(C_k) + (2\gamma - 1)C_u(C_k) \tag{6-23}$$

式中，β 为农地整治项目的经济效益对生态效益的贡献系数；C_u、R_u 分别为项目竣工后农地经营的成本与收益。

6.3.2　企业与农村合作（集体）组织博弈模型的构建与求解

（1）博弈过程

在政府确定了项目政府补贴之后，企业与农村合作（集体）组织的博弈过程也存在一个动态谈判过程。在谈判中，双方的信息是公开的，双方互相知道彼此的信息并且双方也知道对方了解自己的信息，即双方的谈判是一个完全信息下的动态过程。他们行动的时序如下。

1）农村合作（集体）组织首先给出企业承租经营期的期限（N）。为研究方便，在假设项目竣工后项目设施的经济寿命一定的条件下，笔者认为此时相当于农村合作（集体）组织给定了企业承租经营期占项目设施经济寿命的比例（γ）。

2）企业在表示其愿意接受项目投资的条件下，观测到（并接受）农村合作（集体）组织确定的企业承租经营期（N），随后选择项目建设成本（C_k）。

3）双方就企业承租经营期①（N）与项目建设成本（C_k）展开博弈，以确保各自在项目运行中的得益水平达到最大值。

（2）博弈模型的构建与求解

当双方选择了 γ 与 C_k 后，设农村合作（集体）组织获得的得益水平为 $U_c(\gamma, C_k)$，企业获得的得益水平为 $U_p(\gamma, C_k)$，它是递增的凹函数，即 $\mathrm{d}U_p/\mathrm{d}C_k > 0$，$\mathrm{d}^2 U_p/\mathrm{d}C_k^2 < 0$。农村合作（集体）组织的目标是给定企业行动的战略，选择 γ 使得 $U_c(\gamma, C_k)$ 取得最大值；而企业的目标则是当农村合作（集体）组织确定了企业承租经营期占项目设施经济寿命的比例 γ 后，选择 C_k，使得 $U_p(\gamma, C_k)$ 取得最大值。

由于企业在行动时，已经观察到了农村合作（集体）组织确定的企业承租经营期的比例 γ，因此此处依然利用逆向归纳法得出二者的均衡解，首先考察企业的选择。给定农村合作（集体）组织在第一阶段的企业承租经营期所占比例 γ，企业在第二阶段选择最优的项目建设成本（C_k）以最大化自己的得益，即

$$\max_{C_k \geqslant C_0} U_p(\gamma, C_k) = S + \gamma R_u(C_k) - \gamma C_u(C_k) - C_k \tag{6-24}$$

对 C_k 求一阶导数并令其值为 0，可以得到上式的最优化条件，即

$$f(C_k) = \frac{\mathrm{d}R_u(C_k)}{\mathrm{d}C_k} - \frac{\mathrm{d}C_u(C_k)}{\mathrm{d}C_k} = \frac{1}{\gamma} \tag{6-25}$$

为保证上式有解，假定 $\mathrm{d}R_u(C_k)/\mathrm{d}C_k$ 与 $\mathrm{d}C_u(C_k)/\mathrm{d}C_k$ 在 C_k 趋近于 0 时同时趋向于 ∞，在 C_k 趋近于 ∞ 时同时趋向于 0。根据式(6-25)可以求得此时企业最优的项目建设成本为

$$C_k^*(\gamma) = f^{-1}(\gamma) = \gamma \left[R_u e\left(\frac{R_u(C_k)}{C_k}\right) - C_u e\left(\frac{C_u(C_k)}{C_k}\right) \right] \tag{6-26}$$

式（6-26）表明，企业所选择的最优项目建设成本是关于 γ、土地经营成本与收益及其与项目建设成本弹性（即土地经营成本与收益对项目建设成本变化的敏感程度）的函数，是企业针对农村合作（集体）组织提出的企业承租经营期的反应函数，也是企业对农地整治项目建设成本的需求函数；在农村合作（集体）组织确定了企业承租经营期所占比例后，企业为达到自身经济效益最大化的目标，它在选择项目建设成本时需要满足农地经营的边际收益与边际成本之差为一个固定值 $1/\gamma$；由于 $U_p(\gamma, C_k)$ 是关于 C_k 的增函数，而 $f(C_k)$ 是减函数，因此 $f^{-1}(\gamma)$ 也是减函数，该式可以求得最优的项目建设成本 $C_k^*(\gamma)$，它是企业承租经营期占设施经济寿命期比例的线性函数；此外，企业可以根据求得的最优项

---

① 等价于企业承租经营期占项目设施经济寿命期的比例（γ）。

目建设成本 $C_k^*(\gamma)$ 得到它在企业承租经营期投入的农地经营成本，即

$$C_p^*(\gamma,\ C_k) = \gamma C_u^*(\gamma,\ C_k^*) \tag{6-27}$$

下面考察农村合作（集体）组织的选择。在农村合作（集体）组织预测到在其选择企业承租经营期占项目设施经济寿命期的比例 γ 后，企业在第二阶段选择的项目建设成本将会是 $C_k^*(\gamma)$，于是农村合作（集体）组织选择 γ 后得到的得益水平为 $U_c(\gamma,\ C_k^*(\gamma))$，它是一个关于 γ 的函数。农村合作（集体）组织在第一阶段的决策问题就是确定最优的企业承租经营期的比例 γ，使 $U_c(\gamma,\ C_k^*(\gamma))$ 取得最大值，即

$$\max_{0 < \gamma \leqslant 1} U_c(\gamma,\ C_k^*(\gamma)) = \beta R_0 + (1 + \beta - \gamma) R_u(C_k^*) + (2\gamma - 1) C_u(C_k^*)$$
$$\tag{6-28}$$

式（6-28）左边的最优化一阶条件为

$$-\frac{\partial U_c / \partial \gamma}{\partial U_c / \partial C_k} = \frac{\mathrm{d} C_k^*}{\mathrm{d}\gamma} \tag{6-29}$$

式（6-28）右边对 γ 求一阶导数并令其值为 0，同样可以得其最优化条件，即

$$\frac{R_u(C_k) - 2C_u(C_k)}{(1 + \beta - \gamma) R_u'(C_k) + (2\gamma - 1) C_u'(C_k)} = C_k'(\gamma) \tag{6-30}$$

根据式（6-29）可知，在企业承租经营期占项目设施经济寿命期的比例与项目建设成本的边际替代率是企业承租经营期比例的边际项目建设成本时，农村合作（集体）组织达到效益最优化状态。这就意味着农村合作（集体）组织选择 γ，使其在点 γ 的等效用曲线与项目建设成本的需求曲线相切时，此时的切点 $(\gamma^*,\ C_k^*(\gamma))$ 即为模型的子博弈精炼纳什均衡解。

根据式（6-30）可以求解得到企业承租经营期占项目设施经济寿命期的比例，在农村经济组织效益最优化的条件下，影响农村合作（集体）组织选择企业承租经营期的因素有：项目竣工后农地的投入产出及其对项目建设成本的边际投入产出、农地整治项目经济效益对项目区生态效益的贡献系数等。

（3）博弈结果分析

在农村合作（集体）组织确定了企业承租经营期后，企业为使其自身经济效益最大化，其选择项目建设成本时应满足的条件是：在项目竣工后农地经营的边际收益与边际成本之差为企业承租经营期占项目经济寿命期的倒数。影响项目建设成本的主要因素是企业承租经营期与项目竣工后农地经营成本与收益对项目建设成本的敏感程度。当农村合作（集体）组织达到效益最优化时，其选择的企业承租经营期占项目经济寿命期的比例 γ^* 使其在点 γ^* 的等效用曲线与项目建设成本的需求

曲线相切；此时的切点 $(\gamma^*, C_k^*(\gamma))$ 即为模型的子博弈精炼纳什均衡解。

根据以上的博弈均衡分析可以分别确定政府、农村合作（集体）组织与企业三者的战略决策，并可以求得三者的博弈均衡得益。

政府的均衡得益为

$$U_g(S, C_k^*) = (1 + \alpha)R_0 + \alpha R_u(C_k^*) - S \tag{6-31}$$

农村产业化龙头企业的均衡得益为

$$U_p(\gamma^*, C_k^*) = S + \gamma^* R_u(C_k^*) - \gamma^* C_u(C_k^*) - C_k^* \tag{6-32}$$

农村合作（集体）组织的均衡得益为

$$U_c(\gamma^*, C_k^*) = \beta R_0 + (1 + \beta - \gamma^*)R_u(C_k^*) + (2\gamma^* - 1)C_u(C_k^*) \tag{6-33}$$

6.3.3　案例分析

（1）数据来源及案例基本情况

为了更深入地分析企业与农村合作（集体）组织间的博弈机理，本书选取重庆市某地的农地整治项目作为典型案例，将上文的投资博弈机理应用到企业与农村合作（集体）的投资决策中。重庆市位于中国西南部、长江上游、四川盆地东南部，地貌以丘陵山地为主，坡地面积较大，素有"山城"之称。土地整理潜力较大，由于地处亚热带地区，气候条件比较适宜水果蔬菜的种植，所以果蔬产业也成了当地农业经济发展的优势产业。在土地整理以后，通过发展此类产业带来的经济效益已成为吸收企业参与投资的主要因素。所以当地也形成了较为成熟的 PPP 模式下土地整理项目的运行操作规范。基于此，本书则从中选择一处较为典型的项目作为研究对象，以验证前文分析的科学性。案例数据资料主要来源于课题组调研数据和资料，为了保守商业秘密，文中隐去项目所在地市县镇及企业的名称。

该项目土地总面积 35hm²，农业人口 360 人，非农业人口 100 余人。项目建设规模 33.33hm²，农地整治后新增耕地面积为 5.936hm²。计划总投资约 130 万元。该农地整治项目属于南方丘陵地整理项目，整理前耕地零星分散，以粮食生产为主，无其他配套产业项目，据相关资料显示，整理前的耕地收入为 600～800 元/亩。根据该县《土地整理项目资金管理办法》及《某地关于地票价款的分配及拨付标准的通知》等相关规定，该地项目投资坚持"政府投入与其他投入相结合的多元化"原则，且规定项目建设成本投入不得低于 1200 元/亩。据双方谈判约定"果蔬专业合作社 B"给予农户的补偿标准为水田 350kg/亩水稻、旱地 200kg/亩水稻，以当年市场价以现金形式提前一年预支，本社区村民在"果蔬专业合作社 B"上班，实行计时或计件工资，月均收入 800～1200 元。根据该地的实际情况及"果蔬专业合作社 B"的实际得益能力，该地政府决定，农地整治项目按 1000 元/亩的标准给予项目补贴。

该项目于 2009 年 6 月动工，2010 年建成使用。在项目实施后，"果蔬专业合作社 B"以种植当地盛产的蜜本南瓜为主，并形成了以蜜本南瓜为主的蔬菜生产和深加工产业，土地利用率和农业生产的机械化程度得到大幅提高，大大减轻了农民的劳动强度和投入成本，以专业合作社的方式运作，扩大了产业规模，实现了产业的品牌效应，农民既是主人又是产业工人，每亩耕地的经济收入达 5000 元以上。

（2）博弈分析

在项目实施之前，经过反复召开社员大会，充分征求农户意见，农户表示愿意将其承包的耕地承租出去，并委托该村集体经济组织将集体土地出租给"果蔬专业合作社 B①"，同时向土地行政管理部门申报农地整治项目。得到批准后，由"果蔬专业合作社 B"出资建设农地整治项目，在项目设施建成后由"果蔬专业合作社 B"统一种植瓜果蔬菜等经济作物。

在该村集体经济组织与"果蔬专业合作社 B"的谈判中，"果蔬专业合作社 B"在确定项目建设成本时一方面要考虑村集体经济组织的企业承租经营期；另一方面也要考虑企业承租经营期期间的成本收益，农村合作（集体）组织在确定企业承租经营期时，在考虑项目建设成本的同时还需考虑企业承租经营期期间农户的收益状况。由于双方博弈是一个过程，为了证明本书博弈分析结果的实用性且考虑目前当地项目的实际开展情况，本书主要分析了在确定项目建设成本及农地生产经营的基本状况时，"果蔬专业合作社 B"与农村合作（集体）组织的得益值。

首先计算"果蔬专业合作社 B"在项目施工建设期与企业承租经营期的得益函数。根据式（4-17）及相关资料数据，可以计算得到在企业承租经营期期间"果蔬专业合作社 B"的年均收益为 19.2 万元。根据案例的基本情况及当地资料计算得到农地整治后农户的人均年收入为 1.15 万元（表6-4）。所以在与企业谈判中，农村合作（集体）组织确定的承租经营期至少为 5 年，这样可以保证企业能够完全将成本收回。为使双方效益最大化还应根据生产经营时的具体情况与当地的社会生态环境等条件确定。

表 6-4 某社区农地整治项目的相关参数值

整理后农户人均收入 /（万元/年）	整理后企业年均收入 /（万元/hm²）	吸收农业人口 /人	项目建设成本 /（万元/hm²）	政府补贴 /（万元/hm²）
1.15	0.58	180	3.90	1.50

---

① 该地"果蔬专业合作社 B"实行业主负责制，与现代农业产业化龙头企业的组织形式与利益需求是类似的，符合上文对企业的假设，所以本书将其等价于企业进行分析。

6.4 研究结论与建议

6.4.1 研究结论

1）PPP模式下的农地整治项目中存在着三种基本的博弈关系。分别是：政府与企业间针对项目政府补贴与项目建设成本的博弈；企业与农村合作（集体）组织间针对项目建设成本与企业承租经营期的博弈；企业与农户间在农户投工投劳量、工资及转入农地面积与农地转租费间的博弈。

2）农地整治项目的总收益是项目产生的经济效益对社会效益与生态效益的贡献系数、新增耕地面积与项目建设成本的函数；影响企业得益的主要因素有项目建设成本、项目政府补贴与企业承租经营期；影响政府得益的因素有：新增耕地折抵的建设用地指标交易额、项目政府补贴、项目建设成本与项目产生的经济效益对区域社会效益的影响系数；影响农村合作（集体）组织的主要因素有：新增耕地折抵的建设用地交易额、项目建设成本、项目产生的经济效益对区域生态效益的影响系数及企业承租经营期的长短。

3）在政府与企业的博弈中，在企业能够接受项目且资金运行效率得到保证的前提下，政府确定项目政府补贴的条件是：企业投入高项目建设成本时的得益不低于其保留得益；企业投入低项目建设成本时的得益不高于其保留得益；企业投入高项目建设成本的得益不低于其投入低项目建设成本时的得益。在项目政府补贴给定的条件下，企业选择接受项目的条件是：其投入高项目建设成本时的得益不低于其保留得益；企业投入高项目建设成本的条件是：在其投入高项目建设成本时，农地经营收益的增加值不小于其增加的成本值。

4）在企业与农村合作（集体）组织的博弈中，企业为达到自身经济效益最大化，确定的项目建设成本需要满足：承租经营期内的农地经营的边际收益与边际成本之差为项目经济寿命期与企业承租经营期的比值；影响项目建设成本的主要因素是企业承租经营期与项目竣工后农地经营成本与收益对项目建设成本的敏感程度。为了达到集体效益最大化，农村合作（集体）组织在确定的承租经营期应该满足：企业承租经营期占项目经济寿命期的比例在该点均衡的等效用曲线与项目建设成本的需求曲线相切。

5）为更好地吸收社会资金参与农地整治项目，在保证项目效益最大化的同时，能够有效激励投资企业投入较高的项目建设成本，政府需要给予企业较高的项目政府补贴；在企业与农村合作（集体）组织的谈判过程中，为达到整体帕累托最优状态，双方需要讨价还价。

6.4.2　政策建议

基于本章的分析，可以得出如下政策建议。

1）在打破政府单一投资的传统模式，积极吸收社会资金参与农地整治项目、积极推广 PPP 模式的同时，制定一套切实可行的 PPP 模式下农地整治项目的管理办法，对于规范不同主体的参与行为具有指导意义。

2）由于 PPP 模式涉及的参与主体众多，不同主体间的利益相关性较强，处理不当容易引起纠纷，建设健全农地整治项目参与主体的相关法律制度，是维护各主体合法地位、保障各主体合法权益的重要前提。

3）在政府与企业谈判过程中，适度放宽用于农地整治项目的建设用地指标交易额比例可以有效激励企业参与项目投入，这对于农地整治项目的顺利实施提供了有力保障；充分了解本地区农地整治项目产生的效益，对于确定恰当比例的建设用地指标交易额具有重要影响。

4）在农地整治项目竣工后，农地经营的投入产出对企业投入项目建设成本的高低具有重要影响，所以大力加强高效现代化农业的建设与发展是确保各参与方效益最大化的有力保障。

7 农地整治项目农户参与意愿及参与程度研究

7.1 农地整治项目农户参与程度的影响因素研究

农地整治提高了耕地质量、增强了农业抗灾能力、使得农地利用率得到提高、农业生产成本降低、生态环境得以改善。虽然我国农地整治取得了显著成绩，但由于项目实施中农户参与程度有限导致项目实施效率偏低：项目信息不公开或未充分公开，农户无法了解农地整治项目的具体情况；农户没有参与项目决策的权利和机会，项目决策不完善损害了农户利益，致使形象工程、农民"被上楼"现象时有发生，甚至发生严重土地冲突事件；未充分征求农户意见致使规划设计脱离实际，项目施工过程中设计变更频繁或者损害农户利益而受到阻扰；项目施工缺乏农户的监督，地方政府主管部门等单位与施工企业合谋导致工程质量低下；农户在项目中既不投资也不投劳，使得未能很好地珍惜整理的成果。因农户参与程度有限导致湖北浠水抗旱灌渠成摆设，村民一怒之下拆掉了百万元的形象工程，类似例子全国屡见不鲜。2011 年 9 月国土资源部颁布的《高标准基本农田建设规范（试行）》中要求：坚持农民主体地位，充分尊重农民意愿，维护土地权利人合法权益，鼓励农民采取多种形式参与工程建设。因此，未来我国农地整治实施项目中应充分发挥农户的积极性和主动性，改善农户的参与程度。近年来，国内外学者关于农地整治项目农户参与问题的研究主要集中在公众（农民）参与农村农地整治的特点及实施模式、参与现状与存在问题、参与意愿的影响因素、参与的法律保障制度等方面。关于农地整治项目农户参与程度及其影响因素的研究鲜见。为此，本书在实地调研的基础上研究农地整治项目农户参与程度及其影响因素，期望能揭示农户参与程度的影响机理，为政府国土部门制定农地整治项目农户参与的激励政策提供参考依据，对提高我国农地整治项目农户参与程度，实现项目效益的可持续发挥有重要意义。

7.1.1 农户参与程度的界定

农地整治项目实施阶段包含了选址、可行性研究与立项决策、规划设计、施工与竣工验收 4 个子阶段，根据文献和农地整治项目农户参与情况的调查从上述 4 个子阶段中拟定了 16 项需要农户参与的工作，针对每项工作的特征，将农户参与程度划分为 4 个等级，即"高""较高""中等"及"很低"，其对应的农户参与程度的值域分别为 [0.70, 1.00]、[0.50, 0.70)、[0.30, 0.50)、[0.00, 0.30)，具体的农户参与程度评价标准及分等方法见表 7-1。本书运用专家分析法和层次分析法计算出农户参与各项工作的权重见表 7-1。

表 7-1　农地整治项目农户参与程度的评价标准及分等方法

项目的子阶段	权重	农户参与的工作	农户参与程度的评价标准及分等方法			
			高 [0.70, 1.00)	较高 [0.50, 0.70)	中等 [0.30, 0.50)	很低 [0.00, 0.30)
选址阶段	0.078	1. 农户对村委就项目必要性的征询提出意见并配合申报	理解上级精神，从大局角度提出合理意见、参与申报	了解上级精神，从自身角度提出意见、参与申报	不了解上级精神，从自身角度提出了个人意见，参与申报	随大流参与征询未提意见、未参与申报
	0.031	2. 配合国土等部门对农户意愿抽查	主动配合调查，从大局表明意愿	配合调查，从个人角度表明意愿	勉强配合调查，态度不明确	未接受调查或不积极配合
	0.041	3. 农户配合土地权属和利用现状调查	主动配合调查，提供了有价值信息	配合调查并提供些信息	勉强配合，提供了对自身有利信息	怕误工，敷衍了事
可行性研究与立项决策阶段	0.043	4. 参与农地整治权属管理协调小组	主动参与管理小组，有明确的职责	积极参与小组，未有明确职责	怕调整不公正，被动参与管理小组	没有参与小组
	0.098	5. 参与确定土地权属调整的范围及编制调整方案	积极参与讨论与制定，从大局提出了合理的建议	参与方案的讨论与制定，从个人角度提出了建议	象征性参与讨论，没有提出意见	怕误工，没有时间参与
	0.067	6. 农户对权属调整方案提出意见	对不合理地方说明原因并提出建议案	从大局角度说明了不合理的原因	从个人角度说明了不合理的原因	参与了，但没提意见
	0.035	7. 签权属调整协议	认同方案，签字	接到通知并签字	无故不签字	没接到通知
	0.057	8. 配合可行性单位实地调查	主动配合并从大局表明对项目的需求	配合调查并从个人角度表明需求	勉强配合调查，态度不明确	未接受调查或不积极配合

项目的子阶段	权重	农户参与的工作	农户参与程度的评价标准及分等方法			
			高 [0.70, 1.00)	较高 [0.50, 0.70)	中等 [0.30, 0.50)	很低 [0.00, 0.30)
规划设计阶段	0.151	9. 农户提出规划设计的设想	从农业生产大局出发提出规划设想	从农户自身出发提出规划设想	提出了较少建议	未提出意见
	0.133	10. 意见被采纳情况	提出的合理意见全部被采纳	提出合理意见部分被采纳	提出合理意见很少被采纳	提出合理意见未被采纳
	0.066	11. 农民参与规划设计方案的听证会	积极参与听证会，从农业生产大局提出修改建议	参与听证会，从农户自身提出修改建议	参与听证会提出了较少建议	参与听证会未提出意见
施工与竣工验收阶段	0.031	12. 参与农民质量监督小组	主动参与监督小组，有明确的职责	积极参与小组，未有明确职责	随大流，被动参与管理小组	没有参与小组
	0.063	13. 参与工程施工质量的监督	按职责规定严格监督施工出现的问题，确保施工质量	无明确职责，有空去监督一下，基本能保证质量	无明确职责，很少去监督质量，很难保证质量	无明确职责，基本不去监督，无法保证质量
	0.045	14. 参与单位工程的竣工验收	受邀并积极与其他单位进行验收，对工程质量严格把关	受邀参与验收，提出的质量问题部分得到整改	村委会组织参与验收，提出的问题施工单位未重视	参与验收流于形式，未能起到监督作用
	0.032	15. 参与分配土地权益并确认权属	积极主动参与协调和分配工作并确权	受邀参与分配，积极配合	担心分配不公，参与了分配	认为会按规定分配，无需参与
	0.029	16. 参与竣工后国土部门对农户满意度调查的座谈会	积极主动参与座谈会，实事求是地提出项目存在的问题	参与座谈会，从农户自身角度提出了存在问题	参与座谈，但因并不了解情况，未提出任何意见	未受邀请参与座谈会

7.1.2 数据来源及农户参与程度的分析

（1）数据来源

本书数据来源于课题组 2011 年 11 月~2012 年 1 月对武汉市江夏区法泗镇和金口镇、湖北省鄂州市鄂城区杜山镇、鄂州市华容区蒲团乡、湖北省钟祥市文集镇和洋梓镇、湖南长沙县黄花镇和春华镇共 8 个乡镇进行实地调研的数据。课题组选取了 8 个农户参与情况较好的农地整治项目，组织教师到项目所在地国土部门和项目区进行调研，对农户参与的实施方式和总体情况等进行了调查，此后组织研究生按照典型抽样的原则在上述 8 个乡镇的 36 个行政村随机调查了 519 个农户，共收回有效问卷 480 份，样本有效性达 92.5%，面对面的调研方式保证了问卷调查具有较高的有效性。收回的有效问卷中武汉市江夏区 96 份、鄂州市鄂城区与华容区 106 份、钟祥市 144 份、长沙县 124 份。被调查者的年龄主要集中在 40~59 岁，其中 39 岁及以下的有 27 人，占 5.63%；年龄在 40~49 岁的有 147 人，占 30.63%；年龄在 50~59 岁的有 179 人，占 37.29%；年龄在 60 岁及以上的有 127 人，占 26.45%。被调查者以初中文化程度为主，其中文盲有 50 人，占 10.42%；小学文化程度 154 人，占 32.08%；初中文化程度 241 人，占 50.21%；高中文化程度 35 人，占 7.29%。被调查中男性 310 人，占比 64.58%；女性 170 人，占比 35.42%。

（2）农户参与程度的分析

依据课题组对上述 8 个乡镇农地整治项目农户参与的程序和方式等总体情况的调查、农户问卷调查的数据及权重结果可计算出农地整治项目农户参与程度，各地区和项目各子阶段农户参与程度的统计情况具体如表 7-2 和表 7-3 所示。

从样本的总体情况来看，农地整治项目农户参与程度为"高"等级样本占比 7.92%，"较高"等级样本占比 13.33%，"中等"等级样本占比 30.00%，参与程度"很低或没参与"占比 48.75%，调研选取的 8 个农地整治项目为示范项目，尽管其农户参与情况相对其他项目要好，但其农户参与程度还是偏低，仅处于"中等"参与程度水平。从样本的地区分布情况看（表 7-2），农地整治项目农户参与程度"高"和"较高"等级中，长沙县占比最大，其次是鄂州地区，钟祥市占比最低；农户参与程度为"中等"等级的，鄂州地区占比最大，其次是长沙县，钟祥市占比最小；农户参与程度为"很低或没参与"等级的，钟祥市占比最大，其次是江夏区，长沙县占比最小。农户参与程度由高到低的排序依次为长沙县、鄂州地区、江夏区及钟祥市。从农地整治项目实施子阶段统计情况来看（表 7-3），农户参与程度"高""较高"和"中等"三个等级中，规划设计子阶段占比最大，其次是可行性研究与立项决策阶段，施工阶段占比最小。由此可知，四个子阶段中选址阶段和施工阶段农户参与程度非常低，而规划设计子阶段、可行性研究与立项决策阶段农户参与程度相对较高。

表 7-2　各地区农地整治项目农户参与程度的情况

参与程度	长沙县		江夏区		鄂州		钟祥		合计	
	频数	占比/%	频数	占比/%	频数	占比/%	频数	占比/%	频数	占比/%
高	19	15.32	5	5.21	8	6.90	6	4.17	38	7.92
较高	32	25.81	8	8.33	15	12.93	9	6.25	64	13.33
中等	38	30.65	27	28.13	39	33.62	40	27.78	144	30.00
很低	35	28.22	56	58.33	54	46.55	89	61.80	234	48.75
合计	124	100.00	96	100.00	116	100.00	144	100.00	480	100.00

表 7-3　农地整治项目各子阶段农户参与程度的情况

参与程度	选址阶段		可行性研究与立项决策阶段		规划设计阶段		施工与竣工验收阶段		合计	
	频数	占比/%	频数	占比/%	频数	占比/%	频数	占比/%	频数	占比/%
高	34	7.08	49	10.21	62	12.91	16	3.33	38	7.92
较高	47	9.79	68	14.17	73	15.21	45	9.38	64	13.33
中等	110	22.92	179	37.29	187	38.96	92	19.17	144	30.00
很低	289	60.21	184	38.33	158	32.92	327	68.12	234	48.75
合计	480	100.00	480	100.00	480	100.00	480	100.00	480	100.00

7.1.3　农户参与程度的影响因素分析

（1）模型构建

模型的因变量是农地整治项目实施阶段农户参与程度（Y），因变量 Y 为分类变量，即将农户参与程度分为 4 种情况：参与程度值在 0~0.3（很低），Y 赋值为 1；参与程度值在 0.3~0.5（中等），Y 赋值为 2；参与程度值在 0.5~0.7（较高），Y 赋值为 3；参与程度在 0.7~1（高），Y 赋值为 4。一般，影响农地整治项目农户参与程度的因素包括农户及其家庭特征、村庄特征、市场特征、项目特征。本书在文献研究基础上结合调研区域的具体情况，为更好地解释农地整治项目实施阶段农户参与程度，主要选取了户主年龄、户主受教育程度等 16 个解释变量。对于上述有序多分类的因变量，本书选择有序 Logistic 模型分析，它通常以潜变量的形式出现，即

$$Y_k^* = X_k^{'} \beta + \varepsilon_k, \quad E[\varepsilon_k/X_k] = 0, \quad \varepsilon_k \sim (0, \delta_k^2) \quad (7\text{-}1)$$

潜变量 Y_k^* 是观测不到的取值连续的变量，本书代表农地整治项目实施阶段农户参与程度。X_k 是解释变量的向量组，β 是待估参数，ε_k 是随机误差项。有序 Logistic 模型中，若因变量的观测值有 n 种分类（λ_1，λ_2，$\cdots$，λ_n），潜变量与因变量间的关系可表示为

$$Y = \begin{cases} \lambda_1 & \text{当 } Y^* \leqslant \pi_1 \\ \lambda_2 & \text{当 } \pi_1 < Y^* \leqslant \pi_2 \\ \cdots \\ \lambda_n & \text{当 } \pi_{n-1} < Y \end{cases} \quad (7\text{-}2)$$

式中，π_n 表示分隔点，λ_n 是累计分布函数概率值的临界点，$\lambda_1 < \lambda_2 < \cdots < \lambda_n$。有序 Logistic 模型为

$$p = P(Y \leqslant j/X) = 1 - P(Y \leqslant j/X) = \exp\left(\alpha_j + \sum_{i=1}^{k} \beta_i x_i\right) \Big/ \left[1 + \exp\left(\alpha_j + \sum_{i=1}^{k} \beta_i x_i\right)\right]$$

$$(7\text{-}3)$$

对式（7-3）进行 Logit 转换，可得到线性化模型，即

$$\ln\left[\frac{P}{1-P}\right] = \ln\left[\frac{P(Y \leqslant j/X)}{1 - P(Y \leqslant j/X)}\right] = \sum_{i=1}^{k} \beta_i x_i \quad (7\text{-}4)$$

（2）变量描述及赋值规则

农地整治项目实施阶段农户参与程度的解释变量中有户主受教育程度、本村经济发展水平、农产品市场价格的预期等 7 个变量采用 5 分制的李克特量表（Likert-5）赋值方式；对于农户耕地块数、农户耕地面积等 5 个解释变量的赋值采取了实际量化值的方法；对是否为村干部、村集体是否投入资金、政府是否合理引导农户参与 3 个解释变量的赋值采用了 0 和 1 赋值方式，变量名称、代码和赋值规则具体见表 7-4。

表 7-4　农地整治项目农户参与程度的解释变量

类别	变量代码	变量名称及赋值规则	预期方向
农户及其家庭特征	YEAR	户主年龄（1=39 岁及下；2=40 岁~59 岁；3=60 岁及以上）	+
	EDUCATION	户主受教育程度（1=文盲；2=小学；3=初中；4=高中；5=大专）	+
	CADRE	是否为村干部（1=是；0=否）	+
	PIECE	农户耕地块数（块）	+
	AREA	农户耕地面积（亩）	+
	PROPORTION	农业收入比重（农户的农业收入占家庭收入比重）	+

续表

类别	变量代码	变量名称及赋值规则	预期方向
村庄特征	ECONOMY	本村经济发展水平（1＝很低；2＝较低；3＝一般；4＝较高；5＝高）	－
	ATTITUDE	村干部对农地整治的态度（1＝很消极；2＝较消极；3＝一般；4＝较积极；5＝很积极）	＋
市场特征	COST	灌溉、劳力、机械等投入成本（每亩耕地灌溉、劳力和机械等投入成本）	＋
	PRO-PRICE	农产品市场价格的预期（1＝很不好；2＝不好；3＝一般；4＝较好；5＝很好）	＋
	LAB-PRICE	劳动力价格（外出务工的月工资）	－
项目特征	CAPITAL	村集体是否投入资金（1＝是；0＝否）	＋
	SE-IDENTIFY	对农地整治的认同程度（1＝根本没有好处；2＝没有好处；3＝好处不大；4＝有一定的好处；5＝有非常大的好处）	＋
	PUBLICITY	项目信息公开度（1＝没有公开；2＝信息较少，部分公开；3＝信息完全公开）	＋
	GOV-LEAD	政府是否合理引导农户参与（1＝是；2＝否）	＋
地区特征	REGION	地区差异（1＝钟祥；2＝江夏；3＝鄂州；4＝长沙）	不能确定

（3）自变量多重共线性诊断

本书选取了 16 个自变量，能全面涵盖农地整治项目实施阶段农户参与程度的影响因素，但也易导致多重共线性问题的出现，因此在模型估计前首先进行多重共线性的诊断。农地整治项目实施阶段农户参与程度影响因素的多重共线性检验，采用方差膨胀因子（VIF）与条件指数（CI）两个指标相结合作为判定依据。若满足条件 VIF >10，可反映自变量间存在着严重多重共线性；若满足条件 30>CI>10，则认为存在着弱共线性；当满足条件 100>CI>30 时，则表示存在着中等共线性；若满足条件 CI >100，则可认为存在着严重共线性。农地整治项目实施阶段农户参与程度的 16 个解释变量间多重共线性分析数据整理见表 7-5，由于表 7-5 中方差膨胀因子（VIF）和条件指数（CI）均小于 10，充分表明所选的16 个解释变量间不存在严重的多重共线性。

表 7-5 自变量多重共线性分析

变量	VIF	CI	变量	VIF	CI	变量	VIF	CI
YEAR	2.195	4.829	ECONOMY	1.192	3.301	SE-IDENTIFY	3.927	4.203
EDUCATION	1.837	3.164	ATTITUDE	2.074	3.192	PUBLICITY	3.899	3.691
CADRE	1.349	2.189	COST	1.608	3.870	GOV-LEAD	3.184	4.097
PIECE	2.851	2.075	PRO-PRICE	1.283	4.015	REGION	2.526	5.810
AREA	2.403	2.623	LAB-PRICE	2.139	4.138			
PROPORTION	1.926	3.850	CAPITAL	1.820	5.219			

（4）模型估计及结果分析

为了检验不同类别的解释变量对农地整治项目实施阶段农户参与程度的影响，分别对部分解释变量（模型1、模型2）和全部解释变量（模型3）进行有序 Logit 模型估计，结果见表 7-6。模型1主要考虑农户及其家庭特征、村庄特征、市场特征等解释变量，模型2在上述变量基础上还考虑了项目特征变量，模型3在模型2基础上考虑了地区特征变量。从表 7-6 中可知，随着模型中解释变量的增加，系数估计结果逐步趋向稳定，系数符号不变，系数值变化不大。

表 7-6 农户参与程度影响因素有序 Logit 模型估计结果

类别	变量	模型 1		模型 2		模型 3	
		系数	概率	系数	概率	系数	概率
农户及其家庭特征	YEAR	−0.635	0.030**	−0.479	0.172	−0.317	0.230
	EDUCATION	0.372	0.021**	0.661	0.097*	0.310	0.056*
	CADRE	0.210	0.097*	0.385	0.051*	0.493	0.035**
	PIECE	0.479	0.073*	0.803	0.035**	0.671	0.009***
	AREA	0.901	0.010***	0.517	0.100*	0.296	0.207
	PROPORTION	0.716	0.328	0.364	0.603	0.305	0.174
村庄特征	ECONOMY	−0.203	0.294	−0.106	0.209	−0.194	0.529
	ATTITUDE	0.192	0.435	0.152	0.328	0.328	0.218
市场特征	COST	0.203	0.101	0.328	0.01***	0.503	0.001***
	PRO-PRICE	0.615	0.100*	0.361	0.510	0.279	0.249
	LAB-PRICE	−0.206	0.237	−0.197	0.159	−0.310	0.182

续表

类别	变量	模型 1		模型 2		模型 3	
		系数	概率	系数	概率	系数	概率
项目特征	CAPITAL	—	—	0.292	0.165	0.198	0.196
	SE-IDENTIFY	—	—	0.527	0.138	0.530	0.089 *
	PUBLICITY	—	—	0.459	0.005 ***	0.626	0.035 **
	GOV-LEAD	—	—	0.616	0.010 ***	0.702	0.031 **
地区特征	REGION				—	0.126	0.002 **
−2ln（likelihood）		107.829	136.149	142.051			
Cox & Snell R Square		0.318	0.395	0.572			
Nagelkerke R Square		0.475	0.413	0.506			
Model（sig）		0.056	0.036	0.023			

*** 、** 、* 分别表示在 1%、5%、10%水平上显著

模型 3 显示，对模型起显著影响的 8 个变量分别是户主受教育程度（EDUCATION，$p=0.056$）、是否为村干部（CADRE，$p=0.035$）、农户耕地块数（PIECE，$p=0.009$）、灌溉、劳力及机械等投入成本（COST，$p=0.001$）、对农地整治的认同程度（SE-IDENTIFY，$p=0.089$）、项目信息公开程度（PUBLICITY，$p=0.035$）、政府是否合理引导农户参与（GOV-LEAD，$p=0.003$）、地区差异（REGION，$p=0.092$）。上述因素对农地整治项目实施阶段农户参与程度有正向影响，其中"政府是否合理引导农户参与"对农户参与程度的影响最强，具体如下。

1）"户主受教育程度"及"是否为村干部"对农地整治项目实施阶段农户参与程度均有正向影响。模型中上述两个变量的估计系数分别以 10% 和 5% 的显著性通过检验，表明其他条件确定情况下，文化程度越高的农户在农地整治项目实施阶段参与程度越高，村干部较一般农户的参与程度要高。因为农户的文化程度越高，对国家和地区的农地整治政策的认知与把握能力越强，对农地整治工程的重要性认识越深刻，该类农户在农地整治项目实施阶段的参与程度也就越高；村干部一方面对农地整治项目的政策较为了解，另一方面因为职务原因，农地整治项目实施阶段中有些工作必须有村干部的配合和参与才能完成，所以村干部较一般农户在农地整治项目中参与程度较高些。通过回归系数可知，在 8 个显著因素中"户主受教育程度"及"是否为村干部"对农地整治项目实施阶段农户参与程度的影响相对较小。

2）"农户耕地块数"对农地整治项目实施阶段农户参与程度具有正向影响。

模型中该变量的估计系数通过了1%的显著性检验，这表明耕地块数越多的农户在农地整治项目实施阶段中参与程度高。因为农户耕地块数反映了耕地细碎化程度，在面积一定条件下，耕地块数越多，每块耕地平均面积越小，农户进行机械化操作和规模化经营就越困难，他们期望通过农地整治后的权属调整改变耕地现状。因此，农户耕地块数越多，农户生产越不方便，农地整治项目实施阶段中这类农户的参与程度也越高。通过回归系数可知，在8个显著因素中"农户耕地块数"对农地整治项目实施阶段农户参与程度的影响很大，仅次于"政府是否合理引导农户参与"这一因素。

3)"灌溉、劳力及机械等投入成本"对农地整治项目实施阶段农户参与程度具有正向影响，且估计系数以1%的显著性通过检验，这表明其他条件一定情况下，农业生产中灌溉、劳力及机械等投入成本越高的农户在农地整治项目实施阶段参与程度越高。因为当农业生产收入一定的条件下，农户在农业生产中的灌溉、劳力和机械等投入成本越高，获得的利润就越低，为获得更高的利润，农户通过参与农地整治项目以确保项目的实施效果，减少灌溉、劳力和机械等投入成本，从而达到增加利润的目的。通过回归系数可知，在8个显著因素中"灌溉、劳力及机械等投入成本"对农地整治项目实施阶段农户参与程度的影响相对较大。

4)"农地整治的认同程度"对农地整治项目实施阶段农户参与程度具有正向影响，且估计系数通过了10%的显著性检验，这表明对农地整治认同程度越高的农户在项目实施中参与程度也越高。因为农户对农地整治项目产生的社会、经济、环境等效益认识越充分，对国家和地区实施农地整治项目的目的和作用了解也越清晰，对农地整治项目的认同程度就越高，参与农地整治项目的积极性也越强，参与程度自然就越高。据回归系数可知，"农地整治的认同程度"对农地整治项目实施阶段农户参与程度的影响较大，仅次于"政府是否合理引导农户参与"和"农户耕地块数"两个因素。

5)"项目信息公开程度"对农地整治项目实施阶段农户参与程度有显著正向影响，且估计系数通过了5%的显著性检验。表明在其他条件不变的情况下，项目信息公开程度越高，宣传工作做得越好，农户对实施农地整治项目的意义、作用、工作内容等具体情况了解就越充分，这也为农户参与农地整治项目提供了更多的便利条件，农地整治项目实施阶段农户参与程度也就越高。据回归系数可知，"项目信息公开程度"对农地整治项目实施阶段农户参与程度的影响相对较大。

6)"政府是否合理引导农户参与"对农地整治项目实施阶段农户参与程度有显著影响。从模型估计结果可知，"政府是否合理引导农户参与"变量系数在

1%的水平上通过显著性检验且系数符号为正。"政府是否合理引导农户参与"主要体现在政府国土部门对农地整治项目各项工作中农户参与方式和程序等是否有清晰界定、农户参与农地整治项目的权责是否有明确规定等方面。若政府国土部门对农地整治项目农户参与方式及参与程序、农户参与的权责等能清晰界定，即能合理引导农户参与农地整治项目，农户参与的合法性就得到了有效的保障，农户参与程度自然就得到了提高。通过回归系数可知，在8个显著因素中"政府是否合理引导农户参与"对农地整治项目实施阶段农户参与程度的影响最大。

7）"地区差异"对农地整治项目农户参与程度有显著影响。从模型估计结果可知，"地区差异"变量系数在10%的水平上通过显著性检验且系数符号为正，这说明"地区差异"对农户参与程度有正向的影响。本研究的调查区域为武汉市钟祥市、江夏区、鄂州市、长沙县四地，上述各地的经济发展水平、农地整治项目农户参与政策及其实施程度差异较大，如鄂州市是湖北省新制度与政策的试点基地，钟祥市国土部门在农地整治项目实施中进行了改革，湖南省长沙县在农地整治项目中着重强调了农户参与并规范和出台了相关的农户参与的政策与文件，所以地区差异这个虚拟变量对农户参与程度也有显著性的影响。在8个显著因素中，"地区差异"对农地整治项目实施阶段农户参与程度的影响最小。

模型中还有8个变量不显著，分别是户主年龄（YEAR）、农户耕地面积（AREA）、农业收入比重（PROPORTION）、本村经济发展水平（ECONOMY）、村干部对农地整治的态度（ATTITUDE）、农产品市场价格的预期（PRO-PRICE）、劳动力价格（LAB-PRICE）、村集体是否投入资金（CAPITAL），其中户主年龄、本村经济发展水平、劳动力价格对农地整治项目农户参与程度有反向影响，其他因素均有正向影响。

1）"户主年龄"、"农户耕地面积"及"农业收入比重"对农地整治项目农户参与程度有反面影响，与预期结果不一致。可能的原因是课题调研期间属非农忙季节，村中大多数中青年劳动力外出打工，导致村中留守的是老年人及少数中年劳动力，因此对农地整治项目农户参与程度的影响没有什么显著的规律。"农户耕地面积"不显著的可能原因是：有些农户虽然耕地面积较多，但耕地块数并不多且耕作交通便利等原因导致了该类农户参与程度并不高，因此对农地整治项目农户参与度的影响没有什么明显规律。"农业收入比重"不显著的可能原因是：国家全面取消农业税，且农业机械化程度逐步提高的同时劳力的投入逐渐减少，尽管很多农户的家庭农业收入比重较低，但为了自家的口粮生产也积极参与农地整治项目。

2）"本村经济发展水平"及"村干部对农地整治的态度"对农地整治项目农户参与程度分别有反面和正面的影响，与预期结果一致。可能的原因：有些村庄的经济在其他产业的带动下不断发展，农户逐步成为其他产业的工人并变得更加富裕，部分农户期望将承包农地流转出去的意愿变得更加强烈，而有些经济发展水平较高的村庄由于本地的水土等生态环境较好，农户仍然希望能种植绿色甚至是有机的农产品，这些农户在农地整治项目中参与程度较高。可能的原因：调查中部分村干部拥有自己企业或者兼任村办企业的领导，他们忙于企业的事务，对农地整治项目态度较为消极，仅将相关文件精神传达给农户，但是相当农户为了改善农业生产在农地整治项目中参与程度较高，而有些村干部虽然以积极态度对待农地整治项目，但他们为了自身利益并未将有关文件精神传达给农户，农户知情权和参与权被他们剥夺，导致农地整治项目中农户参与程度较低。

3）"农产品市场价格的预期"及"劳力价格"对农地整治项目农户参与程度分别有正面和反面的影响，与预期结果一致。可能的原因是，农产品市场价格的预期越高，可能导致农产品的种子、肥料、农药等价格的上涨，农户的农业生产收益并未提高甚至有降低的可能，因此农产品的市场价格预期越高，对农地整治项目农户参与程度的影响并不显著。劳力价格并不显著的可能原因是，一方面农业生产机械化程度在逐步提高，劳力投入在相对减少，在乡村附近打工的农户利用下班后花较少时间投入生产就可满足自家绿色农产品的供应；另一方面农户为改善农业生产条件，尽管劳力价格较高，一些在家乡打工的农户利用打工的业余时间积极参与农地整治项目中，而在外乡打工的农户无法参与农地整治项目，因此"劳力价格"对农地整治项目农户参与程度的影响并不显著。

4）"村集体是否投入资金"可能的原因是，有些村集体组织虽然为提高农地整治项目的标准投入部分资金，一些村干部为逃脱农户对资金使用的有效监管，有意在农地整治项目农户参与中设置一些障碍，而有些村集体本着公开公正的原则，使得农户能很好享有知情权和参与权，农户因为村集体投入资金，他们坚持效益最大化原则，这类农户在农地整治项目中的参与度较高，使得"村集体是否投入资金"这一变量对农地整治项目农户参与程度的影响并不显著。

7.1.4　研究结论与政策含义

研究农地整治项目实施阶段农户参与程度的影响因素对提升和促进我国农地整治项目的效率具有重要的理论与实践指导意义。本书分析了钟祥市、武汉市江夏区、鄂州市、长沙县等市（县）的农地整治实施阶段农户参与程度的影响因素，研究表明，户主受教育程度、是否为村干部、农户耕地块数、灌溉劳力及机械等投入成本、对农地整治的认同程度、项目信息公开程度、政府是否合理引导农户参与、地区差异等因素对农地整治项目实施阶段农户参与程度具有显著影响。其中"政府是否合理引导农户参与"影响程度最大，其次是"农户耕地块数"和"农地整治的认同程度"，最后是"灌溉、劳力及机械等投入成本"和"项目信息公开程度"，"地区差异"的影响程度最小。针对研究结论本书提出以下政策含义。

1）建立和完善农地整治项目农户参与的引导与激励机制，科学合理地引导农户参与。政府是否合理引导农户参与对农户参与程度有显著影响，因此政府国土部门应积极探索建立健全农户参与农地整治的机制，如结合当地情况清晰界定农户参与农地整治项目的工作程序、明确农户参与农地整治项目的权利与职责等，使农地整治项目农户参与公开化和透明化，科学地引导和激励农户参与农地整治项目，并予以法律的支持和保障，确保农户有机会参与。

2）建立农业产业配套项目的引导机制。从地区差异因素可以看出，有配套农业产业的农地整治项目农户参与程度高，农地整治不是简单的土地改造，它是引导农户向发展现代农业、进行科学种植和提高效益的有效途径。配套的农业产业项目是农地整治项目发挥效益的重要途径，只有项目有利润，农户收益才会得到提高，农户参与的积极性就高、参与的程度也就得到提高，根据产业的需求规划实施项目，项目的工程质量和实用性才能得到提高。将农地整治项目和现代农业产业化有机结合，通过农户的有效参与挖掘了土地价值实现农民收益最大化。

3）建立科学的农地整治项目申报与遴选机制。农户长期以来在耕地中进行农业生产，对项目区的耕地质量、耕作的交通与灌溉条件等情况非常熟悉，应鼓励农户会根据农业生产条件改善的急需程度以村或联合村为单位申报农地整治项目，农户耕地面积一定条件下，耕地块数越多、灌溉和劳力等投入成本越高，申报农地整治项目越积极，实施项目急需程度也越高，应避免乡镇政府或国土部门通过行政手段直接确定农地整治项目把资金投入并非急需整理的项目中，出现挫伤农户积极性的情况。同时，政府国土部门应依据村集体的申报材料从农户规模化农业生产条件（农户耕地块数）、农业生产的灌溉条件、交通条件等考察项目急需实施的程度，科学遴选农地整治项目。上述的申报和遴选机制能确保并提高农地整治项目实施阶段的农户参与程度。

4）加大农地整治的宣传力度，建立有效的项目信息公开机制。从研究结论可知，农户对农地整治的认同程度、项目信息公开程度对农户参与程度有显著的影响。因此，各级政府国土部门应加大农地整治项目宣传的力度，在农村持续地倡导"农地整治利国利民；整理一方地，造福万家人"的观念，只有使农民充分认识和体会到农地整治的重要作用与意义，才能坚定农户参与的信念，增强农户对农地整治项目的认同感，有效提高农户参与程度。同时，应不断推进和完善农地整治项目信息公开机制，只有在项目建设全过程中全方位公开项目的信息，农户才能及时了解项目实施的情况，对项目存在的问题提出合理化建议、有效监督项目实施。

5）培养德才兼备的村干部，充分发挥村干部的带头作用。从研究结论可知，户主受教育程度、是否为村干部对农地整治项目农户参与程度有显著的影响，而村干部对农地整治的态度对农户参与程度的影响并不显著，但通过可能原因的分析发现村干部对农地整治的积极态度具有较好的示范效应。因此，应培养有知识、有文化、有经济和经营头脑、热爱公益性事业的社区精英人物担任村干部，这样的村干部对国家和地区的惠农政策、农地整治政策等有较充分了解，具有很强的创新意识、开拓精神及社会责任感，在当地有较高威望，能引导农户积极参与农地整治项目并充分发挥村干部在农地整治中的示范带动作用。

7.2　农户参与农地整治项目后期管护意愿的影响因素研究

农地整治项目竣工后对农田水利、田间道路、防护林、电网等工程和设施进行管护是农地整治后期的重要内容和工作，然而我国存在着"重前期建设、忽视后期管护"的普遍现象，如农民随意破坏工程，项目设施或设备丢失严重等，导致有些项目处于闲置或半闲置状态，失去了农地整治的意义。农村农地整治项目后期管护应遵循"谁受益、谁负责"的原则，农户作为项目的直接使用者与受益主体，有责任和义务参与后期管护。然而，农户参与农地整治项目后期管护的意愿存在着较大的差异，有些农户积极参与、有些农户不愿参与。为此，本书在实地调研的基础上研究影响农户参与农地整治项目后期管护意愿的因素，以便为各级政府土地主管部门制定农地整治后期管护政策提供参考依据。

7.2.1　理论模型构建与计量方法选择

（1）理论模型的构建

农户参与农地整治后期管护并非单纯追求自身短期利益的结果，而是受主客观等多种因素的影响。在已有研究和调研基础上，本人对这些因素进行了系统的总结和归纳，共分为 5 组，共 25 个因素，即受访农民的特征 $g_1(m)$、农户家庭特征 $g_2(n)$、所在村庄特征 $g_3(p)$、项目自身特征 $g_4(q)$ 及项目外部环境特征 $g_5(r)$，各组对应的具体因素及其定义和对农户参与意义的预期影响详见表 7-7。因此，农户参与农地整治项目后期管护意愿的计量模型可归纳为

$$Y = f\{g_1(m), g_2(n), g_3(p), g_4(q), g_5(r)\} + \varepsilon = f(X_1, X_2, X_3, \cdots, X_{25}) + \varepsilon$$

$$(7\text{-}5)$$

式中，Y 表示农户参与意愿（取值为 1 和 0，"愿意参与"为 1、"不愿意参与"为 0），ε 表示随机干扰项。

（2）计量方法的选择

农户参与意愿只有两种情况（愿意、不愿意），显然因变量为"0 和 1"型变量，因此采用二元 Logistic 回归分析模型，并通过极大似然估计法对其回归参数进行估计。假设农户 X_i 对后期管护选择愿意参与的概率为 P_i，则 $1 - P_i$ 为其不愿意参与的概率，则 Logistic 回归方程具体形式为

$$ln \frac{P_i}{1 - P_i} = \beta_0 + \sum_{i=1}^{n} \beta_i X_i \tag{7-6}$$

$$P_i = P(y_i = 1/X_1, X_2, \cdots, X_n) = \exp\left(\beta_0 + \sum_{i=1}^{n} \beta_i X_i\right) / 1 + \exp\left(\beta_0 + \sum_{i=1}^{n} \beta_i X_i\right)$$

$$(7\text{-}7)$$

式中，β 为待估参数。

7.2.2 数据来源及描述性统计

（1）数据来源

本书使用的数据来源于 2008 年 12 月 ~ 2009 年 3 月对湖北鄂州市、汉川市及湖南华容县的实地调研数据。依据典型抽样原则选取了鄂州市鄂城区杜山镇、华容区蒲团镇、汉川市马口镇、湖南华容县注市镇共 4 镇中的 9 个行政村，从中随机调查了 26 个村民小组的 257 个农户，其中有效样本数为 239 份（表 7-7）。

表 7-7　计量模型的自变量定义及其预期符号

影响因素及分组代码	变量代码	变量名称	变量定义	预期系数符号
农民的特征 $g_1(m)$	X_1	年龄	39 岁及下 =1；40 岁 ~59 岁 =2；60 岁及以上 =3	+
	X_2	文化程度	文盲及小学 =1；初中 =2；高中及以上 =3	+
	X_3	是否户主	否 =0；是 =1	±
	X_4	当前是否务农	否 =0；是 =1	±
	X_5	项目后期管护认知程度	不了解 =1；有点了解 =2；较了解或很了解 =3	+

续表

影响因素及分组代码	变量代码	变量名称	变量定义	预期系数符号
农户家庭特征 $g_2(n)$	X_6	家庭成员是否有干部	否=0；是=1	±
	X_7	家庭劳动力数	1人=1；2人=2；3人及以上=3	+
	X_8	劳动力非农就业比率	25%以下=1；25%~50%=2；50%以上=3	−
	X_9	农户耕地面积	4亩以下=1；4亩~8亩=2；8亩以上=3	+
	X_{10}	农业收入比重	25%以下=1；25%~50%=2；50%以上=3	+
	X_{11}	家庭收入相对水平	在本村处于下等=1；中等=2；上等=3	−
	X_{12}	农产品价格的满意程度	很不满意或不满意=1；一般=2；满意=3	+
	X_{13}	项目前期农户参与程度	完全没参与=0；较少参与=1；大部分参与=2	+
所在村庄特征 $g_3(p)$	X_{14}	村干部参与后期管护态度	消极=0；积极=1	+
	X_{15}	邻村参与后期管护的示范	无=0；有=1	+
	X_{16}	本村的经济发展水平	很低或较低=1；一般=2；较高或高=3	+
项目自身特征 $g_4(q)$	X_{17}	项目决策程序的透明度	很差或差=1；一般=2；高或很高=3	+
	X_{18}	后期管护资金来源	无资金=1；较少资金=2；一般或充足=3	+
	X_{19}	项目设施是否有偿使用	否=0；是=1	+
	X_{20}	项目后期管护的宣传	没宣传=1；宣传不到位=2；到位=3	+
外部环境特征 $g_5(r)$	X_{21}	后期管护组织健全程度	无组织或不健全=1；较健全=2；健全=3	+
	X_{22}	后期管护权责的明确程度	无规定=1；有但较含糊=2；权责明确=3	+
	X_{23}	后期管护内容完善程度	无内容=1；内容不完善=2；内容完善=3	+
	X_{24}	项目管护监督检查机制	无=1；有但不健全=2；健全=3	+
	X_{25}	政府对后期管护的重视程度	不重视=1；一般=2；重视=3	+

（2）描述性统计分析

1）农户对项目后期管护的总体满意程度。调查表明，农民对农村农地整治项目后期管护的现状总体表示不满意，其中不满意和很不满意的占比合计高达63.59%，仅有36.41%被调查农民表示满意或基本满意，具体见表7-8。而对耕地、机耕道路、人畜通行道、泵站及电网设施、沟渠、农田防护林、生态绿化7个具体后期管护项目满意度的调查结果进行统计分析也发现，被调查的农民除对耕地的后期管护满意比例较高外（达到48.08%），其他6项满意度均较低，具体见表7-9。

表 7-8　农民对农地整治项目后期管护的总体满意程度

项目	满意	基本满意	不满意	很不满意	合计
频率	22	65	124	28	239
比例/%	9.21	27.20	51.88	11.71	100
累计比例/%	9.21	36.41	88.29	100	—

表 7-9　农民对农地整治后期管护主要项目的满意程度

项目名称	耕地管护	机耕道路	人畜通行道	泵站及电网设施	沟渠	农田防护林	生态绿化
满意/%	48.08	37.49	31.38	29.22	34.75	38.68	39.33
不满意/%	51.92	62.51	68.62	70.78	65.25	61.32	60.67

2）受访农民的特征及其参与意愿的统计描述。239 个有效样本中，受访农民的主体特征是：年龄 40～59 岁、初中文化、务农、对农村农地整治项目后期管护有些了解。各种不同特征的受访农民及其参与农村农地整治后期管护意愿的分布情况见表 7-10。初步观察可知，农民参与意愿与年龄、文化程度、目前从业、身份及对项目后期管护的认知有较密切关系；随着年龄的增加和受教育程度的提高，农民参与后期管护的意愿更强；当前务农的农民和当村干部的农民比不务农和不当村干部的农民参与意愿要强。

表 7-10　不同特征的受访农民参与农地整治项目后期管护的意愿

受访农民特征变量	变量定义	被调查农民数	愿意参与的人数及比例 人数	愿意参与的人数及比例 比例/%	受访农民特征变量	变量定义	被调查农民数	愿意参与的人数及比例 人数	愿意参与的人数及比例 比例/%
年龄	39 岁及以下	85	28	32.94	文化程度	小学及以下	81	32	39.50
	40 岁～59 岁	97	49	50.52		初中	112	54	48.21
	60 岁及以上	57	35	61.40		高中及以上	46	26	56.52
当前是否务农	否	35	11	31.43	项目后期管护认知	不了解	32	12	37.50
	是	204	101	49.51		有点了解	135	61	45.19
是否村干部	否	217	95	43.78		比较了解及很了解	72	39	54.17
	是	22	17	77.27					

3）农户家庭特征及其参与意愿的统计描述。在被调查的 239 个农户中，主体特征为：劳动力人数 2～3 人、劳动力非农就业比例 25%～50%、户耕地面积 4～8 亩、农业收入所占比重 25%～50%、较少参与农地整治项目前期工作。不

同特征的农户及其参与农村农地整治后期管护意愿的分布情况见表 7-11。初步统计分析表明：随着农户劳动力非农就业比率降低，农户参与后期管护的意愿也越强；农户耕地面积越大，参与意愿也越强；农户家庭农业收入所占比重与农户参与后期管护的意愿呈正相关关系；此外，农户家庭参与农村农地整治项目前期工作的程度越高，后期管护参与意愿也越强。

表 7-11　不同特征的农户家庭参与农地整治项目后期管护的意愿

农户家庭特征变量	变量定义	被调查农户数	愿意参与的人数及比例		农户家庭特征变量	变量定义	被调查农户数	愿意参与的人数及比例	
			人数	比例/%				人数	比例/%
劳动力非农就业比率	25% 以下	62	34	54.84	农户耕地面积	4 亩以下	41	17	41.46
	25% ~50%	131	61	46.56		4 亩~8 亩	147	68	46.26
	50% 以上	46	17	36.96		8 亩以上	51	27	52.94
农业收入所占比重	25% 以下	39	14	35.90	前期农户参与程度	完全没参与	58	22	37.93
	25% ~50%	128	61	47.66		较少参与	142	66	46.49
	50% 以上	72	37	51.39		较多参与	39	24	61.54

4）村庄特征及其参与意愿的统计描述。市场经济条件下，农户的生产经营活动会受到众多外部环境因素的影响。因此本书将被调查农户置于村庄的大环境中，以研究村庄环境特征对农户参与农地整治后期管护意愿的影响。不同村庄特征的农户参与农地整治后期管护的意愿分布情况见表 7-12。问卷统计结果表明：村干部管护工作的态度对农户参与后期管护意愿的影响较大，村干部态度积极农户参与的意愿也越强；此外，本村经济发展水平对农户参与农村农地整治项目后期管护意愿的影响也较有规律——随着经济水平提高，农户参与意愿逐渐增强。

表 7-12　不同村庄特征的农户参与农地整治项目后期管护的意愿

村庄特征变量	变量定义	被调查农户数	愿意参与的人数及比例		村庄特征变量	变量定义	被调查农户数	愿意参与的人数及比例	
			人数	比例/%				人数	比例/%
本村经济发展水平	很低或较低	146	62	42.47	村干部管护工作的态度	消极	115	45	39.13
	一般	76	39	51.32		积极	124	67	54.03
	较高或高	17	11	64.71	邻村后期管护示范	无	191	83	43.46
	—					有	48	29	60.42

5）项目特征及影响农户参与意愿的统计描述。项目特征也会影响农户参与农地整治项目后期管护的意愿。项目特征及其对农民参与后期管护意愿影响的分布情况见表 7-13。问卷统计结果表明，项目决策程序透明度越高、后期管护资金来源越充分、项目后期管护宣传越到位，农户参与意愿越强；此外，项目设施有偿使用的村庄其农户参与意愿较强。

表 7-13　项目特征对农户参与意愿的影响

项目特征变量	变量定义	被调查农户数	愿意参与的人数及比例		项目特征变量	变量定义	被调查农户数	愿意参与的人数及比例	
			人数	比例/%				人数	比例/%
决策程序的透明度	很差或差	102	37	36.27	后期管护资金来源	无资金	68	25	36.76
	一般	89	46	51.69		较少资金	124	58	46.77
	高或很高	48	29	60.42		一般或充足	47	29	61.70
后期管护的宣传	没宣传	57	21	36.84	设施是否有偿使用	否	26	9	34.62
	不到位	155	74	47.74		是	213	103	48.36
	到位	27	17	62.96		—			

6）项目外部环境特征的统计描述。项目外部环境特征也会进一步影响农户参与农地整治项目后期管护的意愿。例如，项目后期管护组织健全程度、后期管护权责明确程度、后期管护内容完善程度、政府对后期管护的重视程度等。对表 7-14 的统计结果进行初步分析表明，项目后期管护组织越健全、权责越明确、管护内容越完善、政府越重视，农户参与意愿越强。

表 7-14　项目外部环境对农户参与意愿的影响

项目外部环境变量	变量定义	被调查农户数	愿意参与的人数及比例		项目外部环境变量	变量定义	被调查农户数	愿意参与的人数及比例	
			人数	比例/%				人数	比例/%
项目后期管护组织健全程度	无或不健全	145	57	39.31	后期管护权责明确程度	无规定	107	39	36.45
	较健全	71	39	54.93		较含糊	89	46	51.69
	健全	23	16	69.57		明确	43	27	62.79
后期管护内容完善程度	无内容	64	21	32.81	政府对后期管护的重视程度	不重视	91	29	31.87
	内容不完善	132	65	49.24		一般	102	55	53.92
	内容完善	43	26	60.47		重视	46	28	60.87

以上6个方面是利用农村实地调查数据对农户参与农村农地整治的满意程度及5组可能影响农户参与意愿的因素及其影响的初步统计观察，这些初步结论与我们最先提出的预期符号基本一致，但这种简单的统计观察还不能帮我们得到严谨的结论，因此，文章的第4部分利用Logistic回归模型进行了规范分析。

7.2.3　模型估计与计量结果分析

本书运用SPSS13.0软件对239个农户的调查数据进行Logistic回归。在处理过程中，采用了Stepwise方法，即所有自变量进入回归方程，然后进行变量的显著性检验，将不显著的变量剔除后再重新拟合回归并进行检验，直到方程中所有自变量对因变量影响的检验结果基本显著为止，最后得出的估计结果见表7-15。从模型的整体拟合优度检验看，Cox & Snell R Square 与 Nagelkerke R Square 的值分别为0.549和0.617，可见模型的整体拟合效果良好。通过对模型变量的回归系数、显著性概率等进行考察，将影响农户参与农地整治项目后期管护意愿的因素及其影响归纳如下。

表 7-15　Logistic 模型估计结果

自变量名称	回归系数（B）	Wald	显著性概率（Sig.）	发生比 Exp（B）
户主文化程度	1.819	6.539	0.017 **	6.166
劳动力非农就业比例	−2.076	7.823	0.026 **	0.125
农户耕地面积	4.813	24.651	0.003 ***	334.621
项目后期管护认知程度	2.947	10.384	0.019 **	19.049
项目前期农户参与程度	0.913	5.174	0.073 *	2.492
后期管护组织健全程度	2.305	8.946	0.030 **	10.024
后期管护资金来源	5.901	27.038	0.001 ***	365.403
项目管护监督检查机制	0.794	4.903	0.081 *	2.212
项目后期管护的宣传	3.152	12.607	0.027 **	23.383
政府对后期管护重视程度	0.589	4.126	0.094 *	1.802
Constant	−9.86	19.372	0.002 ***	0.000
−2ln（likelihood）	179.304			
Cox & Snell R Square	0.549			
Nagelkerke R Square	0.617			
Model（Sig.）	0.032			

*** 、 ** 、 * 分别表示在1%、5%、10%水平上显著

1）农户参与意愿在不同文化程度的户主间存在显著差异。由模型估计结果可知，代表户主文化程度的变量系数估计值以 5% 的显著水平通过检验，且系数符号为正，说明在其他条件不变的情况下，户主文化程度越高，农户参与农地整治项目后期管护意愿越强。这可能是因为农户参与农地整治项目后期管护是当前我国农村出现的一个新问题，文化程度越高的户主对这一问题重要性的认识也越深刻，理解也越透彻，参与意愿也就越强。

2）劳动力非农就业比例对其参与意愿具有负向影响。模型中该变量估计系数以 5% 的显著水平通过检验，且系数符号为负，这意味着劳动力非农就业比例越大，农户参与农地整治项目后期管护的意愿越弱。因为农户劳动力非农就业比例越高，其家庭对耕地的依赖性也越弱。模型估计的结果与回收问卷描述性统计分析结果一致。

3）农户耕地面积对其参与意愿具有正向影响。模型中该变量估计系数以 1% 的显著水平通过检验，且系数符号为正，这意味着农户的耕地面积越大，其参与农地整治项目后期管护意愿越强。因为农户的耕地面积越大，其家庭收入中农业收入所占的比重也越大，对耕地的依赖性也越强。而我国农村农地整治项目"重建设轻后期管理"导致项目使用不久就出现沟渠堵塞、泵房设施盗毁、道路桥梁损坏、防护林毁坏等现象，直接影响着农业生产效率，使得耕地面积越大的农户对上述现象越感不安，就越希望参与后期管护，尽量避免或减少上述现象发生。这与回收问卷描述性统计分析的结果基本一致。

4）参与意愿在农户的项目后期管护认知程度间存在显著差异。从模型估计结果可知，"项目后期管护认知程度"以 5% 的水平通过显著性检验且系数符号为正。这意味着在其他条件不变的情况下，被调查农民对农村农地整治项目后期管护问题认识越深刻，对项目建设的国家投入、项目使用过程中可能存在的问题、项目对农业生产的影响越了解，其作为项目的主人翁参与后期管护的意愿就越强。这与问卷描述性统计分析的结果基本一致。

5）前期农户参与程度对农户参与后期管护的意愿有显著影响。从模型估计结果可知，"项目前期农户参与程度"以 10% 的水平通过显著性检验且系数符号为正，说明其他条件不变情况下，农户在项目前期参与度越高，则后期管护的参与意愿越强。农地整治项目各阶段的工作都需要农户的积极参与和配合，如项目前期可行性与立项决策阶段需深入农村调查，了解项目现状，需要农户参与配合；项目规划设计阶段规划设计方案需要征求广大农户的意见，使设计项目符合实际情况，更好地服务农业生产，更需要农户积极参与；项目施工阶段需要农户参与监督，以确保工程施工质量。只有农户参与了上述的前期工作才能真正掌握项目具体情况，认识到农地整治项目是造福于民的工程，从而增强其参与后期管护的意愿。模型估计结果与回收问卷描述性统计分析结果一致。

6）项目后期管护组织的健全程度对农户参与的意愿有显著影响。从模型估计结果可知，"项目后期管护组织的健全程度"以5%的水平通过显著性检验且系数符号为正，说明在其他条件不变情况下，项目后期管护组织越健全，农户参与项目后期管护的意愿越强。这是因为后期管护是一项系统工程，包含了耕地、道路及桥梁、泵站与电网设施、沟渠、农田防护林及生态绿化等项目的管护，而且涉及广大农户、村民小组及行政村的利益，要做好这项工作，单凭少数的农户是很难的，必须要有相对健全的后期管护组织领导。模型估计结果与回收问卷描述性统计分析结果一致。

7）后期管护资金来源对农户参与意愿有显著影响。从模型估计结果可知，"后期管护资金来源"以1%的水平通过显著性检验且系数符号为正。说明在其他条件不变的条件下，后期管护资金来源越充足，农户参与项目后期管护的意愿越强。这与描述性统计结果一致。

8）项目管护监督检查机制对农户参与意愿有显著影响。从模型估计结果可知，"项目管护监督检查机制"以10%的水平通过显著性检验且系数符号为正。说明在其他条件不变情况下，项目管护监督检查机制越健全，农户参与意愿越强。模型估计结果与回收问卷描述性统计分析结果一致。

9）项目后期管护的宣传对农户参与意愿有显著影响。从模型估计结果可知，"项目后期管护的宣传"变量系数在5%的水平上通过显著性检验且系数符号为正。说明在其他条件不变的条件下，项目后期管护的宣传工作做得越好，农户参与项目后期管护的意愿越强。这与描述性统计分析结果一致。

7.2.4　结论与政策建议

本书对农户参与农村农地整治项目后期管护意愿的影响因素进行一般统计分析和计量分析。实证研究结果表明：农户户主文化程度、耕地面积、劳动力非农就业比例、项目后期管护认知程度、项目前期参与程度、后期管护资金来源、项目后期管护组织的健全程度、项目管护监督检查机制、项目后期管护的宣传等因素对农户参与农地整治项目后期管护意愿有显著影响，但各因素的影响程度存在差异；而年龄、当前是否务农、家庭成员是否有干部、家庭劳动力数、劳农业收入比重、家庭收入相对水平、村干部参与后期管护态度、邻村参与后期管护的示范、项目决策程序透明度、后期管护权责的明确程度等因素的影响不显著。

在上述结论的基础上，针对农户参与农地整治项目后期管护问题提出以下政策建议：①各级政府主管部门应加大对农地整治项目后期管护的宣传力度，有效倡导"工程管护、人人有责、人人受益"的观念，只有使农户对农地整治后期管护的重要性、管护的内容及制度等问题有充分的认识，才能调动农户参与农地整治项目后期管护的积极性和主动性。②多渠道筹集后期管护资金，确保管护工作正常进行。经济发展水平是影响农户参与后期管护的重要因素，但我国大部分农村地区经济发展水平相对落后，仅靠村集体组织和农户集资很难解决后期管护资金的问题，因此必须建立多渠道的管护资金筹集制度。③建立健全农地整治项目后期管护的基层组织。管护的基层组织是农地整治项目后期管护的核心机构，没有这一健全组织的领导，项目后期管护的责任很难落实到位，农户参与的积极性也会受到影响，必须建立以乡镇国土资源管理部门为领导，村委会为主导，专业管护人员参与的后期管护核心组织。④健全农地整治项目后期管护监督检查机制。在建立健全农地整治项目后期管护的基层组织、明确相关部门和单位权责利的基础上，建立有效的工程后期管护监督检查机制，构建其合理的绩效评估体系与方法，制定相应的奖惩措施，才能更有效调动农户参与管护的积极性。

7.3　农户参与提升项目后期管护效率的机理研究

7.3.1　农地整治项目后期管护效率影响体系及因素选取

7.3.1.1　项目后期管护效率影响的体系结构

农地整治项目后期管护效率主要受其管护主体行为的影响。在我国，代表政府职能的国土资源管理部门无论从人力还是物力方面都无法对辖区内农地整治项目后期管护承担全部责任；农户作为农地整治项目的直接受益者，其行为直接影响到项目后期管护的效率，但农户受自身知识技能、财力及组织等局限，也无法成为主导者；村委会作为基层群众性自治组织，在农地整治项目后期管护中具有其独特优势，但其非行政部门，能采取的措施受到较多限制；而后期管护的专业化组织规模不大、发展不成熟、法律法规不健全，目前也无法成为后期管护的主导者。因此，农地整治项目后期管护的主体应该是以政府部门为领导、村委会为主导者、农户和专业化管护组织为参与者的一个体系。这四方主体的行为通过影响项目后期管护的经济性、生态环保性及工程质量，从而影响项目后期管护的整体效率。当然，政府、村委会、农户及专业化组织的行为又受到其权责利配置的影响。

7.3.1.2　项目后期管护效率影响因素的选取

（1）项目后期管护主体的因素

农地整治项目后期管护效率受到参与主体方面因素的影响。在现有研究和调研基础上，对这些管护主体的因素进行系统总结和归纳，选取了涉及农户的参与、村委会的参与、政府部门的管理、专业化组织的参与等4组共20个因素（表7-16）。

表7-16　农地整治项目后期管护主体的因素

主体的参与	因素代码	影响主体参与的因素	因素选取的参考文献
农户的参与	X_1	项目后期管护的认知程度	褚春超等（2006）、陈姗姗和陈海（2012）、戴维·穆尔（2004）、邓经川等（2013）
	X_2	项目后期管护的社会态度	
	X_3	农户的参与意愿	
	X_4	农户的参与程度	
村委会的参与	X_5	项目后期管护的宣传	董霁红等（2006）、董利用等（2006）
	X_6	邻村后期管护的示范	
	X_7	后期管护模式的创新	
	X_8	村干部参与后期管护的态度	
	X_9	后期管护的资金筹集	
政府部门的管理	X_{10}	后期管护组织机构的设立	董利用（2004）、范道津（2007）、范少冉（2005）、付光辉和刘友兆（2007）
	X_{11}	后期管护条例的制定	
	X_{12}	后期管护的监督检查机制	
	X_{13}	后期管护的补偿机制	
	X_{14}	后期管护的激励机制	
专业化组织的参与	X_{15}	管护组织的健全程度	高明秀等（2008）、董利民等（2006）
	X_{16}	后期管护权责的明确程度	
	X_{17}	后期管护内容的完善程度	
	X_{18}	后期管护的民主决策机制	
	X_{19}	服务项目的收费制度	
	X_{20}	项目质量的保证措施	

（2）项目后期管护效率的因素

1）项目后期管护的经济性。农地整治项目后期管护的经济性体现为成本的节约和收益的增加，成本主要包括农业生产成本和项目设施设备等维护的成本。

因此，农地整治项目后期管护的经济性（C_1）体现在农业生产成本的降低程度（Y_1）、新增耕地承包费的增加（Y_2）、管护中的经营收入增加（Y_3）、日常维护费用减少（Y_4）、设备设施大修及更新费用减少（Y_5）等方面。

2）项目后期管护的生态环保性。农地整治项目后期管护的生态环保性（C_2）包括项目后期管护的生态质量（Y_6）、景观质量（Y_7）、污染控制（Y_8）以及项目自然资源的节约与利用（Y_9）等方面。生态质量对农地整治区域的水资源、土壤、植被、大气、生物等环境要素及其生态过程产生诸多直接或间接、有利或有害的影响（高明秀等，2011）；景观质量是指对周边景观的影响；污染控制是指对项目区污染排放物的治理与控制效果；项目自然资源的节约与利用是指水资源、能源及土地资源的节约与利用。

3）项目后期管护的工程质量。农地整治项目后期管护的工程质量（C_3）体现在单体工程的完好度（Y_{10}）、单体工程之间的协调度（Y_{11}）及项目整体的运行质量（Y_{12}）三个方面。

7.3.1.3　研究假设

显然，管护主体的行为通过中间变量——后期管护主体间权责利的配置（B）来影响项目的效率，而影响后期管护主体行为的因素是非常复杂的，具体假设如下。

H_1：管护主体的行为 A_1、A_2、A_3、A_4 是影响后期管护主体间权责利配置（B）的显著因素。

H_2：农户的参与（A_1）和村委会的参与（A_2）、政府部门的管理（A_3）及专业化组织的参与（A_4）的行为存在正相关关系。

H_3：村委会的参与（A_2）和政府部门的管理（A_3）及专业化组织的参与（A_4）存在正相关关系。

H_4：政府部门的管理（A_3）及专业化组织的参与（A_4）呈正相关关系。

H_5：农地整治项目后期管护四方主体间权责利的配置（B）对项目后期管护的经济性（C_1）、生态环保性（C_2）和工程质量（C_3）有显著影响。

H_6：专业化组织的参与（A_4）直接对项目后期管护的经济性（C_1）、生态环保性（C_2）和工程质量（C_3）有显著影响。

7.3.2　农地整治项目后期管护效率影响因素结构方程理论模型

结构方程模型验证分析的基本思路是：首先，根据已有的理论和知识来假定变量之间的因果关系，构建一个反映变量之间相互关系的理论模型；然后，用问卷调查得到的数据验证理论模型，若模型的拟合指标效果较差，则对模型进行修正，直到得出一个符合实际数据的合理模型，从而精确地揭示显变量与潜变量的关系以及潜变量和潜变量之间的关系（"关系"包括相互影响的路径和影响强弱两个层面）。

由前文的分析可知，影响农地整治后期管护效率的因素很多很复杂，包括各种可以直接观测的因素和很多无法直接观测的潜在因素，这些因素之间到底是如何相互影响和影响强弱程度都无法直接观测推断。鉴于结构方程模型能精确地揭示和描述复杂系统中的各种显变量和潜变量之间的关系，本书将运用该方法来找出影响农地整治后期管护效率的各种因素及其相互关系，也就是通过 SEM 的方法来探索农地整治后期管护效率的影响机理，从而可以有针对性地提出一些具体可行的对策来提高我国农地整治的效率。为此，下文中笔者首先根据 7.3.1 小节对农地整治项目后期管护效率影响的体系结构及效率影响因素的分析，来构建其效率影响因素的结构方程理论模型；然后再运用实地调研数据对该理论模型进行验证、剔除不显著的因素和路径，从而得到一个与实际相符的合理模型来揭示农地整治项目后期管护效率的影响机理；本书最后根据最终模型中揭示出的各效率影响因素之间的影响路径和影响强弱关系，提出了增进农地整治后期管护效率的对策建议。

根据农地整治项目后期管护效率影响的体系结构及效率影响因素，构建农地整治项目后期管护效率影响因素的结构方程理论模型（图7-1）。结构方程模型的每个潜变量都由与之对应的观测变量（即显变量）决定，具体关系如下：外生潜变量农户的行为（A_1）反映农户对农地整治项目后期管护效率的影响，由 $X_1 \sim X_4$ 四个观测变量确定；外生潜变量村委会的行为（A_2）反映村委会对农地整治项目后期管护效率的影响，由 $X_5 \sim X_9$ 五个观测变量确定；外生潜变量政府部门的管理（A_3）反映政府对农地整治项目后期管护效率的影响，由 $X_{10} \sim X_{14}$ 五个观测变量确定；外生潜变量专业化组织的行为（A_4）反映专业化组织对农地整治项目后期管护效率的影响，由 $X_{15} \sim X_{20}$ 六个观测变量确定；内生潜变量 C_1 为项目的经济性，由 $Y_1 \sim Y_5$ 五个观测变量确定；内生潜变量 C_2 表示项目的生态环保性，由 $Y_6 \sim Y_9$ 四个观测变量确定；内生潜变量 C_3 为工程质量，由 $Y_{10} \sim Y_{12}$ 三个观测变量确定。该模型由两部分组成：第一部分是由 A_1、A_2、A_3、A_4 及其指标因素（观测变量）与 B（B 为后期管护主体间权责利的配置）构成的一个二阶模型；第二部分是由 B 与 C_1、C_2、C_3 及其各自指标构成的一个全模型。

7.3.3 实证分析

（1）问卷设计

为了对构建的结构方程理论模型进行验证，本书结合农地整治项目后期管护

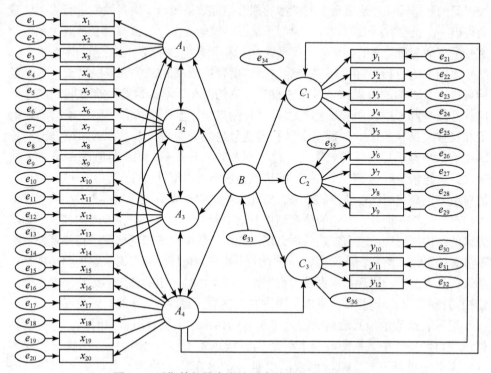

图 7-1 后期管护效率影响因素的结构方程理论模型

的特点,设计了一份调查问卷。调查对象为农户、村干部及政府工作人员,以期了解他们对所提出的农地整治项目后期管护效率影响因素的认同程度。问卷内容包括两部分,第一部分是被调查人的背景资料;第二部分是农地整治项目后期管护效率的影响因素。被调查者根据自己所从事工作的实际情况,填写各因素的重要程度,对于所有影响因素的重要程度问卷设计了 1~5 级量表,即非常重要、重要、一般、不重要和很不重要。

(2)数据收集

为了解农地整治项目后期管护的效率及其影响因素等问题,本课题组组织了教师及农村大学生分别于 2008 年 12 月至 2009 年 3 月及 2009 年 7 月至 8 月对湖北鄂州市、汉川市及湖南临湘市和华容县进行了实地调研。调查依据典型抽样原则在上述县市选择了 8 个乡镇,并从中随机调查了 29 个村民小组的 137 个农户及村干部;同时,也对上述 8 个乡镇分管农业、水利的领导及农业与土地管理部门的工作人员共 21 人进行了问卷调查。面对面地进行问卷调查,保证了较高的问卷填写质量,最后回收有效问卷共 158 份。

（3）数据质量评价

在利用 LISREL8.70 软件进行结构方程模型分析时，所选择变量的效度和信度直接影响测量数据的质量，进而对农地整治项目后期管护效率影响因素的研究结果会产生较大影响。因此，对调研数据进行分析之前，必须对问卷变量的信度和效度进行分析，以确保研究结果的准确性。

1）信度检验。信度是指采用同一方法对同一对象进行调查时，调查结果的稳定性和一致性，即测量工具（问卷）能否稳定地测量所测的事物或变量。问卷信度测量常用的方法是测量克伦巴赫 α 系数（Cronbach's Alpha）。本书采用 SPSS15.0 对回收的样本作克伦巴赫 α 系数测试，除了 X_{11}、X_{13} 分别为 0.652 和 0.679 外，其他 α 值都大于 0.7，表明量表具有较好的信度。

2）效度检验。效度是指问卷能正确测量研究者所要测量的变量的程度。问卷效度检验最理想的方法是借助于探索性因子分析测量问卷的结构效度，而在进行因子分析前，要通过 KMO 样本测度和 Bartlett 球体检验与判断是否适合做因子分析。运用 SPSS15.0 进行因子分析，可得到本研究的 KMO 值为 0.819，大于推荐的临界值 0.80，Bartlett 球形检验显著性水平小于 0.001，表明适合进行因子分析。在因子分析中采用方差最大法旋转后得到因子矩阵，从该因子矩阵可以看出，所有指标在各自归属的因子上的负载都很高，而在其他因子上的负载则很低，这表明量表具有较好的判别效度。

（4）拟合优度检验结果与标准化路径系数

1）拟合度检验。结构方程模型须通过拟合优度检验，以确定理论模型与实际调查样本数据的一致性。拟合优度越好，表明模型对事实样本数据的解释程度越高，模型越符合实际情况。本研究利用 LISREL 软件 8.70 版本进行结构方程模型的分析，拟合优度指标采用国际上较为通用的 11 个指标，拟合后的评价结果及参考值见表 7-17。从表 7-17 可知，x^2/df、NFI、NNFI、CFI、RMR、RMSEA 等指标都在参考标准以上，GFI 和 AGFI 取值偏低，而 RMSEA（近似误差均方）取值略偏高。因此，说明本研究所提出的后期管护效率影响因素结构方程模型与事实样本数据的总体拟合尚可，但也存在不显著的路径。

表 7-17　农地整治项目后期管护效率影响因素模型的拟合优度结果

指标	df	x^2	x^2/df	P	NFI	NNFI	CFI	GFI	AGFI	RMR	RMSEA
参考值	—	—	2~5	<0.05	>0.8	>0.9	>0.9	>0.9	>0.9	<0.08	<0.08
指标值	476	1029.273	2.162	0.00	0.819	0.901	0.925	0.867*	0.783*	0.063	0.087*

2）路径与因素分析。通过上述分析，可以得到软件 LISREL8.70 对观测变量

与潜变量之间因子负荷的估计结果（表 7-18）及潜变量之间的假设检验的结果（表 7-19）。从表 7-18 可知，路径 $x_2 \leftarrow A_1$、$x_6 \leftarrow A_2$、$x_{11} \leftarrow A_3$、$C_1 \rightarrow y_2$ 的因子负荷小于 0.5，检验值 t 也不能满足大于 1.96 的拟合要求，表明这些路径不显著；从表 7-19 可知，路径 $A_1 \leftrightarrow A_4$、$A_4 \rightarrow C_1$ 和 $A_4 \rightarrow C_2$ 在模型拟合计算过程中显著性低，没有通过显著性检验。

表 7-18 结构方程模型的路径系数及因子负荷

路径	参数估计	S. E.	检验值 t
$x_1 \leftarrow A_1$	0.763	0.369	2.068
$x_2 \leftarrow A_1$	0.487	0.349	1.395
$x_3 \leftarrow A_1$	0.608	0.104	5.846
$x_4 \leftarrow A_1$	0.807	0.113	7.142
$x_5 \leftarrow A_2$	0.647	0.291	2.223
$x_6 \leftarrow A_2$	0.451	0.286	1.577
$x_7 \leftarrow A_2$	0.905	0.275	3.291
$x_8 \leftarrow A_2$	1.073	0.223	4.812
$x_9 \leftarrow A_2$	0.816	0.115	7.096
$x_{10} \leftarrow A_3$	1.003	0.152	6.599
$x_{11} \leftarrow A_3$	0.395	0.267	1.479
$x_{12} \leftarrow A_3$	0.936	0.179	5.229
$x_{13} \leftarrow A_3$	0.865	0.108	8.009
$x_{14} \leftarrow A_3$	0.904	0.112	8.071
$x_{15} \leftarrow A_4$	0.821	0.193	4.254
$x_{16} \leftarrow A_4$	0.862	0.120	7.183
$x_{17} \leftarrow A_4$	0.658	0.087	7.575
$x_{18} \leftarrow A_4$	0.751	0.185	4.059
$x_{19} \leftarrow A_4$	0.916	0.113	8.106
$x_{20} \leftarrow A_4$	0.702	0.151	4.649
$C_1 \rightarrow y_1$	0.813	0.191	4.257
$C_1 \rightarrow y_2$	0.305	0.187	1.631
$C_1 \rightarrow y_3$	0.535	0.157	3.408
$C_1 \rightarrow y_4$	0.614	0.192	3.198
$C_1 \rightarrow y_5$	0.621	0.168	3.696

续表

路径	参数估计	S. E.	检验值 t
$C_2 \rightarrow y_6$	0.713	0.272	2.621
$C_2 \rightarrow y_7$	0.593	0.168	3.530
$C_2 \rightarrow y_8$	0.620	0.173	3.584
$C_2 \rightarrow y_9$	0.762	0.189	4.032
$C_3 \rightarrow y_{10}$	0.519	0.127	4.087
$C_3 \rightarrow y_{11}$	0.620	0.130	4.769
$C_4 \rightarrow y_{12}$	0.762	0.208	3.663

表 7-19　结构方程模型的路径系数及假设检验结果

假设及路径		参数估计	S. E.	检验值 t	结果	假设及路径		参数估计	S. E.	检验值 t	结果
H_1	$A_1 \leftarrow B$	0.815	0.110	7.409	成立	H_3	$A_2 \leftrightarrow A_4$	0.505	0.178	2.837	成立
	$A_2 \leftarrow B$	0.639	0.128	4.992	成立	H_4	$A_3 \leftrightarrow A_4$	0.594	0.109	5.450	成立
	$A_3 \leftarrow B$	0.713	0.185	3.854	成立	H_5	$C_1 \leftarrow B$	0.750	0.262	2.863	成立
	$A_4 \leftarrow B$	0.626	0.201	3.114	成立		$C_2 \leftarrow B$	0.637	0.153	4.163	成立
H_2	$A_1 \leftrightarrow A_2$	0.627	0.206	3.044	成立		$C_3 \leftarrow B$	0.596	0.180	3.311	成立
	$A_1 \leftrightarrow A_3$	0.726	0.092	7.891	成立	H_6	$A_4 \rightarrow C_1$	0.395	0.278	1.421	不成立
	$A_1 \leftrightarrow A_4$	0.411	0.253	1.625	不成立		$A_4 \rightarrow C_2$	0.328	0.192	1.708	不成立
H_3	$A_2 \leftrightarrow A_3$	0.601	0.084	7.155	成立		$A_4 \rightarrow C_3$	0.471	0.228	2.066	成立

（5）模型的修改及参数的解释

根据 LISREL8.70 对模型分析的结果，本书对理论模型作进一步修改，删除观测变量 x_2、x_6、x_{11}、y_2，去除显著性偏低的路径 $A_1 \leftrightarrow A_4$、$A_4 \rightarrow C_1$ 和 $A_4 \rightarrow C_2$，并对调整后模型进行拟合与路径系数的显著性检验，得到了一个较为理想的模型（图 7-2）。调整后模型的拟合指标（表 7-20）较调整前理论模型有所改善，较好地达到了整体拟合标准，并通过了路径系数的显著性检验（表 7-21），可以接受。

表 7-20　调整后模型的拟合优度结果

指标	df	x^2	x^2/df	P	NFI	NNFI	CFI	GFI	AGFI	RMR	RMSEA
参考值	—	—	2~5	<0.05	>0.8	>0.9	>0.9	>0.9	>0.9	<0.08	<0.08
指标值	482	1107.917	2.299	0.00	0.821	0.913	0.928	0.902	0.907	0.061	0.079

表 7-21　调整后的结构方程模型的检验结果

路径	检验值 t	路径	检验值 t	路径	检验值 t	路径	检验值 t	路径	检验值 t
$X_1 \leftarrow A_1$	1.926 *	$X_{13} \leftarrow A_3$	6.427 **	$C_1 \rightarrow Y_1$	4.625 **	$C_3 \rightarrow Y_{10}$	4.526 **	$A_1 \leftrightarrow A_3$	6.103 **
$X_3 \leftarrow A_1$	4.763 **	$X_{14} \leftarrow A_3$	6.183 **	$C_1 \rightarrow Y_3$	3.517 **	$C_3 \rightarrow Y_{11}$	4.310 **	$A_2 \leftrightarrow A_3$	6.581 **
$X_4 \leftarrow A_1$	6.315 **	$X_{15} \leftarrow A_4$	3.402 **	$C_1 \rightarrow Y_4$	2.731 **	$C_3 \rightarrow Y_{12}$	3.152 **	$A_2 \leftrightarrow A_4$	2.958 **
$X_5 \leftarrow A_2$	1.893 *	$X_{16} \leftarrow A_4$	5.031 **	$C_1 \rightarrow Y_5$	3.826 **	$A_1 \leftarrow B$	5.295 **	$A_3 \leftrightarrow A_4$	4.382 **
$X_7 \leftarrow A_2$	3.716 **	$X_{17} \leftarrow A_4$	5.790 **	$C_2 \rightarrow Y_6$	2.193 **	$A_2 \leftarrow B$	4.083 **	$C_1 \leftarrow B$	3.901 **
$X_8 \leftarrow A_2$	4.089 **	$X_{18} \leftarrow A_4$	3.82 ** 9	$C_2 \rightarrow Y_7$	3.280 **	$A_3 \leftarrow B$	3.718 **	$C_2 \leftarrow B$	4.376 **
$X_9 \leftarrow A_2$	5.172 **	$X_{19} \leftarrow A_4$	7.015 **	$C_2 \rightarrow Y_8$	3.105 **	$A_4 \leftarrow B$	3.406 **	$C_3 \leftarrow B$	4.094 **
$X_{10} \leftarrow A_3$	5.031 **	$X_{20} \leftarrow A_4$	4.841 **	$C_2 \rightarrow Y_9$	4.718 **	$A_1 \leftrightarrow A_2$	2.784 **	$A_4 \rightarrow C_3$	2.038 **
$X_{12} \leftarrow A_3$	4.283 **	—	—	—	—	—	—	—	—

＊表示通过了 5% 的显著性水平检验；＊＊表示通过了 1% 的显著性水平检验

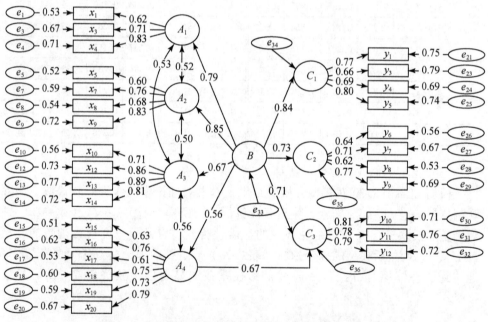

图 7-2　调整后的效率影响因素结构方程模型的路径系数

　　从路径系数的结果来看：①各主体间权责利的配置与村委会的参与间因子关系最强，与农户参与的因子关系其次，而与专业化组织的参与及政府部门管理间的因子关系相对较弱。②项目后期管护各主体间权责利的配置对项目后期管护的经济性、生态环保性及工程质量的提高有较大影响。③专业化组织的参与对项目后期管护的工程质量的作用较为明显。④农户的参与和项目后期管护的认知程度的因子关系相对较弱，而与农户的参与意愿及参与程度相对较强；村委会的参与和后期管护模式创新、后期管护的资金筹集具有较强的因子关系，而与项目后期管护的宣传、村干部参与后期管护的态度的因子关系相对较弱；政府部门的管理与后期管护的监督检查机制、补偿机制及激励机制具有较强的因子关系；后期管护权责的明确程度、后期管护的民主决策机制、服务项目的收费制度及项目质量保证措施与专业化组织的参与具有较强的因子关系。⑤项目的经济性与农业生产成本的降低水平、设备设施大修及更新费用减少具有较强的因子关系；项目的生态环保性与项目后期管护的环境质量、项目自然资源的节约与利用的因子关系较强；项目后期管护的工程质量与其三个观测变量单体工程的完好度、单体工程之间的协调度及项目整体的运行质量均具有较强因子关系。

7.3.4　政策建议

相对落后，仅靠村集体组织和农户集资很难解决后期管护资金的问题，因此必须建立多渠道的管护资金筹集制度。具体来说，村委会在不加重农户负担情况下，组织受益农户投工投劳；从承包、租赁、拍卖等方式取得的收益中安排适当比例的后期管护经费，或采取"村民一事一议"等形式筹集管护资金。积极推进后期管护模式的创新，在农民民主参与的基础上，引入市场竞争机制，以降低项目的运行管理成本，提高工程管理水平和经济效益。

政府部门需建立健全后期管护的管理机制。首先，国土管理部门应加强引导，制定相应的后期管护制度、建立并完善后期管护的监督机制、补贴机制。从上述结论可知，现阶段村委会的参与对农地整治项目后期管护的效率影响最大。其次，是农户的参与，而政府部门的管理与专业化组织的参与影响相对较小。因此，为提高农地整治项目后期管护的效率，提出以下政策建议。

1）建立健全农地整治项目后期管护的组织体系。管护组织是农地整治项目后期管护的核心机构，没有这一健全组织的领导，项目后期管护的责任很难落实到位。因此，必须建立以国土资源管理部门为领导，村委会为主导、专业化组织参与的后期管护机构。

2）提高农户参与的积极性。各级政府主管部门应加大对农地整治项目后期管护的宣传力度，有效倡导"工程管护、人人有责、人人受益"的观念，只有使农户对后期管护的重要性、管护的内容及制度等问题有了充分认识，才能增强他们的责任感，从而调动农户参与后期管护的积极性和主动性。

3）村委会要多渠道筹集管护资金、创新管护模式。经济发展水平是影响农户参与后期管护的重要因素,但我国大部分农村地区经济发展水平激励机制等,从而改变"重建设、轻管护"现象。

4)健全专业合作组织。专业合作组织对农地整治项目后期管护效率具有直接的影响,然而我国农地整治项目后期管护专业合作组织建立正处在探索之中。因此,应在政府管理部门引导下,加快完善相应的制度,从而充分发挥专业合作组织对后期管护效率应有的促进作用。

参 考 文 献

白雪华，吴次芳，艾亮辉，等.2003.土地整理项目融资 PPP 模式.中国土地，(1)：20-23.

鲍海君，吴次芳，贾化民.2004.土地整理规划中公众参与机制的设计与应用.华中农业大学学报（社会科学版），51（1）：43-46.

鲍海君.2005.土地开发整理的 BOT 项目融资研究.杭州：浙江大学.

保罗·萨缪尔森，威廉·诺德豪斯.1992.经济学.萧琛译.北京：中国发展出版社.

陈姗姗，陈海.2012.农户有限理性土地利用行为决策影响因素——以陕西省米脂县高西沟村为例.自然资源学报，(8)：1286-1295.

褚春超，陈术山，郑丕谔.2006.基于依赖结构矩阵的项目规划模型.计算机集成制造系统，12（10）：1591-1595.

戴维·穆尔.2004.最优结构——为项目管理选择顶尖的组织结构.张秀坤，戴迪玲译.北京：中华工商联合出版社.

邓经川，杨庆媛，藏波，等.2013.县域农村土地整理社会效益评价研究——以重庆市云阳县为例.西南农业大学学报（社会科学版），11（4）：1-6.

董霁红，卞正富，狄春雷，等.2006.土地开发整理的生态安全评价——以江苏黄河故道为例.地域研究与开发，25（1）：106-110.

董利民.2004.土地整理融资机制研究.武汉：华中农业大学.

董利民，张明，伍黎芝，等.2006.可持续土地整理评价体系研究.湖北农业科学，45（1）：12-16.

范道津.2007.公共管理视角下非经营性政府投资项目管理绩效研究.天津：天津大学.

范少冉.2005.耕地保护失控的成因及对策研究.南京：南京农业大学.

付光辉，刘友兆.2007.区域土地整理综合效益测算——以徐州市贾汪区为例.资源科学，29（3）：25-30.

高明秀，李占军，赵庚星.2008.面向土地整理的项目尺度耕地质量评价.农业工程学报，24（S1）：128-132.

高明秀，张芹，赵庚星.2011.土地整理的评价方法及应用.农业工程学报，(10)：300-307.

高喜珍.2009.公共项目绩效评价体系及绩效实现机制研究.天津：天津大学.

谷晓坤.2012.湖北省不同类型土地整治生态效应评价.应用生态学报，23（8）：2263-2269.

谷晓坤，陈百明，代兵.2007.经济发达区农村居民点整理驱动力与模式.自然资源学报，22（5）：701-706.

谷晓坤，陈百明.2008.土地整理景观生态评价方法及应用——以江汉平原土地整理项目为例.中国土地科学，22（12）：58-62.

谷晓坤，刘娟.2013.都市观光农业型土地整治项目的社会效应评价——以上海市合庆镇项目为例.资源科学，35（8）：1549-1554.

谷晓坤，周小萍，卢新海.2009.大都市郊区农村居民点整理模式及效果评价.经济地理，(5)：832-835.

郭云涛，杨乃定，徐济超．2008．基于结构矩阵的项目进度周期的计算方法．工业工程与管理，(1)：12-15.

黄贤金，赵小风．2008．论我国土地整理融资体系创新．资源与产业，10 (5)：99-102.

纪凡荣．2008．大型建设项目组织的生命机制研究．南京：东南大学．

金晓斌，何立恒，王慎敏，等．2006．基于农用地分等土地整理项目的土地质量评价．南京林业大学学报（自然科学版），30 (4)：93-96.

金晓斌，周寅康，李学瑞．2011．中部土地整理区土地整理投入产出效率评价．地理研究，(7)：1198-1296.

鞠正山，罗明，张凤荣，等．2003．我国区域土地整理的方向．农业工程学报，(3)：6-11.

鞠正山，张凤荣．2004．浅议 LUCC 研究的理论框架体系//中国地理学会 2004 年学术年会暨海峡两岸地理学术研讨会论文摘要集．

李佰胜．2006．东明石化集团项目建设管理模式分析与研究．青岛：山东科技大学硕士学位论文．

李建强，诸培新．2005．土地开发整理农户行为响应机制研究．中国人口·资源与环境，(4)：55-61.

李维安．2001．公司治理与公司治理原则．中国物资流通，(2)：6-7.

李维安．2001．国际经验与企业实践——制定适合国情的中国公司治理原则．南开管理评论，(1)：4-8.

李宪文，张军连，郑伟元，等．2004．中国城镇化过程中村庄土地整理潜力估算．农业工程学报，20 (4)：276-279.

李佑山．2008．探析土地整理项目后期管护体系的建立．现代农业科技，(10)：238-240.

刘飚．2003．企业业务流程分析及其再造的评价方法研究．武汉：华中科技大学博士学位论文．

刘勇，吴次芳，岳文泽，等．2008．土地整理项目区的景观格局及其生态效应．生态学报，28 (5)：2261-2269.

罗罡辉，吴次芳，徐保根．2004．土地整理优先度评价方法及其应用研究．自然资源学报，(3)：347-352.

罗文斌，吴次芳．2012．中国农村土地整理绩效区域差异及其影响机理分析．中国土地科学，26 (6)：35-41，91.

罗文斌，吴次芳，吴一洲．2011．基于物元模型的土地整理项目绩效评价方法与案例研究．长江流域资源与环境，20 (11)：1321-1326.

罗文斌，吴次芳，杨剑．2010．基于"流程逻辑"框架的土地整理项目绩效物元评价．中国土地科学，24 (4)：55-61.

罗文斌，吴次芳，杨剑．2010．基于"流程逻辑"框架的土地整理项目绩效物元评价．中国土地学，(4)：55-61.

钱圣．2012．PPP 模式下农地整理项目效率提升机理研究．武汉：华中农业大学．

邱皓政，林碧芳．2009．结构方程模型的原理与应用．北京：中国轻工业出版社．

孙继德，高冠华．2003．大型建设项目的组织设计．上海：中国建筑学会工程管理分会2003年学术年会．

孙雁，付光辉，吴冠岑，等．2008．南京市土地整理项目后效益的经济评价．南京农业大学学报，31（3）：145-151．

谭梦，黄贤金，钟太洋，等．2011．土地整理对农田土壤碳含量的影响．农业工程学报，27（8）：324-329．

汪文雄，陈梦华，杨钢桥．2013．基于标杆管理的农地整理项目实施阶段工作效率测度研究．农业工程学报，（19）：253-261．

汪文雄，陈梦华，杨钢桥．2013．基于价值链增值的农地整治项目前期阶段效率测度研究．自然资源学报，（12）：2189-2200．

汪文雄，钱圣，杨钢桥．2013．PPP模式下农地整理项目前期阶段效率影响机理研究．资源科学，（2）：341-352．

汪文雄，王文玲，朱欣，等．2013．农地整理项目实施阶段农户参与程度的影响因素研究．中国土地科学，（7）：62-68．

汪文雄，杨钢桥，李进涛．2010．农地整理项目后期管护效率影响因素的实证研究．资源科学，（6）：1169-1176．

汪文雄，杨钢桥，李进涛．2010．农户参与农地整理项目后期管护意愿的影响因素实证研究．中国土地科学，（3）：42-47．

汪文雄，余利红，杨钢桥，等．2014．基于标杆管理和DEA模型的农地整治效率评价研究——以湖北省岗前平原工程模式区为例．中国人口资源与环境，24（6）：103-113．

王瑷玲，胡继连，赵庚星．2010．莱芜里辛土地整理耕地质量级别变化研究．中国土地科学，24（10）：52-57．

王瑷玲，李占军．2008．农民参与土地整理现状及政策建议．中国土地科学，22（5）：47-50．

王瑷玲，赵庚星，王瑞燕．2006．区域农地整治质量评价及其时空配置研究——以山东省青州市为例．自然资源学报，（3）：369-374．

王济川，郭志刚．2001．Logistic回归模型——方法与应用．北京：高等教育出版社．

王介勇，刘彦随，陈秧分．2013．农村空心化程度影响因素的实证研究——基于山东省村庄调查数据．自然资源学报，（1）：10-18．

王军，李正，白中科，等．2011．土地整理对生态环境影响的研究进展与展望．农业工程学报，27（1）：340-345．

王军，罗明，龙花楼．2003．土地整理生态评价的方法与案例．自然资源学报，（5）：363-367．

王珊，张安录，张叶生．2013．湖北省农用地整理综合效益评价——基于灰色关联方法．资源科学，35（4）：749-757．

王文玲，阔西洧，汪文雄，等．2011．农地整理项目公众参与的国内外研究综述．华中农业大学学报（社会科学版），（3）：71-75．

王新年．2008．基于业务流程的计算机网络安全防御体系研究．武汉：华中科技大学博士学位论文．

王禹杰. 2009. 建设工程项目组织沟通机理、互动机制及其有效性评价研究. 吉林：吉林大学博士学位论文.

吴冠岑，刘友兆，付光辉. 2008. 基于熵权可拓物元模型的土地整理项目社会效益评价. 中国土地科学，(5)：40-46.

吴怀静，杨山. 2004. 基于可持续发展的土地整理评价指标体系研究. 地理与地理信息科学，20 (6)：61-64.

吴林，张鸿辉，王慎敏，等. 2005. 基于栅格数据空间分析的土地整理生态评价——以江西省南康市凤岗镇为例. 中国土地科学，19 (3)：23-28.

吴明隆. 2010. 结构方程模型——AMOS 的操作和应用. 第二版. 重庆：重庆大学出版社.

吴新颜. 2008. 浅谈土地整理的后期管护工作. 中国农业信息，(9)：29-31.

夏千舒. 2007. 项目组织设计的仿真模型研究. 上海：同济大学.

修保新，张维明，刘忠，等. 2007. C_2 组织结构的适应性设计方法. 系统工程与电子技术，29 (7)：1102-1108.

徐雪林. 2004. 公众参与土地整理项目的必然. 资源·产业，6 (6)：20-22.

徐玉婷. 2011. 农地整治对农户农地资本投入的影响研究. 武汉：华中农业大学.

许乃中，曾维华，等. 2010. 工业园区循环经济绩效评价方法研究. 中国人口·资源与环境，(3)：44-49.

薛微. 2006. SPSS 统计分析方法及应用. 北京：电子工业出版社.

薛晓芳，覃正，韩刚. 2008. 基因组方法在虚拟企业组织优化中的应用研究. 华东经济管理，22 (7)：116-119.

阳东升，彭小宏，刘忠，等. 2005. 计算数学组织理论研究. 计算机工程与应用，(1)：4-7.

杨钢桥，陈梦华，汪文雄. 2012. 基于价值链的农地整治项目选址阶段效率测度模型研究. 南京农业大学学报（社会科学版），(4)：83-88.

杨庆媛，周宝同，等. 2006. 西南地区土地整理的目标及模式. 北京：商务印书馆.

杨庆媛. 2003. 西南丘陵山地区土地整理与区域生态安全研究. 地理研究，(6)：698-708.

杨瑞龙，魏梦. 2000. 公司的利益相关者和公司股利政策. 上海经济研究，(4)：7-13.

杨瑞龙，杨其静. 2001. 专用性、专有性与企业制度. 经济研究，(3)：3-11.

杨瑞龙，周业安. 1997. 论转轨时期国有企业治理结构创新战略的选择. 经济理论与经济管理，(6)：5-11.

杨瑞龙，周业安. 1998. 论利益相关者合作逻辑下的企业共同治理机制. 中国工业经济，(1)：38-45.

杨子生. 2006 全国土地资源战略与区域协调发展学术研讨会简报. 自然资源学报，21 (6)：1002.

叶敬忠. 2007. 农民如何看待新农村建设中政府、村委会和农民的分工. 农业经济问题，(11)：17-23.

叶兴庆. 1997. 论农村公共产品供给体制的改革. 经济研究，(6)：57-59.

余健俊. 2004. 大型建设项目管理流程研究. 南京：东南大学.

岳意定,刘莉君.2010. 基于网络层次分析法的农村土地流转经济绩效评价. 中国农村经济,
　26（8）：36-47.

曾初云,杨思留.2005. 论农村集体土地所有权主体. 阜阳师范学院学报（社会科学版）,
　106（4）：89-92.

曾初云,杨思留.2005. 论农村集体土地所有权主体. 阜阳师范学院学报（社会科学版）,4：
　89-92.

张雯雯,李新举,陈丽丽,等.2008. 泰安市平原土地整理项目区土壤质量评价. 农业工程学
　报,24（7）：106-109.

张雯雯,李新举,陈丽丽,等.2007. 泰安丘陵地区土地整理项目区的土壤质量时空变异研究.
　安全与环境学报,7（6）：61-64.

张以晨,佴磊等.2011. 基于最优组合赋权理论的可拓学评价模型应用. 吉林大学学报（地球
　科学版）,（4）：1110-1135.

张悦颖,乐颖,胡毅.2010. 上海世博会大型复杂群体工程建设项目界面管理研究. 建筑技术,
　41（4）：308-311.

张正峰.2012. 土地整治可持续性的标准与评估. 农业工程学报,28（7）：1-7.

张正峰,陈百明,董锦.2002. 土地整理潜力内涵与评价方法研究初探. 资源科学,（4）：
　43-48.

张正峰,陈百明.2003. 土地整理的效益分析. 农业工程学报,19（2）：210-213.

张正峰,赵伟.2006. 北京市大兴区耕地整理潜力模糊评价研究. 农业工程学报,22（2）：
　83-88.

赵京,杨钢桥,汪文雄.2011. 农地整治对农户土地利用效率的影响研究. 资源科学,33
　（12）：2271-2276.

赵俊锐,朱道林.2010. 基于能值分析的土地开发整理后效益评价. 农业工程学报,26（10）：
　337-344.

赵谦.2011. 构建中国农民参与农村土地整理制度之思考. 中国土地科学,25（7）：37-44.

周春芳.2012. 公私合作模式下农地整理项目组织设计研究. 武汉：华中农业大学.

周春芳,汪文雄,杨钢桥.2012. 基于PPP模式的农地整治项目组织界面管理研究. 湖北农业
　科学,（5）：1008-1013.

周国华,黎艳虹,吕虹云.2005. 工程设计企业项目组织结构变革研究. 管理工程学报,
　19（增刊）：263-266.

周厚智.2012. PPP模式下的农地整理项目投资博弈研究——以企业与政府、农村合作（集体）
　组织为例. 武汉：华中农业大学.

周厚智,汪文雄,杨钢桥.2012. 农地整治项目投资分摊博弈机理研究——以政府和企业为例.
　中国人口·资源与环境,（6）：109-114.

周佳松,刘秀华,廖兴勇,等.2004. 南方丘陵区土地整理新增耕地质量评价研究. 西南农业
　大学学报（社会科学版）,2（1）：30-33.

朱志刚.2003. 公共支出绩效评价研究.

邹利林, 王占岐, 王建英. 2011. 农村土地综合整治产业化发展盈利模式的构建. 经济地理, 31 (8): 1370-1374.

Aigner D, Lovell C A A, Schmidt P. 1977. Formulation and estimation of stochastic frontier production function models. Journal of econometrics, 6 (1): 21-37.

Arcelus Francisco J, Arocena Pablo. 2000. Convergence and productive efficiency in fourteen OECD countries: A non-parametric frontier approach. International Journal of Production Economics, 66 (2):105-117.

Banker R D, Charnes A, Cooper W W. 1984. Some models for estimating technical and scale inefficiencies in data envelopment analysis. Management science, 30 (9): 1078-1092.

Berger A N, Hunter W C, Timme S G. 1993. The efficiency of financial institutions: a review and preview of research past, present and future. Journal of Banking & Finance, 17 (2): 221-249.

Berger A N, Humphrey D B. 1992. Measurement and efficiency issues in commercial banking. In Output measurement in the service sectors. University of Chicago Press.

Bernardin H J, Beatty R W. 1984. Performance appraisal: Assessing human behavior at work. Boston: Kent Publishing Company.

Blank R M. 2001. Welfare Programs, Economics of. International Encyclopedia of the Social & Behavioral Sciences: 16426-16432.

Brunso T, Siddiqi K M. 2003. Using benchmarking and metrics to evaluate project delivery of environmental restoration program. Journal of Construction Engineering and Management 129 (2): 119-130.

Buyukozkan G, Gifci G. 2012. Evaluation of the green supply chain management practices: a fuzzy ANP approach. Computers & Education, 23 (6): 405-418.

Ćukušić M, Alfirević N, Granić A, et al. 2010. e-Learning process management and the e-learning performance: Results of a European empirical study. Computers & Education, 55 (2): 554-565.

Carder P. 1997. The interface manager's toolkit. Facilities, (15): 84-89.

Cay T, Ayten T, Iscan F. 2010. Effects of different land reallocation models on the success of land consolidation projects: Social and economic approaches. Land Use Policy, 27 (2): 262-269.

Charkham J. 1992. Corporate governance: lessons from abroad. European Business Journal, 4 (2): 8-16.

Charnes A, Cooper W W, Rhode E. 1978. Measuring the efficiency of decision making units. European journal of operational research, 2 (6): 429-444.

Chua D K H, Godinot M. 2006. Use of a WBS matrix to improve interface management in projiects. Journal of Construction Engineering and Management, 132 (1): 67-79.

Clark Archer J. 1989. The Politics of Size: Representation in the United States, 1776-1850, Rosemarie Zagarri. Journal of Historical Geography, 15 (3): 328-329.

Clarkson M B. 1995. A Stakeholder Framework for Analyzing and Evaluating Corporate Social Performance. Academy of Management Review, (20): 92-117.

Coelho J C, Pinto P A, Silva L M. 2001. A systems approach for the estimation of the effects of land consolidation projects (LCPs): a model and its application. Agricultural Systems, 68 (3): 179-195.

Crawford P, Bryce P. 2003. Project monitoring and evaluation: a method for enhancing the efficiency and effectiveness of aid project implementation. International Journal of Project Management, 21 (5):363-373.

Crecente R, Alvarez C, Fra U. 2002. Economic, social and environmental impact of land consolidation in Galicia. Land Use Policy, 19 (2): 135-147.

Daniel J. 2008. Graham. Productivity and efficiency in urban railways: Parametric and non-parametric estimates. Transportation Research Part E: Logistics and Transportation Review, 44 (1): 84-99.

Das S, Gupta P K. 2011. A mathematical model on fractional Lotka - Volterra equations. Journal of Theoretical Biology, 277 (1): 1-6.

Dijk T V. 2007. Complications for traditional land consolidation in Central Europe. Geoforum, 38: 505-511.

Fare R, Grosskopf S, Lindgren B, et al. 1994. Productivity Developments in Swedish Hospitals: A Malmquist Output Index Approach. Data Envelopment Analysis: Theory, Methodology and Applications. : 253-272.

Frank Hanisch, Wolfgang Straber. 2003. Adaptability and interoperability in the field of highly interactive web-based courseware. Computers & Graphics, 27 (4): 647-655.

Färe R, Grosskopf S, Lovell C K. 1985. The measurements of efficiency of production (Vol. 6).

Gajendra S Niroula, Gopal B Thapa. 2005. Impacts and causes of land fragmentation, and lessons learned from land consolidation in South Asia. Land Use Policy, 22 (4): 358-372.

Gerhard Larsson. 1997. Land readjustment: A tool for urban development. Habitat International, 21 (2):141-152.

Gilson R J, Kraakman R. 2002. Mechanisms of Market Efficiency Twenty Years Later: The Hindsight Bias. Journal of Corporation Law, 28 (3): 715-741.

Hanna S, Peterson P, Lee M J. 2002. Benchmarking productivity indicators for electrical/mechanical projects. Journal of Construction Engineering and Management, 128 (4): 331-337.

Hu L T, Jiao J J. 2010. Modeling the influences of land reclamation on groundwater systems: A case study in Shekou peninsula, Shenzhen, China. Engineering Geology, 114 (4): 144-153.

Huang T H, Wang M H. 2002. Comparison of Economic Efficiency Estimation Methods: Parametric and Non-parametric Techniques. The Manchester School, 70 (4): 682-709.

Josepson P, Larsson B, Li H. 2002. Illustrative Benchmarking rework and rework costs in Swedish construction industry. Journal of Management in Engineering, 18 (2): 76-83.

Judy M, Paul S. 2002. The Nexus of Value Chain Integration and E-Business Applications on Public Sector Agriculture R&D Management. Management, Policy and Practice, 4 (1-3): 165-175.

Kane, Min-Teh Yu., Edward J. 1996. Opportunity cost of capital forbearance during the final years of the FSLIC mess. The Quarterly Review of Economics and Finance，36（3）：271-290.

Kelly B，Berger S. 2006. Interface management：Effective communication to improve process safety. Journal of Hazardous Materials，（130）：321-325.

Lai M C，Huang H C，Wang W K. 2011. Designing a knowledge-based system for benchmarking：A DEA approach. Knowledge-Based Systems，24（5）：662-671.

Luis M de Campos，Juan M Fernandez-Luna. 2001. Document instantiation for relevance feedback in the Bayesian network retrieval model. ACM SIGIR' 01 Workshop on Mathematical/Formal Methods in IR，New Orleans，Louisiana.

Meeusen W，Broeck J V D. 1977. Efficiency Estimation from Cobb-Douglas Production Functions with Composed Error. International Economic Review，（18）：435-444.

Mezzetti C. 2004. Mechanism Design with Interdependent Valuations：Efficiency. Econometrica，72（5）：1617-1626.

Michael Z M. 2004. Workflow-based process controlling：foundation，design，and application of Workflow-driven Process Information System. Berlin：Logos.

Michihiro Y，Hitoshi M，Satoru K. 2000 New Technology for Consideration of Rural Environment. 6. Concept and Evaluation of Land Consolidation towards Symbiosis with Small Wildlife Inhabiting Paddy Fields. Journal of the Japanese Society of Irrigation，Drainage and Reclamation Engineering，17（12）：1273-1278.

Mihara M. 1996. Effects of Agricultural Land Consolidation on Erosion Processes in Semi-Mountainous Paddy Fields of Japan. Journal of Agricultural Engineering Research，11（3）：237-247.

Miranda D，Crecente R，Alvarez M F. 2006. Land consolidation in inland rural Galicia，N. W. Spain，since 1950：An example of the formulation and use of questions，criteria and indicators for evaluation of rural development policies. Land Use Policy，23（4）：511-520.

Mitchell A，Wood. 1997. Toward a Theory of Stakeholder Identification and Salience：Defining the Principle of Who and What Really Counts. The Academy of Management Review，22（4）：853-886.

Neely A，Mills J，Platts K. 2000. Performance measurement system design：developing and testing a process-based approach. International Journal of Operations & Production Management，20（10）：1119-1145.

Niroula G S，Thapa G B. 2005. Impacts and causes of land fragmentation，and lessons learned from land consolidation in South Asia. Land Use Policy，22（4）：358-372.

Pavitt T C，Gibb A G F. 2003. Interface management within construction：In particular，building façade. Journal of Construction Engineering and Management，129（1）：8-15.

Peter M Clarkson，Dan A Simunic. 1994. The association between audit quality，retained ownership，and firm-specific risk in U. S. vs. Canadian IPO markets. Journal of Accounting and Economics，17（1-2）：207-228.

Philip Oldenburg. 1990. Land consolidation as land reform，in India. World Development，18（2）：

183-195.

Qiu-qin Zhang, Hai-bo Luo, Jin-ming Yan. 2012. Integrating biodiversity conservation into land con-solidation in hilly areas- A case study in southwest China. Acta Ecologica Sinica, 32 (6): 274-278.

Rien W, Paul S. 1999. The Recursive Thick Frontier Approach to Estimating Efficiency. Economic and Financial Reports, 19 (2): 49-75.

Rien W, Paul S. 2006. Thick Frontier Approach to Estimating Production Efficiency. Oxford Bulletin of Economics & Statistics, 68 (2): 183-201.

Rongjiang Yao, Jingsong Yang, Peng Gao, etal. 2013 Determining minimum data set for soil quality assessment of typical salt- affected farmland in the coastal reclamation area. Soil and Tillage Research, 2013, 128: 137-148.

Seiford L M, Thrall R M. 1990. Recent developments in DEA: the mathematical programming approach to frontier analysis. Journal of econometrics, 46 (1): 7-38.

Senthilkumar V, Varghese K, Chandran A. 2010. A web-based system for design interface management of construction projects. Automation in Construction, (19): 197-212.

Sikor T, Müller D, Stahl J. 2009. Land Fragmentation and Cropland Abandonment in Albania: Implications for the Roles of State and Community in Post- Socialist Land Consolidation. World Development, 37 (8): 1411-1423.

Sorensen A. 2000. Land readjustment and metropolitan growth: an examination of suburban land development and urban sprawl in the Tokyo metropolitan area. Progress in planning, (53): 217-330.

Syrrakou E, Papaefthimiou S, Yianoulis P. 2006. Eco- efficiency evaluation of a smart window proto-type. Science of The Total Environment, 359 (1-3): 267-282.

Tan R, Bechmenn V, Berg L, et al. 2009. Governing farmland conversion: Comparing China with the Netherlands and Germany. Land Use Policy, 26 (4): 961-974.

Thapa G B, Niroula G S. 2008. Alternative options of land consolidation in the mountains of Nepal: An analysis based on stakeholders'opinions. Land Use Policy, 25 (3): 338-350.

Tongzon, J. 2001. Efficiency measurement of selected Australian and other international ports using data envelopment analysis. Transportation Research Part A: Policy and Practice, 35 (2): 107-122.

Uematsu Y, Koga T, Mitsuhashi H, et al. 2010. Abandonment and intensified use of agricultural land decrease habitats of rare herbs in semi- natural grasslands. Agriculture, Ecosystems & Environment, 135 (4): 304-309.

VanHuylenbroeck G, Castro Coelho J, Pinto P A. 1996. Evaluation of land consolidation projects (LCPs): A multidisciplinary approach . Journal of Rural Studies, 12 (3): 297-310.

Vitner G, Rozenes S, Spraggett S. 2006. Using data envelope analysis to compare project efficiency in a multi- project environment. International Journal of Project Management, 24 (4): 323-329.

Yomralioglu T, Parker D. 1993. A GIS-based land readjustment system for urban development. In FOURTH EUROPEAN CONFERENCE ON GEOGRAPHICAL INFORMATION SYSTEMS IN GENOA.

Yu G, Wei Q, Brockett P, et al. 1996. Construction of all DEA efficient surfaces of the production possibility set under the generalized data envelopment analysis model. European Journal of Operational Research, 95 (3): 491-510.

Zeballos C, Yamaguchi K. 2011. Impacts of land reclamation on the landscape of Lake Biwa, Japan. Procedia-Social and Behavioral Sciences, 19: 683-692.

Zhang X Q. 2005. Critical Success Factors for Public-Private Partnerships in Infrastructure Development. Journal of Construction Engineering and Management, (3): 3-14.

Zhou Z R, Wang Q, Li J H. 2003. Performance evaluation by means of improved DEA method. Chinese Journal of Management Science, 11 (3): 72-75.

Ziping Wu, Minquan Liu, John Davis. 2005. Land consolidation and productivity in Chinese household crop production [J]. China Economic Review, 16 (1): 28-49.